:: 中華文化促進會主持編纂

:: 國家“十一五”～“十四五”重點圖書出版規劃項目

:: 中國社會科學院哲學社會科學創新工程學術出版資助項目

出品人　王石　段先念

今注本二十四史

後漢書

三

紀〔三〕

南朝宋 范曄 撰　唐 李賢等 注

卜憲群 周天游 主持校注

中国社会科学出版社

後漢書　卷五

帝紀第五

孝安皇帝

恭宗孝安皇帝諱祜，[1]肅宗孫也。[2]父清河孝王慶，[3]母左姬。[4]帝自在邸第，[5]數有神光照室，又有赤蛇盤於牀笫之間。[6]年十歲，好學《史書》，[7]和帝常稱之，[8]數見禁中。[9]

［1］【李賢注】《謚法》曰："寬容和平曰安。"伏侯《古今注》曰："祜之字曰福（祜，大德本、殿本作'祐'）。"【今注】案，祜，大德本、殿本作"祐"。中華本校勘記按："《集解》引錢大昕説，謂獻帝初平元年有司奏，和、安、順、桓四帝無功德，不宜稱宗，故《和帝》《順帝》《桓帝紀》俱不稱某宗，獨此紀書'恭宗'，蓋删之不盡也。"

［2］【今注】肅宗：東漢章帝劉炟，公元75年至88年在位。紀見本書卷三。

［3］【今注】清河孝王慶：劉慶，東漢章帝劉炟第三子，安帝劉祜之父。章帝建初四年（79）被立爲皇太子，因受竇太后誣陷，

被廢爲清河王。傳見本書卷五五。

［4］【今注】左姬：字小娥，犍爲武陽（今四川眉山市彭山區）人。清河孝王劉慶姬妾，東漢安帝劉祜生母。

［5］【李賢注】《倉頡篇》曰："邸，舍也。"《説文》云："屬國之舍也。"《前書音義》曰："第謂有甲乙之次第。"【今注】邸第：邸，又稱"邸舍"，本義爲館舍，漢代指官府提供給外地貴族、官吏住宿的館舍。《説文》："邸，屬國舍也。"顔師古謂"邸"是"郡國朝宿之舍，在京師者率名邸。邸，至也，言所歸至也"，謂"邸舍"爲"舍，止也。諸侯王及諸郡朝宿之館，在京師者謂之邸"。然實際上邸的種類較多，包括設置於京師的諸侯王、刺史、郡、蠻夷邸和設置於地方的縣邸、候官邸等。邸主要是接待官吏出差公干，提供食宿、議辦國事等，有時亦監禁犯人。諸侯邸比較特殊，是朝廷允許各諸侯王在京師建設的住宅，規模較大，故又稱"邸宅""邸第"，因封國而命名，如齊邸、趙邸、楚邸、清河邸等，西漢後期稱爲"國邸"。第，指高檔住宅，因漢代高檔住宅分甲乙等第，故得名。第的等級是貴族、官僚住宅的高低檔次、豪華程度的表現，更是貴族、官僚政治身份高低的象徵。（參見侯旭東《從朝宿之舍到商鋪——漢代郡國邸與六朝邸店考論》，《清華大學學報》2011 年第 5 期；温樂平《漢代邸的建制、管理與特性》，《深圳大學學報》2018 年第 5 期）

［6］【李賢注】笫，牀簀也。【今注】案，於，中華本校勘記按："《集解》引惠棟説，謂《東觀記》及《宋書・符瑞志》'於'皆作'紆'，《易林》曰'盤紆九曲'，似當作'紆'。"　笫：竹編的床墊。

［7］【李賢注】《史書》者，周宣王太史籀所作之書也。凡五十五篇（中華本校勘記謂"王鳴盛《十七史商榷》謂《藝文志・史籀》十五篇，此上'五'字衍"），可以教童幼。【今注】史書：秦漢幼童所學習的書體。本指《史籀篇》（傳聞爲周宣王太史

籀所作之書）中的書體，即籀文、大篆。漢代幼童擬從事“史”（即從事文書的小吏）的工作需要學習《史籀》中的書體，還要學習“八體”。張家山漢簡《史律》：“試史學童以十五篇，能風（諷）書五千字以上，乃得爲史。”“卜學童能風（諷）書史書三千字，誦卜書三千字，卜六發中一以上，乃得爲卜，以爲官佐。”〔參見彭浩、陳偉、［日］工藤元男主編《〈二年律令〉與〈奏讞書〉——張家山二四七號漢墓出土法律文獻釋讀》，上海古籍出版社2007年版，第297—299頁〕學者認爲史學童所諷“十五篇”和卜學童所諷“史書”，即《史籀》十五篇。後“史書”又指漢代通行的“隸書”“草書”等。“史書”有時亦指代官府公文。（參見汪桂海《漢代的“史書”》，《文獻》2004年第2期）

［8］【今注】和帝：東漢和帝劉肇，公元88年至105年在位。紀見本書卷四。　案，紹興本、大德本無“常”字。

［9］【今注】禁中：漢代皇宫中的特定區域，一般指帝王所居的深宫、中宫，有“禁門”出入。蔡邕《獨斷》卷上：“禁中者，門户有禁，非侍御者不得入，故曰禁中。”陳蘇鎮認爲，東漢的“禁中”是“殿中”深處禁衛等級更高的另一個區域，衹有極少的侍從類宦官纔能進入禁中（參見陳蘇鎮《東漢的“殿中”和“禁中”》，《中華文史論叢》2018年第1期）。蔡邕《獨斷》卷上：“漢天子正號曰皇帝……所居曰禁中，後曰省中。”然陳蘇鎮認爲“省中”與“禁中”是皇宫中的不同區域。

延平元年，[1]慶始就國，鄧太后特詔留帝於清河邸。[2]

［1］【今注】延平：東漢殤帝劉隆年號（106）。

［2］【今注】鄧太后：鄧綏，亦稱和熹鄧皇后，南陽新野（今河南新野縣）人。東漢和帝劉肇第二任皇后。紀見本書卷一〇上。

案，紹興本、大德本無“於”字。

八月，[1]殤帝崩，[2]太后與兄車騎將軍鄧騭定策禁中。[3]其夜，使騭持節，[4]以王青蓋車迎帝，齋于殿中。[5]皇太后御崇德殿，百官皆吉服，[6]群臣陪位，引拜帝爲長安侯。[7]皇太后詔曰：“先帝聖德淑茂，早棄天下。朕奉皇帝，夙夜瞻仰日月，冀望成就。[8]豈意卒然顛沛，[9]天年不遂，悲痛斷心。朕惟平原王素被痼疾，[10]念宗廟之重，思繼嗣之統，唯長安侯祜質性忠孝，[11]小心翼翼，[12]能通《詩》《論》，[13]篤學樂古，仁惠愛下。年已十三，有成人之志。親德係後，莫宜於祜。[14]《禮》‘昆弟之子猶己子’；[15]《春秋》之義，爲人後者爲之子，不以父命辭王父命。[16]其以祜爲孝和皇帝嗣，[17]奉承祖宗，案禮儀奏。”又作策命曰：[18]“惟延平元年秋八月癸丑，皇太后曰：咨長安侯祜：[19]孝和皇帝懿德巍巍，[20]光于四海；大行皇帝不永天年。[21]朕惟侯孝章皇帝世嫡皇孫，[22]謙恭慈順，在孺而勤，[23]宜奉郊廟，承統大業。今以侯嗣孝和皇帝後。其審君漢國，允執其中‘一人有慶，萬民賴之。’[24]皇帝其勉之哉！”讀策畢，太尉奉上璽綬，[25]即皇帝位，年十三。太后猶臨朝。[26]

[1]【今注】案，中華本校勘記按：“據《殤帝紀》，‘八月’下應有‘辛亥’二字，否則下文‘其夜’二字無着，疑傳寫者誤脱也。”

[2]【今注】殤帝：東漢殤帝劉隆，公元105年至106年在位。

紀見本書卷四。

［3］【今注】案，兄，大德本作“元”。 車騎將軍：將軍名。西漢初置，爲軍事統帥，作戰時領車騎士，故名。事訖即罷。武帝後常設，地位僅次於大將軍、驃騎將軍，在衛將軍上，常典京城、皇宮禁衛軍隊，出征時常總領諸將軍。文官輔政者亦或加此銜，領尚書政務，成爲中朝重要官員。東漢權勢尤重，位比三公，常以貴戚充任，秩萬石。出掌征伐，入參朝政。靈帝時常加授寵信宦官或作贈官。中平元年（184）分置左、右，旋罷。本書《百官志一》：“將軍，不常置。本注曰：掌征伐背叛。比公者四：第一大將軍，次驃騎將軍，次車騎將軍，次衛將軍。又有前、後、左、右將軍。” 鄧騭：字昭伯，南陽新野（今河南新野縣）人。傳見本書卷一六。 定策：漢代皇帝不能按正常程序承繼時，由大臣參與議立，將此事寫在簡策上，告於宗廟，即稱定策（參見林甘泉主編《中國歷史大辭典·秦漢史》，上海辭書出版社 1990 年版，第 287 頁）。

［4］【今注】節：皇帝的使者執行皇帝命令時所持的信物。竹製，長七八尺，上裝飾旄牛尾，旄尾共有三重。節代表皇帝意志，持節者有較大的權限，甚至可以對人進行斬殺。西漢時期，郎中令領導下的皇帝近側侍官，包括中郎將、大夫、謁者等，多充當皇帝使者，故此類職官持節較多，司隸校尉亦可以持節，九卿亦偶爾充當使者持節。東漢的三公和將軍亦可以持節。〔參見［日］大庭脩著，徐世虹等譯《東漢的將軍與將軍假節》，載《秦漢法制史研究》，中西書局 2017 年版，第 290—326 頁；楊鴻年《漢魏制度叢考》，武漢大學出版社 2005 年版，第 277—283 頁〕

［5］【李賢注】《續漢志》曰：“皇太子、皇子皆安車，朱班輪，青蓋金華蚤。皇子爲王，錫以乘之，故曰王青蓋車。皇孫則緑車。”【今注】青蓋車：東漢皇太子、皇子所乘之車。本書《輿服志上》：“皇太子、皇子皆安車，朱班輪，青蓋，金華蚤，黑櫨文，畫轓文輈，金塗五末。皇子爲王，錫以乘之，故曰王青蓋車。”

［6］【李賢注】洛陽南宮有崇德殿。不可以凶事臨朝，故吉服也。【今注】崇德殿：東漢洛陽城北宮宮殿名，爲北宮之“西宮”前殿，與北宮之“東宮”前殿“德陽殿”並列，相距約七十米，兩殿前的金商門和崇賢門亦並列。東漢太后例居西宮，殤帝“誕育百餘日”即位，由鄧太后臨朝。由於鄧太后居西宮崇德殿，而殤帝即位時不滿一歲，在長樂宮撫養，故崩後殯於崇德前殿。（參見陳蘇鎮《東漢的“東宮”與“西宮”》，《“中研院”史語所集刊》第 89 本第 3 分，2018 年）

［7］【李賢注】不即立爲天子而封侯者，不欲從微即登皇位。

［8］【今注】冀：希望。　成就：完成某種事業。

［9］【今注】卒然：突然。　顛沛：死亡。

［10］【今注】平原王：劉勝，東漢和帝子。延平元年（106）封平原王。卒後謚懷王。傳見本書卷五五。　痼疾：長久不愈之病。

［11］【今注】案，祜，大德本、殿本作“祐”。

［12］【李賢注】翼翼，敬慎也。《詩》曰：“惟此文王，小心翼翼。”

［13］【今注】詩：《詩經》，儒家經典之一。中國最早的詩歌總集，收集了西周初年至春秋中葉的詩歌，計 305 篇，稱《詩三百》。傳爲孔子編訂，分爲《風》《雅》《頌》等體裁。漢代有今古文之分，齊魯韓三家詩爲今文，毛詩爲古文。今安徽大學藏戰國竹簡有戰國《詩經》抄本，有《周南》《召南》《秦風》《侯風》《鄘風》《魏風》等篇目，各包含部分詩篇。　論：《論語》，儒家經典之一。孔子弟子及再傳弟子記録孔子及其弟子言行而編成的語録體典籍。全書共 20 篇 492 章，以語録體爲主，兼及少量叙事，語言較爲簡潔，集中體現孔子及儒家學派的思想。《論語》有《古論語》《齊論語》《魯論語》等版本，齊人傳授的《齊論語》比魯人傳授的《魯論語》和孔壁中發現的《古文論語》（即《古論語》）

多出《問王》和《知道》兩篇。1973年河北定州市八角廊40號西漢墓出土有《論語》簡，保留有傳本《論語》文字的一半。2019年江西南昌海昏侯墓亦出土有《論語》簡，其中出現《知道》篇，學者據此推斷這批《論語》簡可能即漢代的《齊論語》。

［14］【李賢注】係即繼也。【今注】案，祐，大德本、殿本作“祜”。

［15］【李賢注】《禮記·檀弓》之文。

［16］【李賢注】爲人後者謂出繼於人也。王父謂祖也。《穀梁傳》曰，衛靈公廢太子蒯聵，立孫，輒不受父之命，而受王父命。【今注】春秋：亦稱《春秋經》，儒家經典之一，傳爲孔子編定。魯國史書，記述自魯隱公元年（前722）至魯哀公十四年（前481）的史事，記事極簡短。西漢以後被列爲五經之一。

［17］【今注】案，祐，殿本作“祜”。

［18］【今注】策命：策書，漢代皇帝所下文書之一種。蔡邕《獨斷》卷上：“（漢天子）其命令一曰策書，二曰制書，三曰詔書，四曰戒書。”策書用以任免諸侯王、三公等（文獻中稱“策命”和“策免”）。學者認爲，中國古代任命高官、封貴爵，需舉行授職或授封儀式，包括策命和授予印綬等環節。策書即行於“策命”環節（參見代國璽《漢代公文形態新探》，《中國史研究》2015年第2期）。案，西周即存在完備的策命（亦作“册命”）儀式，策命（册命）的主要內容亦爲任免高官、封爵等，策命儀式中亦存在“命書”“册書”，內容帶有告誡、勉勵性質，秦漢的策命儀式和策書當承自周代。古代策命儀式和策書主要表示權力的授予和承襲，故國君嗣位，有時亦以策命儀式進行，其中亦使用“策書”“命書”。如《尚書·顧命》即記載周康王嗣位時的策命儀式及其使用的命書。漢代皇帝采用“定策”嗣位時，亦當由太后主持舉行策命儀式，並在儀式上宣讀策書，並授予璽綬。

［19］【今注】咨：嘆詞。　案，祐，殿本作“祜”。

［20］【今注】懿德：美德。

［21］【李賢注】《前書音義》曰："《禮》有大行人、小行人（大德本、殿本'小'前有'有'字），主謚號官也。"韋昭云："大行者，不反之辭也。天子崩，未有謚（謚，紹興本作'論'），故稱大行也。"《穀梁傳》曰："大行受大名。"《風俗通》曰："天子新崩，未有謚，故且稱大行皇帝。"義兩通。【今注】大行：古人對死亡的諱稱，表示死者遠行不返。青銅器中有相當一部分自銘爲"行器"，即爲死後的遣葬之器。（參見楊華《"大行"與"行器"——關於上古喪葬禮制的一個新考察》，《湖南大學學報》2018年第2期）　永：長。

［22］【今注】案，紹興本、大德本、殿本無"皇"字。

［23］【李賢注】孺，幼也。或作"在孺平勤（平，大德本作'不'，殿本作'丕'）"。

［24］【今注】一人有慶萬民賴之：《尚書·吕刑》："一人有慶，兆民賴之，其寧惟永。"僞孔傳："天子有善，則兆民賴之，其乃安寧長久之道。"

［25］【今注】太尉：官名。秦漢最高軍政長官。《漢書·百官公卿表上》："太尉，秦官，金印紫綬，掌武事。"西漢太尉是武將的榮譽職務，並無多少實權，不過是皇帝的軍事顧問，很少參與實際軍務。武帝改太尉爲大司馬。東漢光武帝復改大司馬爲太尉，此後太尉的軍權逐漸加重，於軍事顧問之外並綜理軍政。（參見安作璋、熊鐵基《秦漢官制史稿》，齊魯書社2007年版，第74—78頁）　璽綬：璽是帝王的印章。《説文》："璽，皇帝之印也。""璽"原爲印章的通稱，秦代以後成爲皇帝之印的專稱，有時也用指皇后和諸侯王之印。《漢舊儀》："皇帝六璽，皆白玉螭虎紐，文曰'皇帝行璽''皇帝之璽''皇帝信璽''天子行璽''天子之璽''天子信璽'，凡六璽。皇帝行璽凡封命用之。皇帝之璽賜諸侯王書；皇帝信璽發兵；其徵大臣，以天子行璽；策拜外國事，以天子之璽；

事天地鬼神，以天子信璽。”今可見“皇帝信璽”封泥，爲傳世品，學者認爲是秦代之物。又有南越國“文帝行璽”金印，1983年出土於廣州南越王墓。又有“皇后之璽”，1968年在陝西咸陽市韓家灣公社出土。綬是繫印章的絲帶。綬的長度、形制、顏色存在區别，印和綬有固定的搭配關係，有金印紫綬、銀印青綬、銅印黑綬、銅印黄綬等，不同等級的官吏佩戴不同的印綬。今天可以見到長沙馬王堆出土辛追印及印綬、江蘇連雲港市海州區雙龍村西漢墓出土凌惠平印及皮綬等印綬實物。

[26]【李賢注】《公羊傳》曰：“猶者，可止之辭也。”

九月庚子，謁高廟。[1]辛丑，謁光武廟。[2]

[1]【今注】高廟：漢代祭祀漢高祖劉邦的宗廟。

[2]【今注】光武廟：東漢祭祀光武帝劉秀的宗廟。光武帝駕崩後，明帝緬懷其中興漢室之功，爲光武帝建立起宗廟，命名爲世祖廟。明帝駕崩時，依其遺詔，不立寢廟，而將明帝的神主納入世祖廟的更衣别室之中。章帝之後，各皇帝仿效明帝，不立寢廟而將神主納入世祖廟的更衣别室之中。〔參見［日］金子脩一著，肖聖中等譯《古代中國與皇帝祭祀》，復旦大學出版社2017年版，第85頁〕

六州大水。己未，遣謁者分行虚實，[1]舉灾害，賑乏絶。[2]

[1]【今注】謁者：官名。春秋戰國即有此官。秦漢時爲郎中令（光禄勳）屬官，設謁者僕射統領。西漢員七十人，秩比六百石。選孝廉、郎官年不滿五十儀容威嚴能大聲贊導者充任。本職爲侍從皇帝，擔任賓禮司儀，亦常充任皇帝使者，出使諸侯王國、少

數民族，巡視地方，派往災區宣慰存問、發放賑貸，或收捕、考案貴戚、大臣，主持水利工程等。擔任謁者一定期限後，可以拜任其他官職，如縣令、長史等。東漢又有常侍謁者、給事謁者、灌謁者等類别。東漢謁者爲外臺，與尚書中臺、御史憲臺並稱三臺，三臺到東漢末年掌握着實際朝政。　虚實：實情。

［2］【今注】乏絶：食用缺乏、斷絶。

丙寅，葬孝殤皇帝于康陵。[1]

［1］【李賢注】陵在慎陵塋中庚地（前“陵”字，殿本作“墳”；慎，大德本作“墳”），高五丈五尺，周二百八步（周，大德本作“闊”；二，大德本作“一”）。【今注】康陵：東漢殤帝劉隆陵。在今河南洛陽市東北漢魏故城南。

乙亥，[1]隕石于陳留。[2]

［1］【今注】案，亥，殿本作“酉”。

［2］【今注】案，本書《天文志下》：“殤帝延平元年九月乙亥，隕石陳留四。《春秋》僖公十六年，隕石于宋五，傳曰隕星也。董仲舒以爲從高反下之象。或以爲庶人惟星，隕，民困之象也。”陳留，郡名。治陳留縣（今河南開封市祥符區東南）。

西域諸國叛，攻都護任尚，[1]遣副校尉梁慬救尚，擊破之。[2]

［1］【今注】都護：西域都護，官名。漢代駐西域的最高軍政長官。西漢始置，主管西域地區軍政事務。初，武帝置使者、校尉

領護西域。宣帝神爵中，以鄭吉並護鄯善以西南道、車師以西北道，稱“都護西域騎都尉”，於烏壘設府，監護西域諸國。後遂爲常制，秩比二千石，有副校尉，設丞一員，司馬、候、千人各二員。諸屯田校尉、戊己校尉皆屬之。新莽時中原王朝與西域斷絶，或罷。東漢明帝永平十七年（74）復置，後或省或置。班超任都護時，府治移龜兹。安帝永初元年（107）以後不復置，西域事務由西域副校尉或西域長史、戊己校尉主之。　任尚：東漢將領。章帝章和二年（88）爲護羌校尉鄧訓長史。後爲竇憲司馬，隨擊匈奴，遷中郎將。和帝永元六年（94）任護烏桓校尉，攻殺逢侯。又繼班超任西域都護。性嚴急，好功利，激起西域各族反抗，以罪被免。後屢隨軍鎮壓羌人起事，封樂亭侯。安帝時任征西校尉，與鄧遵同鎮壓羌人起事、羌漢兩族人民聯合起事，先後派人刺殺義軍首領杜季貢和零昌。永初五年，與鄧遵争功，詐增所斬首級，受賂枉法，徵詣廷尉，棄市。1957年（一説1981年），新疆自治區文管會在新疆巴里坤哈薩克自治縣松樹塘草原發現一塊石碑，上刻“永元五年”“任尚”等字，學者稱爲“任尚碑”或“漢平夷碑”。有學者認爲此碑與任尚平定於除鞬叛亂有關，爲刻石紀功之物。

[2]【李賢注】慬音勤。【今注】副校尉：官名。即西域副校尉，簡稱“副尉”，掌佐西域都護護西域。據《漢書·百官公卿表上》，西漢宣帝地節二年（前68）初置西域都護，護西域三十六國，有副校尉，秩比二千石。東漢沿置。　梁慬：字伯威，北地弋居（今甘肅寧縣南）人。傳見本書卷四七。

冬十月，四州大水，雨雹。詔以宿麥不下，[1]賑賜貧人。

[1]【李賢注】宿，舊也。麥必經年而熟，故稱宿。【今注】宿麥：秋種春收的越冬小麥。《漢書》卷六《武帝紀》：“遣謁者勸

有水災郡種宿麥。"顏師古注："秋冬種之，經歲乃熟，故云宿麥。"

十二月甲子，清河王薨，[1]使司空持節弔祭，[2]車騎將軍鄧騭護喪事。

［1］【今注】薨：古稱諸侯或有爵的高官死去爲"薨"。《禮記·曲禮下》："天子曰崩，諸侯曰薨，大夫曰卒，士曰不禄，庶人曰死。"《説文》："薨，公侯卒也。"

［2］【今注】司空：官名。東漢三公之一。西漢時稱"大司空"，成帝改御史大夫置。東漢光武帝建武二十七年（51）去"大"字，改名"司空"。西漢武帝後，由於中朝尚書的權力逐漸發展，御史大夫的職權和丞相一樣，也轉移於尚書。御史大夫改爲大司空之後，雖號稱三公，但已成虚位。東漢司空的職務已與御史大夫的性質大不相同。本書《百官志一》："司空，公一人。本注曰：掌水土事。"這時的司空成爲專管水土之官了。（參見安作璋、熊鐵基《秦漢官制史稿》，第52—53頁）

乙酉，[1]罷魚龍曼延百戲。[2]

［1］【今注】案，曹金華《後漢書稽疑》謂，"延平元年十二月甲辰朔，是月無'乙酉'，又據前文'十二月甲子'，後文'永初元年春正月癸酉朔'，'乙酉'唯與'乙丑'相近"（中華書局2014年版，第99頁）。

［2］【李賢注】《漢官典職》曰："作九賓樂。舍利之獸從西方來（舍，大德本作'含'），戲于庭（于，大德本、殿本作'於'），入前殿，激水化成比目魚，嗽水作霧，化成黄龍，長八丈，出水遨戲於庭，炫燿日光。"曼延者，獸名也。張衡《西京賦》所云"巨獸百尋，是爲曼延"。音以戰反。【今注】魚龍曼延

百戲：戲本指角力和歌舞雜技，先秦已有各種用以娱樂的“戲”。漢代總稱各種舞樂雜技爲“百戲”，又稱爲“角抵戲”“九賓樂”，十分盛行。内容包括摔跤、扛鼎等各種角力競賽，跳丸、走索等雜技藝術，吞刀、吐火、分身易形等幻術以及馴獸表演和各種化裝歌舞。魚龍曼延百戲是一種大型魔術（幻術）表演。今存漢代畫像石可見漢代百戲的場景。

永初元年春正月癸酉朔，[1]大赦天下。

[1]【今注】永初：東漢安帝劉祜年號（107—113）。　朔：指每月初一日。

蜀郡徼外羌内屬。[1]

[1]【李賢注】《東觀記》曰：“徼外羌龍橋等六種慕義降附（橋，大德本作‘矯’）。”【今注】蜀郡：治成都縣（今四川成都市武侯區）。　徼：邊塞。

戊寅，分犍爲南部爲屬國都尉。[1]

[1]【今注】犍爲：郡名。又作“楗爲”，治武陽縣（今四川眉山市彭山區東）。　屬國都尉：官名。管理屬國事務。《漢書·百官公卿表上》：“典屬國，秦官，掌蠻夷降者。武帝元狩三年昆邪王降，復增屬國，置都尉、丞、候、千人。”西漢武帝元狩三年（前120）置五屬國於西北邊郡，安置内附匈奴，沿其舊俗，置匈奴官號，而設都尉主之，掌民政軍事，兼負戍衛邊塞之責，秩比二千石。地位與諸郡守略同。屬國的官僚機構由兩部分組成。一部分是

漢人組成的流官，除屬國都尉、丞、候、騎千人等之外，還有見於肩水金關漢簡的“屬國左騎千人令史”等少吏。屬國都尉下還設置曹，置掾、屬。另一部分是少數民族組成的外族官，包括歸義侯、率衆侯、千長、百長、且渠等。（參見黎明釗、唐俊峰《秦至西漢屬國的職官制度與安置模式》，《中國史研究》2018年第3期）

稟司隸、兖、豫、徐、冀、并州貧民。[1]

[1]【李賢注】司隸，領河南、河内、河東、弘農，都於洛陽。魏末因爲司州。【今注】司隸：司隸校尉部。司隸校尉爲官名，西漢武帝征和四年（前89）置，掌京畿七郡的監察，捕督奸猾，舉百官以下犯法者，無固定治所。東漢光武帝建武十一年（35），降司隸校尉所轄地區爲十三部之一，與刺史部並列，成爲一級行政區，治雒陽縣（今河南洛陽市東北）。　兖：州名。西漢武帝時所置十三刺史部之一。東漢時治昌邑縣（今山東巨野縣東南）。　豫：州名。西漢武帝時所置十三刺史部之一。東漢時治譙縣（今安徽亳州市）。　徐：州名。西漢武帝時所置十三刺史部之一。東漢時治郯縣（今山東郯城縣）。　冀：州名。西漢武帝時所置十三刺史部之一。東漢時治高邑縣（今河北柏鄉縣北）。後移治鄴縣（今河北臨漳縣西南）。　并州：西漢武帝時所置十三刺史部之一。東漢時治晉陽縣（今山西太原市晉源區）。　案，曹金華《後漢書稽疑》謂，“《後漢紀》卷十六作‘青、兖、豫、徐、冀、並六州民飢’，與此不同”（第99頁）。

二月丙午，[1]以廣成游獵地[2]及被灾郡國公田假與貧民。[3]

[1]【今注】案，二，大德本作“三”。

[2]【李賢注】廣城，苑名，在汝州西。【今注】廣成：亦作“廣城”，苑名。西漢置。在今河南汝州市西。東漢安帝永初元年（107）以廣成游獵地，假於貧民；延熹元年（158）桓帝校獵廣成，均此地。

[3]【今注】公田：秦漢時期的國有土地。秦漢時期官府除向民衆授田外，亦掌握大量的國有土地，不但中央若干機構掌握一定數量的公田，郡縣亦存在大量公田。公田采用刑徒或其他官奴婢等進行耕種，或采用“假民公田”的方式，將公田出租給私人耕種，收取地租。“假民公田”往往帶有救濟平民的性質。（參見裘錫圭《從出土文獻資料看秦和西漢官有農田的經營》，載《裘錫圭學術文集》第5卷，復旦大學出版社2012年版，第210—253頁）

丁卯，分清河國封帝弟常保爲廣川王。[1]

[1]【李賢注】廣川，縣，屬信都國，故城在今冀州棗彊縣東北。【今注】清河國：治厝縣（今山東臨清市東北）。　常保：劉常保，東漢章帝劉炟之孫，清河孝王劉慶之子，安帝劉祜之弟。安帝永初元年（107）二月被封爲廣川王，永初二年七月去世，無子，國除。案，中華本校勘記按：“《集解》引錢大昕説，謂安帝弟名常保，子亦名保，必有一誤。”　廣川：國名。治廣川縣（今河北棗强縣東）。

庚午，司徒梁鮪薨。[1]

[1]【今注】司徒：官名。東漢三公之一。秦及漢初爲丞相，掌人民事，助天子掌管行政，總理萬機。西漢哀帝時改稱“大司徒”。《漢書·百官公卿表上》：“相國、丞相，皆秦官，金印紫綬，掌丞天子助理萬機……哀帝元壽二年更名大司徒。”東漢光武帝建

武二十七年（51）去“大”字，改名“司徒”。　梁鮪：字伯元，河東平陽（今山西臨汾市西南）人。東漢殤帝延平元年（106）由光禄勳升爲司徒，安帝永初元年（107）去世。

三月癸酉，日有食之。詔公卿内外衆官、郡國守相，舉賢良方正、有道術之士，[1]明政術、達古今、能直言極諫者，[2]各一人。

［1］【今注】賢良方正：漢代察舉科目之一。賢良指有德之士，方正指正直之士。舉賢良方正，始於西漢文帝二年（前178），自此以後，兩漢諸帝大都頒布過察舉賢良方正的詔令。諸侯王、公卿、郡守均得依詔令察舉。賢良方正常連言直言極諫，其目的主要是廣開直言之路。漢代詔舉賢良方正多在發生災異之後。（參見安作璋、熊鐵基《秦漢官制史稿》，第809頁）　道術：學術。

［2］【今注】直言極諫：漢代察舉科目之一，常與賢良方正連稱。它們兼有“求言”即徵求吏民之政治意見的目的，往往施行於發生了災異、動亂或其他重大政治問題之時，由皇帝下詔察舉，被舉者以“對策”形式發表政見，然後分等授官。（參見閻步克《察舉制度變遷史稿》，北京師範大學出版社2021年版，第3頁）

己卯，永昌徼外僬僥種夷貢獻内屬。[1]

［1］【今注】永昌：郡名。東漢明帝永平十二年（69）哀牢内屬，以其地置哀牢、博南二縣，並割益州西部都尉所領六縣合置。治不韋縣（今雲南保山市東北）。

甲申，葬清河孝王，贈龍旂、虎賁。[1]

［1］【今注】虎賁：又稱“虎賁郎”，秦漢時期皇帝的一種警衛部隊。西漢武帝建元三年（前 138）設置期門，平帝元始元年（1）王莽改期門爲虎賁郎，並設虎賁中郎將進行管理。“虎賁”是“衛士”，掌“執兵送從”或“宿衛侍從”，供君主於宫中以至殿上宿衛雜役之用，在皇帝出行時亦擔任警衛和從事雜役。虎賁還兼管省外宫内機關和這些機關工作人員的警衛事務。皇帝常將虎賁賜予諸侯王、大臣，不但賜予活着的諸侯王、大臣，亦賜予死去的諸侯王、大臣。（參見楊鴻年《虎賁羽林》，載《漢魏制度叢考》，第 152—170 頁）

夏五月甲戌，長樂衛尉魯恭爲司徒。[1]

［1］【李賢注】《前書》曰“衛尉，秦官，掌宫門衛屯兵”也。長樂、建章、甘泉宫，皆隨所掌以爲官名，秩中二千石也。【今注】長樂衛尉：官名。漢朝置衛尉，主宫門警衛，長樂宫、建章宫、甘泉宫皆置。長樂宫衛尉即稱長樂衛尉，不常置，學者認爲此官爲西漢武帝初設置，時名將程不識曾任此職。屬官有長樂司馬、長樂屯衛司馬等。東漢沿置，秩二千石。〔參見吕宗力主編《中國歷代官制大辭典》（修訂版），商務印書館 2015 年版，第 185 頁〕《漢書·百官公卿表上》：“衛尉，秦官，掌宫門衛屯兵，有丞……長樂、建章、甘泉衛尉皆掌其宫，職略同，不常置。”本書《百官志四》：“帝祖母稱長信宫，故有長信少府、長樂少府……長樂又有衛尉，僕爲太僕，皆二千石，在少府上，其崩則省，不常置。” 魯恭：字仲康，扶風平陵（今陝西咸陽市）人。傳見本書卷二五。

丁丑，詔封北海王睦孫壽光侯普爲北海王。[1]

［1］【今注】北海王睦：劉睦，劉縯孫，北海靖王劉興子，嗣北海王。少好學，博通書傳，謙恭好士，結交名儒。立十年薨，謚號“敬”。事見本書卷一四《北海靖王興傳》。　壽光侯普：劉普，北海敬王劉睦之孫，東漢安帝永初元年（107），鄧太后封劉睦孫子壽光侯劉普爲北海王，在位十七年薨，謚號爲“頃”，子劉翼嗣位。事見本書卷一四《北海靖王興傳》。

九真徼外夜郎蠻夷舉土内屬。[1]

［1］【李賢注】九真，郡名，今愛州縣。【今注】九真：郡名。治胥浦縣（今越南清化省清化市西北）。　夜郎：古國名、族名。範圍主要以今貴州爲中心，包括四川南部、雲南東部和廣西西北部。西漢初與南越、巴蜀有貿易來往。武帝建元六年（前135）以唐蒙爲中郎將，率軍至其地，與夜郎旁諸小邑建爲犍爲郡。元鼎六年（前111）又以其地置牂柯郡。東漢夜郎詳情見本書卷八六《西南夷傳》。

六月戊申，爵皇太后母陰氏爲新野君。[1]

［1］【今注】案，太，大德本作“大”。　陰氏：東漢和帝皇后鄧綏之母，光烈皇后陰麗華從弟之女。事見本書卷一〇上《皇后紀上》。　案，君，王先謙《後漢書集解》引惠棟曰：“《獨斷》云，異姓婦女以恩澤封者曰君，比長公主。”

丁巳，河東地陷。[1]

［1］【今注】河東：郡名。治安邑縣（今山西夏縣西北）。

壬戌，罷西域都護。

先零種羌叛，[1]斷隴道，[2]大爲寇掠，遣車騎將軍鄧騭、征西校尉任尚討之。[3]丁卯，赦除諸羌相連結謀叛逆者罪。

[1]【今注】先零種羌：西羌的一支。西漢初分布於湟水及浩門水流域。武帝開金城、令居（今甘肅永登縣），西逐諸羌。先零羌與封養羌、牢姐羌合兵十餘萬攻令居、安故（今甘肅臨洮縣南），圍枹罕（今甘肅臨夏市境），被漢擊敗，其部落遂徙居湟水上游、青海湖周圍和貴德等地。宣帝時，趙充國再擊之，遂繼續向西遷徙至青海湖西鹽池等地。王莽末，先零復據湟水流域，並占領金城（今甘肅蘭州市）。

[2]【今注】隴道：隴即隴山，位於今陝西、甘肅交界處，隴道當即隴山中的道路。

[3]【今注】征西校尉：校尉本爲秦漢統兵武官，略次於將軍，高於都尉。出征時臨時任命，領一校（營）兵，有司馬、候等屬官。亦或冠以名號，如橫海校尉、輕騎校尉等。又有常設的專職校尉，依其具體職務冠以名號。如統領常備禁軍的中壘、屯騎等北軍諸校尉、西園八校尉等，西漢秩二千石，東漢秩比二千石。東漢又置護烏桓校尉、護羌校尉，爲少數民族地區軍政長官。

秋九月庚午，詔三公明申舊令，[1]禁奢侈，無作浮巧之物，[2]殫財厚葬。[3]

[1]【今注】三公：職官合稱。東漢時指司徒、司馬、司空。較爲普遍的三公職官理論出現於戰國時期，並被上推古制。班固在《漢書·百官公卿表》中即把太師、太保、太傅，或司徒、司馬、

司空視爲三公。然西周和春秋實際上並無三公制，戰國諸國亦未實行三公制。戰國晚期秦國開始把丞相稱爲三公，但是秦代並未將御史大夫、太尉和丞相並稱三公，因此秦代不存在三公制。西漢時期，不晚於景帝時，御史大夫被冠上三公的頭銜，至成帝時太尉也被列爲三公，三公分職開始形成。宣帝時置大司馬，成帝時將御史大夫改稱大司空，哀帝時將丞相改爲大司徒，三公制正式形成。東漢一世基本實行司徒、司馬、司空並稱的三公制。（参見卜憲群《秦漢三公制度淵源考》，《安徽史學》1994年第4期）

［2］【今注】浮巧：虚浮奇巧。

［3］【今注】殫：用盡，竭盡。《説文》："殫，極盡也。"

是日，太尉徐防免。[1]辛未，司空尹勤免。[2]

［1］【李賢注】以灾異屢見也。【今注】徐防：字謁卿，沛國銍（今安徽宿州市）人。傳見本書卷四四。

［2］【李賢注】以水雨漂流也。【今注】尹勤：字叔梁，南陽人。篤性好學，時人重其節。東漢和帝時爲司空，以定策立安帝，封福亭侯。安帝永初元年（107），策免就國。

癸酉，調揚州五郡租米，[1]贍給東郡、濟陰、陳留、梁國、陳國、下邳、山陽。[2]

［1］【李賢注】五郡謂九江、丹陽、廬江、吴郡、豫章也。揚州領六郡，會稽最遠，蓋不調也。【今注】揚州：西漢武帝時所置十三刺史部之一。東漢時治歷陽縣（今安徽和縣），末年移治壽春縣（今安徽壽縣）、合肥縣（今安徽合肥市西北）。

［2］【今注】贍給：周濟救助。　東郡：郡名。治濮陽縣（今河南濮陽市華龍區西南）。　濟陰：郡名。治定陶縣（今山東菏澤

市定陶區西北)。　梁國：治下邑縣(今安徽碭山縣)。　陳國：治陳縣(今河南淮陽縣)。案，紹興本、大德本無"陳國"二字。　下邳：國名。治下邳縣(今江蘇邳州市南)。　山陽：郡名。治昌邑縣(今山東巨野縣東南)。

丁丑，詔曰："自今長吏被考竟未報，[1]自非父母喪無故輒去職者，劇縣十歲、平縣五歲以上，[2]乃得次用。"

[1]【李賢注】考謂考問其狀也。報謂斷決也。【今注】長吏：與"少吏"相對，秦漢時期對一類職官的通稱。《漢書·百官公卿表上》："縣令、長，皆秦官，掌治其縣。萬户以上爲令，秩千石至六百石。減萬户爲長，秩五百石至三百石。皆有丞、尉，秩四百石至二百石，是爲長吏。百石以下有斗食、佐史之秩，是爲少吏。"有學者認爲，長吏主要用作從中央到地方機構主要負責人的一種代稱(參見張欣《秦漢長吏再考——與鄒水傑先生商榷》，《中國史研究》2010年第3期)。　考竟：法律術語。指將案件事實考問、考實窮竟。舊説以爲考竟指"拷問而死"。《釋名·釋喪制》："獄死曰考竟。考得其情，竟其命於獄也。"然程樹德謂："考竟者，乃考實以竟其事，非謂竟其命於獄中也。"(參見程樹德《九朝律考》，中華書局2006年版，第139頁)　報：法律術語。指判決。

[2]【今注】劇縣：難治之縣。

壬午，詔太僕、少府減黄門鼓吹，以補羽林士；[1]廐馬非乘輿常所御者，皆減半食；[2]諸所造作，[3]非供宗廟園陵之用，皆且止。

［1］【李賢注】《漢官儀》曰："黄門鼓吹百四十五人。羽林左監主羽林八百人，右監主九百人。"【今注】太僕：官名。列位九卿，掌皇帝專用車馬，有時親自爲皇帝駕車，地位親近重要，兼管官府畜牧業。秩中二千石〔參見吕宗力主編《中國歷代官制大辭典》（修訂版），第124頁〕。本書《百官志二》："太僕，卿一人，中二千石。本注曰：掌車馬。天子每出，奏駕上鹵簿用；大駕則執馭。丞一人，比千石。"　少府：官名。列位九卿，職掌皇室財政。其機構之大、屬官之多，在列卿中居首位。秩中二千石。《漢書·百官公卿表上》："少府，秦官，掌山海池澤之稅，以給共養，有六丞。"　黄門鼓吹：東漢樂曲、樂人名，亦爲樂署名。黄門爲通往禁中之禁門，東漢在黄門設置黄門倡、黄門鼓吹等樂署，以供宫廷宴樂。黄門鼓吹樂屬軍樂，黄門鼓吹的主要職責是乘輿的禮樂儀仗，平時有持兵護衛之任。黄門鼓吹機構有承華令，典黄門鼓吹百三五十人，屬樂府。（參見張建華、王福利《黄門鼓吹説》，《南陽師範學院學報》2011年第2期）　羽林士：簡稱"羽林"，與"虎賁"並爲漢代皇帝的警衛部隊。"羽林"的含義，《漢書·百官公卿表上》顏師古注："羽林亦宿衛之官，言其如羽之疾，如林之多也。一説，羽，所以爲王者羽翼也。"西漢武帝太初元年（前104）設置，又名"巖郎"。羽林多從隴西六郡良家子善騎射者中選取，又有取自從軍死者之子孫（羽林孤兒）和其他來源。羽林的職掌與虎賁近似，均擔任宿衛，但是殿上差使和奉使外出不見羽林參與，説明羽林與君主關係相較虎賁爲疏遠。（參見楊鴻年《虎賁羽林》，載《漢魏制度叢考》，第152—170頁）《漢書·百官公卿表上》："羽林掌送從，次期門，武帝太初元年初置，名曰建章營騎，後更名羽林騎。又取從軍死事之子孫養羽林，官教以五兵，號曰羽林孤兒。羽林有令丞。宣帝令中郎將、騎都尉監羽林。"本書《百官志二》："羽林中郎將，比二千石。本注曰：主羽林郎。羽林郎，比三百石。本注曰：無員。掌宿衛侍從。常選漢陽、隴西、安定、北

地、上郡、西河凡六郡良家補。本武帝以便馬從獵，還宿殿陛巖下室中，故號巖郎。”

[2]【李賢注】乘輿，天子所乘車輿也。不敢斥言尊者，故稱乘輿。見蔡邕《獨斷》。【今注】乘輿：指皇帝的車馬器械等用具，又成爲皇帝的代稱。蔡邕《獨斷》卷上：“（天子）車馬、衣服、器械、百物曰乘輿……乘輿出於律。律曰：敢盜乘輿服御物。謂天子所服食者也。天子至尊，不敢渫瀆言之，故託之於乘輿。乘猶載也，輿猶車也，天子以天下爲家，不以京師宮室爲常處，則當乘車輿以行天下，故群臣託乘輿以言之。”古有“指斥乘輿”之罪，即指以言語非議、攻擊皇帝。 御：古帝王所作所爲及所用物多稱“御”。蔡邕《獨斷》卷上：“（天子）所進曰御……御者進也，凡衣服加於身，飲食入於口，妃妾接於寢，皆曰御。”

[3]【今注】造作：製造、製作。

丙戌，詔死罪以下及亡命贖，[1]各有差。[2]

[1]【今注】亡命：指已確定罪而逃亡的罪犯〔參見［日］保科季子《亡命小考——兼論秦漢的確定罪名手續“命”》，《簡帛》第3輯，上海古籍出版社2008年版〕。

[2]【今注】差：等次。

庚寅，太傅張禹爲太尉，[1]太常周章爲司空。[2]

[1]【今注】太傅：官名。西周始置，爲輔弼君王的大臣，《漢書·百官公卿表》載太傅與太師、太保並號三公，但實際上西周並無此三公之制。西漢太傅位在三公之上，號稱上公，不常置，地位尊崇，但實際上並没有什麽作用。東漢不置太師、太保，唯太傅一人，號稱“上公”，位在三公之上，掌善導天子，以授元老重

臣，位尊而無常職。常加録尚書事，主持朝政。〔參見吕宗力主編《中國歷代官制大辭典》（修訂版），第 139 頁〕本書《百官志一》："太傅，上公一人。本注曰：掌以善導，無常職。世祖以卓茂爲太傅，薨，因省。其後每帝初即位，輒置太傅録尚書事，薨，輒省。"

張禹：字伯達，趙國襄國（今河北邢臺市）人。傳見本書卷四四。1993 年春，偃師商城博物館在偃師市西南二十千米的高龍鎮發掘了一座西晉墓，墓室以一件漢碑封門，漢碑載張禹生平，學者稱爲《漢故安鄉侯張公碑》或《張禹碑》。學者據此碑出土地推斷，張禹死後，東漢安帝當賜其陪葬於東漢帝陵。《張禹碑》現藏河南博物院，碑文對考察張禹事迹具有補充作用。

［2］【李賢注】《漢官儀》曰："章字次叔，荆州隨縣人也。"【今注】太常：官名。列卿之一。秦及漢初名奉常，西漢景帝中元六年（前 144）改名太常。主要職掌宗廟祭祀禮儀，兼管選試博士等文化教育活動。秩中二千石。《漢書·百官公卿表上》："奉常，秦官，掌宗廟禮儀，有丞。景帝中六年更名太常。"景帝陽陵出土封泥有"太常之印"，學者考證爲景帝中元六年奉常更名後之物（參考楊武站《漢陽陵出土封泥考》，《考古與文物》2011 年第 4 期）。　周章：字次叔，南陽隨（今湖北隨州市）人。傳見本書卷三三。

冬十月，倭國遣使奉獻。[1]

［1］【李賢注】倭國去樂浪萬二千里（樂浪，殿本作"洛陽"），男子黥面文身，以其文左右大小别尊卑之差。見本傳。【今注】倭國：古代對日本國及其居民的稱呼。《漢書·地理志下》："樂浪海中有倭人，分爲百餘國，以歲時來獻見云。"西漢武帝征服朝鮮後，倭三十餘國通使於漢，大倭王居邪馬臺國。東漢光武帝建武中元二年（57），倭奴國奉貢朝漢，光武帝賜以印綬。詳

見本書卷八五《東夷傳》。

辛酉，新城山泉水大出。[1]

[1]【李賢注】《東觀記》曰：“突壞人田（壞，紹興本、殿本作‘壞’），水深三丈。”【今注】新城：亦作“新成”，縣名。治所在今河南伊川縣西南。

十一月丁亥，司空周章密謀廢立，策免，[1]自殺。

[1]【今注】策免：皇帝以策書免官。策書是皇帝所下文書之一種，漢代任命和免除高官均由皇帝下策書進行，故稱“策命”“策免”。

戊子，勑司隸校尉、冀并二州刺史：[1]“民訛言相驚，[2]棄捐舊居，[3]老弱相攜，窮困道路。其各勑所部長吏，躬親曉喻。[4]若欲歸本郡，在所爲封長檄；不欲，勿强。”[5]

[1]【今注】刺史：官名。秦設監御史，監督各郡。西漢武帝元封五年（前106）在全國十三部（州）設刺史，以六條監督郡國。秩六百石，屬官有從事史、假佐等。成帝綏和元年（前8）改爲州牧，秩二千石。哀帝建平二年（前5）又改爲刺史，元壽二年（前1）又改爲州牧。東漢光武帝建武十八年（42）又改爲刺史。

[2]【今注】訛言：虛假、謠傳的話。《詩·小雅·沔水》：“民之訛言，寧莫之懲。”鄭玄箋：“訛，僞也。言時不令，小人好詐僞，爲交易之言使見怨咎，安然無禁止。”

［3］【今注】棄捐：抛棄。

［4］【今注】曉喻：明白地告訴、告知。案，喻，大德本、殿本作“諭”。

［5］【李賢注】封謂印封之也。長檄猶今長牒也。欲歸者，皆給以長牒爲驗。强音其兩反。【今注】長檄：長牒，給行遠路者以某種證明的文書。

十二月乙卯，潁川太守張敏爲司空。[1]

［1］【今注】潁川：郡名。治陽翟縣（今河南禹州市）。　太守：官名。秦漢郡級行政長官，職掌一郡之政事。《漢書·百官公卿表上》：“郡守，秦官，掌治其郡，秩二千石……景帝中二年更名太守。”從秦簡材料可知，秦代郡守即稱太守。　張敏：字伯達，河間鄚（今河北任丘市）人。傳見本書卷四四。

是歲，郡國十八地震；四十一雨水，或山水暴至；二十八大風，雨雹。

二年春正月，廩河南、下邳、東萊、河内貧民。[1]

［1］【李賢注】《古今注》曰：“時州郡大飢，米石二千，人相食，老弱相棄道路。”【今注】案，廩，紹興本、大德本、殿本作“稟”。稟，賜穀。　河南：郡名。一般稱河南尹，治洛陽縣（今河南洛陽市東）。　東萊：郡名。治掖縣（今山東萊州市）。　河内：郡名。治懷縣（今河南武陟縣西南）。

車騎大將軍鄧騭爲種羌所敗於冀西。[1]

[1]【李賢注】《續漢書》曰："種羌九千餘户，在隴西臨洮谷。"冀，縣，屬天水郡也。【今注】案，王先謙《後漢書集解》引劉攽曰："正文案：官無車騎大將軍者，明'大'字衍。騭後乃爲大將軍耳。"　冀：縣名。爲漢陽郡治，治所在今甘肅天水市西北。

二月乙丑，遣光禄大夫樊準、吕倉分行冀兖二州，[1]廪貸流民。[2]

[1]【今注】光禄大夫：官名。"大夫"類職官之一。西漢武帝太初元年（前104）改中大夫置，屬光禄勳，秩比二千石。掌論議，在大夫中地位最爲尊顯，武帝時霍光、金日磾皆曾任此職。西漢晚期，多作爲貴戚重臣的加官。無員限。東漢時，因權臣不復冠此號，漸成閑散之職，雖仍掌顧問應對，但多用以拜假賵贈之使，及監護諸國嗣喪事。（参見林甘泉主編《中國歷史大辭典·秦漢史》，第162頁）　樊準：字幼陵，南陽湖陽（今河南唐河縣南）人。樊宏族曾孫。傳見本書卷三二。

[2]【今注】案，廪，紹興本、殿本作"稟"。

夏四月甲寅，漢陽城中火，[1]燒殺三千五百七十人。

[1]【今注】案，漢陽城中火，中華本校勘記謂《袁紀》作"濮陽阿城中失火"。漢陽，郡名。東漢明帝永平十七年（74）改天水郡置，治冀縣（今甘肅天水市西北）。

五月，旱。丙寅，皇太后幸洛陽寺及若盧獄，[1]録囚徒，[2]賜河南尹、廷尉、卿及官屬以下各有差，[3]即日降雨。

[1]【今注】幸：古稱帝王到達某地爲“幸”。蔡邕《獨斷》卷上：“（天子）所至曰‘幸’。幸者，宜幸也，世俗謂車駕所至，臣民被其澤以僥倖，故曰幸也……天子車駕，所至，見長吏、三老、官屬，親臨軒，作樂。賜食、皂，帛，民爵有級數，或賜田租之半，故謂之‘幸’，皆非其所當得而得之。”　洛陽寺及若盧獄：洛陽寺獄和若盧獄。洛陽寺獄，即洛陽獄，漢代在洛陽縣設立的一所監獄，設置在洛陽縣令的官署之内。洛陽獄屬於詔獄，主要關押和審判犯有謀反等重罪和貴族官僚等地位較高的罪犯。管轄洛陽獄的機構複雜，洛陽獄從屬於司州、河南尹和洛陽縣三級司法組織，皇帝派遣的使者亦經常參與、干預洛陽獄中的司法審判。洛陽獄中的囚犯身份特殊，包括朝内百官和列侯、地方長吏、宦官等，其規模很大，能够容納數以千計的罪犯，屬於一所大型監獄（參見宋傑《東漢的洛陽獄》，載《漢代監獄制度研究》，中華書局2013年版，第113—147頁）。若盧獄，漢代在若盧設置的一所監獄。若盧爲官署名，屬少府，前人或認爲若盧爲行政機構，或認爲若盧爲監獄。《漢書·百官公卿表上》“少府”屬官有“若盧”，顔師古注：“服虔曰：‘若盧，詔獄也。’鄧展曰：‘舊洛陽兩獄，一名若盧，主受親戚婦女。’如淳曰：‘若盧，官名也，藏兵器。《品令》曰：若盧郎中二十人，主弩射。《漢儀注》有若盧獄令，主治庫兵將相大臣。’”學者推斷，若盧爲主治庫兵及詔獄的機構。若盧設令和左、右丞，若盧右丞主庫兵，左丞主詔獄（參見安作璋、熊鐵基《秦漢官制史稿》，第188—189頁）。案，漢代中央部分機構附設監獄二十六所，即所謂“中都官獄”，均爲詔獄，若盧獄爲其中之一（參見沈家本《歷代刑法考·獄考》，中華書局2006年版，第1168—1171頁）。據此，若盧當非專門的監獄名，其本身爲治理庫兵之機

構，然亦附設監獄，稱“若盧獄”。

［2］【今注】録囚徒：秦漢時期一項省察囚徒、案件，對司法判決進行監督、審查，以平反冤假錯案的制度。

［3］【今注】河南尹：官名。東漢置，爲京都洛陽所在郡的長官，秩二千石，掌京都，典兵禁，特奉朝請。春行察屬縣，勸農桑，振救貧乏；秋冬審囚徒，平定罪法。年終派人向朝廷彙報，有丞一人，爲之副。　廷尉：官名。秦漢中央最高司法審判機構長官。秩中二千石，列位九卿。主要審理皇帝交辦的詔獄案件和地方上讞或上請的案件，亦負責修訂、編纂律令等。《漢書·百官公卿表上》：“廷尉，秦官，掌刑辟，有正、左右監，秩皆千石。景帝中六年更名大理，武帝建元四年復爲廷尉。宣帝地節三年初置左右平，秩皆六百石。哀帝元壽二年復爲大理。王莽改曰作士。”　官屬：機構的屬吏。

六月，京師及郡國四十大水，大風，雨雹。[1]

［1］【李賢注】《東觀記》曰：“雹大如芋魁、雞子，風拔樹發屋。”

秋七月戊辰，詔曰：“昔在帝王，承天理民，莫不據琁機玉衡，以齊七政。[1]朕以不德，遵奉大業，而陰陽差越，[2]變異並見，萬民飢流，羌貊叛戾。[3]夙夜克己，憂心京京。[4]間令公卿郡國舉賢良方正，[5]遠求博選，開不諱之路，冀得至謀，以鑒不逮，而所對皆循尚浮言，無卓爾異聞。[6]其百僚及郡國吏人，[7]有道術明習灾異陰陽之度琁機之數者，[8]各使指變以聞。[9]二千石長吏明以詔書，[10]博衍幽隱，[11]朕將親覽，待以不次，[12]冀獲嘉謀，以承天誡。”

[1]【李賢注】孔安國《尚書》注曰，琁，美玉也。以琁爲機（機，殿本作“璣”），以玉爲衡（玉，大德本作“王”），王者正天文之器也（王，紹興本作“玉”，殿本作“二”）。七政，日月五星，各異其政制。即今之渾儀。【今注】琁機玉衡以齊七政：出自《尚書·堯典》，原文作“在璿璣玉衡，以齊七政”。璿璣，一作“琁機”（參見孫星衍《尚書今古文注疏》）。琁機玉衡，或以爲指星象，或以爲指觀測天象的儀器，即渾天儀。案，機，殿本作“璣”。

[2]【今注】差越：逾越而失序。

[3]【今注】貊：又作“薉貉”“穢貊”等。古族名。古代東夷之一種。秦漢時分布於今中國吉林、遼東及朝鮮之地。　戾：乖張，違逆。

[4]【李賢注】《詩·小雅》曰：“憂心京京。”《爾雅》曰：“京京，憂也。”【今注】憂心京京：《詩·小雅·正月》：“念我獨兮，憂心京京。”

[5]【今注】間：近來。

[6]【李賢注】卓尒，高遠之貌也。《論語》曰：“如有所立卓尒。”

[7]【今注】百僚：百官。

[8]【今注】案，機，大德本、殿本作“璣”。

[9]【今注】變：災異，異常的自然現象。　以聞：與“上聞”同。臣民向皇帝上書、告事時的專用語。

[10]【今注】二千石：漢代官吏秩級之一，低於中二千石，高於比二千石。月俸爲一百二十斛。由於漢代郡守、諸侯國相一般爲二千石，故史籍中的“二千石”一般指郡守和諸侯國相。

[11]【李賢注】衍猶引也。

[12]【今注】不次：不依尋常次序。猶言超擢、破格。

閏月辛丑，廣川王常保薨，無子，國除。

癸未，[1]蜀郡徼外羌舉土内屬。[2]

[1]【今注】案，曹金華《後漢書稽疑》謂，“永初二年閏七月乙未朔，是月無‘癸未’，‘癸未’前疑脱‘八月’二字”（第103頁）。

[2]【李賢注】《東觀記》曰：“徼外羌薄申等八種舉衆降。”

九月庚子，詔王主官屬墨綬下至郎、謁者，[1]其經明任博士，[2]居鄉里有廉清孝順之稱，才任理人者，[3]國相歲移名，與計偕上尚書，公府通調，令得外補。[4]

[1]【李賢注】《續漢書》曰：“王國有中大夫，秩比六百石。謁者，比四百石。郎中，二百石。”【今注】案，主，王先謙《後漢書集解》引劉攽曰：“漢諸侯王未嘗有‘主’稱，蓋是‘國’字。《前書》多言‘王國’，此注中亦有‘王國’文，‘主’字作‘國’無疑也。或謂‘主’指公主，案公主但有家令，無郎、謁者。又此詔文但言國相移名，其非公主明矣。或者傳寫見後有‘王、主’之文，遂誤於此。” 墨綬：銅印墨綬，一般爲秩級比六百石以上之吏所佩。《漢書·百官公卿表上》：“凡吏秩比二千石以上，皆銀印青綬，光禄大夫無。秩比六百石以上，皆銅印黑綬，大夫、博士、御史、謁者、郎無。其僕射、御史治書尚符璽者，有印綬。比二百石以上，皆銅印黄綬。成帝陽朔二年除八百石、五百石秩。綏和元年，長、相皆黑綬。哀帝建平二年，復黄綬。” 郎：職官類名。西漢有郎中、中郎、外郎、侍郎、議郎等，無定員，多

至千餘人。皆隸屬郎中令（光禄勳）。諸侯王國亦置。職掌守衛皇宫殿廊門户、出充車騎扈從、備顧問應對、守衛陵園廟等。因與皇帝關係密切，任職滿一定期限即可遷補内外官職，爲重要選官途徑。《漢書·百官公卿表上》："郎掌守門户，出充車騎，有議郎、中郎、侍郎、郎中，皆無員，多至千人。議郎、中郎秩比六百石，侍郎比四百石，郎中比三百石。中郎有五官、左、右三將，秩皆比二千石。郎中有車、户、騎三將，秩皆比千石。"東漢於光禄勳下設五官、左、右中郎將，主管中郎、侍郎、郎中，實爲官吏儲備人才的機構，其郎官多達二千餘人。〔參見吕宗力主編《中國歷代官制大辭典》（修訂版），第605頁〕

［2］【今注】博士：官名。爲太常屬官，秩比六百石。在秦和漢初，博士帶有學術顧問的性質，既掌管其專門之學，又參與政治討論，還外出巡行視察。西漢武帝建元五年（前136）又置五經博士，專掌儒家經學傳授。東漢光武帝置五經十四博士。有博士祭酒一人，六百石。

［3］【今注】理人：治理百姓。

［4］【李賢注】移，書也。調，選也。【今注】國相：諸侯國相。西漢初名"相國"，惠帝元年（前194）更名"丞相"，景帝中元五年（前145）復更名爲相，此後至東漢皆稱相。秩二千石，爲諸侯國中最高行政長官，統領王國衆官，職如郡守。由天子代置，對諸侯王有監督之則，屬吏有長史等。本書《百官志五》："皇子封王，其郡爲國，每置傅一人，相一人，皆二千石。本注曰：傅主導王以善，禮如師，不臣也。相如太守。其長史，如郡丞。"　計偕：與計簿一同上報。《漢書》卷六《武帝紀》："徵吏民有明當世之務、習先聖之術者，縣次續食，令與計偕。"顔師古曰："計者，上計簿使也，郡國每歲遣詣京師上之。偕者，俱也。令所徵之人與上計者俱來，而縣次給之食。"漢代皇帝指令地方在每年上計時附帶將相關事項的簿籍一同上報，稱"與計偕""與計偕上"。　尚書：官名。屬少府，秩六百石，爲低級官員，在殿中主發布文書。秦及漢

初與尚冠、尚衣、尚食、尚浴、尚席，稱“六尚”。西漢武帝時，選拔尚書、侍中組成“中朝”（或稱内朝），成爲實際上的中央決策機關，因係近臣，地位漸高。成帝時設尚書五人，開始分曹辦事，群臣章奏都經尚書；到東漢，尚書成爲協助皇帝處理政務的官員。本書《百官志三》：“尚書六人，六百石。本注曰：成帝初署尚書四人，分爲四曹：常侍曹尚書主公卿事，二千石曹尚書主郡國二千石事，民曹尚書主凡吏上書事，客曹尚書主外國夷狄事。” 公府：三公之府。

冬十月庚寅，稟濟陰、山陽、玄菟貧民。[1]

[1]【今注】玄菟：郡名。治高句驪縣（今遼寧沈陽市東）。

征西校尉任尚與先零羌戰于平襄，尚軍敗績。[1]

[1]【李賢注】平襄，縣，屬天水郡，故襄戎邑也。【今注】平襄：縣名。治所在今甘肅通渭縣西。

十一月辛酉，拜鄧騭爲大將軍，[1]徵還京師，[2]留任尚屯隴右。[3]先零羌滇零稱天子於北地，[4]遂寇三輔，[5]東犯趙、魏，[6]南入益州，[7]殺漢中太守董炳。[8]

[1]【今注】大將軍：將軍名。在諸將軍中地位最高。秦及漢初即有此職，其地位甚高，與丞相相當，實際的優寵和權力都在丞相之上。西漢武帝以後，大將軍常冠大司馬之號，秩萬石，領尚書事，執掌朝政，成爲中朝官最高領袖。東漢復置一員，秩萬石，不冠大司馬，成爲獨立官職，多授予貴戚，常兼録尚書事，與太傅、

太尉等共同主持政務。本書《百官志一》："將軍，不常置。本注曰：掌征伐背叛。比公者四：第一大將軍，次驃騎將軍，次車騎將軍，次衛將軍。又有前、後、左、右將軍。"（參見安作璋、熊鐵基《秦漢官制史稿》，第235—240頁）

［2］【今注】京師：國都。蔡邕《獨斷》卷上："天子所都曰京師。"

［3］【今注】隴右：地區名。泛指隴山以西地區。古代以西爲右，故名。相當今甘肅隴山、六盤山以西，黃河以東一帶。

［4］【李賢注】滇零，羌名，音丁田反。【今注】滇零：先零羌別部首領。東漢安帝永初元年（107），他與鐘羌聯合，斷隴道，攻隴西、漢陽、安定等郡，並在北地郡自稱天子。次年聯合武都、上郡、西河諸部羌東擊趙、魏，南入益州，進攻三輔。死後，子零昌繼立，元初四年（117）被殺。事見本書卷八七《西羌傳》。北地：郡名。治馬領縣（今甘肅慶陽市西北）。

［5］【今注】三輔：西漢武帝至東漢末年治理長安京畿地區的三位官員，即京兆尹、左馮翊、右扶風，亦指三位官員管轄的三個地區。秦設"内史"，掌管京畿地區。西漢景帝二年（前155）分内史爲左、右内史，與主爵中尉（不久改爲主爵都尉）同治長安城中，所轄皆京畿之地，故合稱"三輔"。武帝太初元年（前104）改左、右内史、主爵都尉爲左馮翊、京兆尹、右扶風。東漢沿置。

［6］【今注】趙：國名。治邯鄲縣（今河北邯鄲市）。　魏：郡名。治鄴縣（今河北臨漳縣西南）。

［7］【今注】益州：西漢武帝時所置十三刺史部之一。東漢時治雒縣（今四川廣漢市北）。獻帝中平中移治綿竹縣（今四川德陽市東北黃滸鎮），初平中復移治雒縣，興平中又移治成都縣（今四川成都市）。

［8］【今注】漢中：郡名。治南鄭縣（今陝西漢中市漢臺區）。

十二月辛卯，稟東郡、鉅鹿、廣陽、安定、定襄、沛國貧民。[1]

[1]【今注】鉅鹿：又作“巨鹿”，郡名。治巨鹿縣（今河北平鄉縣西南）。 廣陽：郡名。治薊縣（今北京市西城區南）。 安定：郡名。治高平縣（今寧夏固原市）。 定襄：郡名。治成樂縣（今内蒙古和林格爾縣西北）。 沛國：國名。治相縣（今安徽濉溪縣西北）。

廣漢塞外參狼羌降，[1]分廣漢北部爲屬國都尉。

[1]【今注】廣漢：郡名。治梓潼縣（今四川梓潼縣）。

是歲，郡國十二地震。

三年春正月庚子，皇帝加元服。[1]大赦天下。賜王、主、貴人、公、卿以下金帛各有差；[2]男子爲父後，[3]及三老、孝悌、力田爵，[4]人二級，流民欲占者人一級。

[1]【李賢注】元服謂加冠也。《士冠禮》曰：“令月吉辰，加尔元服。”鄭玄云：“元，首也。”【今注】加元服：行冠禮，表示成年。元服，皇帝之冠。《漢書》卷七《昭帝紀》顔師古注：“元，首也。冠者，首之所著，故曰元服。”

[2]【今注】主：公主。 貴人：後宫名號。皇帝的妾，始於東漢，位僅次皇后。正嫡稱皇后，其次是貴人。金印紫綬，奉粟數十斛。本書卷一〇上《皇后紀上》：“及光武中興，斲雕爲朴，六宫稱號，唯皇后、貴人。貴人金印紫綬，奉不過粟數十斛。又置美

人、宫女、采女三等，並無爵秩，歲時賞賜充給而已。”

［3］【今注】父後：後子，指繼承父親户主、爵位、財産的兒子。張家山漢簡《二年律令》有《置後律》，對家庭户主、財産、爵位繼承次序作了詳細規定。從律文看，繼承爵位者稱爲“爵後”，繼承户主者稱爲“户後”。其中關於後子繼承爵位的律文有：“疾死置後者，徹侯後子爲徹侯，其無嫡子，以孺子子、良人子。關内侯後子爲關内侯，卿後子爲公乘，五大夫後子爲官大夫，公大夫後子爲大夫，官大夫後子爲不更，大夫後子爲簪裹，不更後子爲上造，簪裹後子爲公士，其無嫡子，以下妻子、偏妻子。”〔參見彭浩、陳偉、［日］工藤元男主編《二年律令與奏讞書——張家山二四七號漢墓出土法律文獻釋讀》，第235—241頁〕可見一般的“父後”當指正妻所生的嫡長子。

［4］【今注】三老：官名。掌教化。西漢高祖二年（前205）詔舉民年五十以上，有修行，能帥衆爲善，置以爲三老，鄉一人，擇鄉三老一人爲縣三老。後郡國亦置。三老可免除徭役，就地方政事向縣令、丞尉提出各種建議。（參見林甘泉主編《中國歷史大辭典·秦漢史》，第13頁）　孝悌力田：又作“孝弟力田”。漢代官府設置的兩類身份，亦爲鄉官之名。“孝悌”指孝敬父母、尊敬兄長，“力田”指努力耕作。《漢書》卷二《惠帝紀》“（孝惠四年）春正月，舉民孝弟力田者，復其身”是爲漢廷舉“孝弟力田”之始。吕后時期將“孝弟力田”設置爲鄉官。文帝時開始按照户口設置“孝弟力田”的“常員”。終兩漢之世，舉“孝弟力田”成爲一種固定的制度。被推舉出來的“孝弟力田”，或免除徭役，或厚加賞賜，其作用是使其爲民表率。除個别例外，一般都不是到政府去做官，至多和三老相似，做一個鄉官而已。（參見安作璋、熊鐵基《秦漢官制史稿》，第802頁）

遣騎都尉任仁討先零羌，[1]不利，羌遂破没臨洮。[2]

[1]【今注】騎都尉：官名。秦時最早稱“騎邦尉”，西安相家巷秦封泥有“騎邦尉印”，後改爲“騎都尉”，里耶秦簡更名方有“（改）騎邦尉爲騎□尉”，張新超認爲“□”當爲“都”字。秦漢之際，騎都尉開始出現於傳世文獻。騎都尉的主要職責是領兵作戰，其所率領的軍隊不一定爲騎兵。騎都尉無員，無固定職掌，不統兵時爲侍衛武官。宣帝時開始掌握禁衛軍中的羽林軍，又領西域都護。常作爲皇帝使者領護河堤事，參與某些外交事務。因親近皇帝，多以侍中兼任。東漢名義上隸光禄勳，秩比二千石。西漢時某些邊郡也設置騎都尉。東漢地方騎都尉消失，衹剩下中都官騎都尉。（參見張新超《西漢騎都尉考》，《天水師範學院學報》2012年第1期；張新超《兩漢騎都尉續考——以東漢騎都尉爲中心》，《史林》2014年第5期）《漢書·百官公卿表上》：“宣帝令中郎將、騎都尉監羽林，秩比二千石。”本書《百官志一》：“騎都尉，比二千石。本注曰：無員。本監羽林騎。”

[2]【李賢注】縣名，屬隴西郡。【今注】臨洮：縣名。治所即今甘肅岷縣。

高句驪遣使貢獻。[1]

[1]【今注】高句驪：又稱“高句麗”“句驪”“高麗”。古族名、國名。高句麗族源於中國東北穢貊族的一支。西漢武帝時始屬玄菟郡。公元前37年夫餘人朱蒙（亦稱鄒牟）建高句麗國，都紇升骨城（今遼寧桓仁滿族自治縣東北五女山高句麗古城）。公元3年遷都國内城（今吉林集安市）。轄地約今鴨緑江及其支流渾江流域一帶。詳見本書卷八五《東夷傳》。

三月，京師大飢，民相食。壬辰，公卿詣闕謝。[1]詔曰："朕以幼沖，[2]奉承鴻業，不能宣流風化，而感逆陰陽，至令百姓飢荒，更相噉食。[3]永懷悼歎，[4]若墜淵水。咎在朕躬，非群司之責，而過自貶引，重朝廷之不德。[5]其務思變復，以助不逮。"[6]癸巳，詔以鴻池假與貧民。[7]

[1]【今注】詣闕："詣"指至、前往，"闕"亦稱"闕門"，指前有高臺建築"闕"的皇宫宫門。古代吏民上書及四方貢獻，皆前往皇宫闕門，稱爲"詣闕"。由守衛闕門的公車司馬令上呈。本書《百官志二》："公車司馬令一人，六百石。本注曰：掌宫南闕門，凡吏民上章，四方貢獻，及徵詣公車者。"

[2]【今注】幼沖：幼小。《尚書・大誥》："洪惟我幼沖人，嗣無疆大歷服。"

[3]【今注】噉：同"啖"。吃或給人吃。

[4]【今注】悼：哀憐。

[5]【李賢注】貶引謂貶損引過也。重音直用反。

[6]【今注】逮：及。

[7]【李賢注】《續漢書》曰："鴻池在洛陽東二十里。"假，借也。令得漁采其中。【今注】鴻池：池名。又作"洪池"，即鴻池陂。在今河南洛陽市東漢晉故城東二十里，偃師市西。

壬寅，司徒魯恭免。夏四月丙寅，大鴻臚九江夏勤爲司徒。[1]

[1]【李賢注】勤字伯宗，壽春人也。【今注】大鴻臚：官名。列卿之一。秦時稱典客，西漢景帝時改名大行令，武帝太初元

年（前104）改爲大鴻臚。秩中二千石，掌賓客之事。凡諸侯王、列侯和各屬國的君長，以及外國君主或使臣，都被視爲皇帝的賓客，所以與此有關的事務多由大鴻臚掌管。本書《百官志二》："大鴻臚，卿一人，中二千石。本注曰：掌諸侯及四方歸義蠻夷。" 九江：郡名。治壽春縣（今安徽壽縣）。 夏勤：字伯宗，九江人。師事樊修，傳《公羊春秋》。爲京、宛二縣令，零陵太守。東漢安帝永初三年（109）累遷至司徒。

三公以國用不足，奏令吏人入錢穀，得爲關内侯、虎賁羽林郎、五大夫、官府吏、緹騎、營士各有差。[1]

[1]【李賢注】《續漢志》曰："執金吾，緹騎二百人。"緹，赤黄色。營士謂五校營士也。《漢官儀》曰"屯騎、越騎、步兵、射聲各領士七百人。長水領士千三百六十七人"也。【今注】關内侯：爵位名。爲二十等爵的第十九級。關内侯又名"倫侯"，秦琅邪刻石有"倫侯"，地位在"列侯"之下。里耶秦簡更名方有"關内侯爲倫侯"，説明倫侯即關内侯。關内侯有侯號，居京師，無封土，但享受食邑權，其所食户數在一百户至五千户，以三百户、五百户爲主。 五大夫：爵位名。爲二十等爵中的第九級。漢代五大夫以上之爵，對秩六百石的吏方始授與。五大夫之爵與秩六百石之吏相當。第八等公乘以下爵可授與庶民和六百石以下官吏，第九等五大夫以上爵是秩六百石以上官吏方可授與。此處入錢穀買爵，可至五大夫，即説明一般平民很難達到五大夫爵。〔［日］西嶋定生著，武尚清譯：《中國古代帝國的形成與結構——二十等爵制研究》，中華書局2004年版，第86—87頁〕 緹騎：騎吏名。屬執金吾，負責宫外巡邏及非常事，天子出行，掌導從。共二百人，無品秩，比吏食俸。本書《百官志四》："（執金吾）緹騎二百人。本注曰：無秩，比吏食奉。"劉昭注引《漢官》曰："執金吾緹騎二百

人，持戟五百二十人，輿服導從，光滿道路，群僚之中，斯最壯矣。”王先謙《後漢書集解》引惠棟曰：“緹衣，武士之服。《字林》曰：‘緹，帛丹黄色。’”李祖楙曰：“《説文》：‘緹，帛丹黄色。’蓋執金吾騎以此帛爲服，故名。”

己巳，詔上林、廣成苑可墾闢者，[1]賦與貧民。[2]

[1]【今注】上林：苑名。秦都咸陽時置，在今陝西西安市西渭水以南、終南山以北。秦惠文王時即開始興建。至秦始皇時，先後在上林苑中修建了朝宫和宏偉壯麗的阿房宫前殿，還修建了大量的離宫别館。西漢初荒廢。武帝時復加拓展，周圍擴至二百餘里。案，成，大德本、殿本作“城”。

[2]【今注】賦：給予。

甲申，清河王虎威薨。[1]五月丙申，封樂安王寵子延平爲清河王。[2]

[1]【今注】清河王虎威：劉虎威，清河孝王劉慶子，東漢安帝劉祜弟，劉慶去世後嗣爵。立三年薨，謚號“湣”，無子，由樂安王劉寵之子劉延平嗣爵。事見本書卷五五《清河孝王慶傳》。

[2]【今注】樂安王寵：東漢章帝孫，千乘貞王劉伉子。和帝永元五年（93）劉伉去世，襲封千乘王。永元七年改國名樂安國，爲樂安王。在位二十八年薨，謚號爲“夷”。事見本書卷五五《千乘貞王伉傳》。

丁酉，沛王正薨。[1]

[1]【今注】沛王正：劉正，沛獻王劉輔孫，沛釐王劉定子，襲封沛王，在位十四年薨，謚號“節”。事見本書卷四二《沛獻王輔傳》。

癸丑，京師大風。

六月，烏桓寇代郡、上谷、涿郡。[1]

[1]【今注】烏桓：古族名。又作“烏丸”。東胡族的一支。秦漢之際，東胡遭匈奴冒頓單于的攻擊，部分遷居烏桓山（今内蒙古阿魯科爾沁旗北境，即大興安嶺山脉南端），因以爲名。以游牧射獵爲生。西漢武帝時，遷至上谷、漁陽、右北平、遼西、遼東五郡塞外，在今内蒙古錫林郭勒盟、赤峰市、通遼市南部長城以北地。東漢初入居塞内，置護烏桓校尉管理，駐寧城（今河北萬全縣）。傳見本書卷九〇。　代郡：治高柳縣（今山西陽高縣）。　上谷：郡名。治沮陽縣（今河北懷來縣東南）。　涿郡：治涿縣（今河北涿州市）。

秋七月，海賊張伯路等寇略緣海九郡，[1]遣侍御史龐雄督州郡兵討破之。[2]

[1]【今注】海賊：漢代反政府的海上武裝集團。東漢時代的文獻中明確出現“海賊”稱謂。“海賊”活動對“緣海”地方行政秩序形成威脅。“海賊”“引兵入海”之衆至於“萬數”，推想已經形成船隻數量可觀的艦隊。“海賊”在海濱作戰的機動能力甚强，往往“乘船浮海，深入遠島”，常避走海上、海中，以海島作爲基本依託，漢王朝軍隊以爲“攻之不易”。居延漢簡中有關於購賞“臨淮海賊”的文書，其時代至晚在東漢明帝之前，與居延漢簡中的其他捕格文書比，其購賞海賊“渠帥”的賞金比普通盜賊渠帥高

出幾倍，説明“海賊”活動對當時行政秩序危害之嚴重。（參見王子今、李禹階《漢代的“海賊”》，《中國史研究》2010年第1期；王子今《居延簡文“臨淮海賊”考》，《考古》2011年第1期）張伯路：東漢人。安帝永初三年（109），率青州沿海民衆三千餘人起義，着赤幘、服絳衣，自稱將軍，活動遍及沿海九郡。後爲侍御史龐雄率兵鎮壓，乃乞降。次年復起，聯合平原、勃海之劉文河、周文光等攻厭次（今山東惠民縣東），殺縣令。又爲御史中丞王宗、青州刺史法雄所敗，亡走海島。永初五年復敗於東萊。旋被殺。

［2］【今注】侍御史：官名。簡稱“御史”。西漢時爲御史大夫屬官，由御史中丞統領，入侍禁中蘭臺，給事殿中，故名。員十五人，秩六百石。掌受公卿奏事，舉劾按章，監察文武官員。分令、印、供、尉馬、乘五曹。或供臨時差遣，出監郡國，持節典護大臣喪事，收捕、審訊有罪官吏等。東漢時爲御史臺屬官，於糾彈本職之外，常奉命出使州郡，巡行風俗，督察軍旅，職權頗重。〔參見吕宗力主編《中國歷代官制大辭典》（修訂版），第564頁〕

庚子，詔長吏案行在所，[1]皆令種宿麥蔬食，務盡地力，其貧者給種餉。[2]

［1］【今注】在所：所在之處。

［2］【今注】種餉：穀種和糧食。

九月，鴈門烏桓及鮮卑叛，[1]敗五原郡兵於高渠谷。[2]

［1］【今注】鴈門：郡名。治善無縣（今山西右玉縣西北）。鮮卑：古族名。東胡的一支。秦漢時，游牧於今内蒙古西拉木倫河及洮兒河之間，附於匈奴。北匈奴西遷後，進入匈奴故地，併其

餘衆，勢力漸盛。東漢桓帝時，首領檀石槐建庭立制，組成軍事行政聯合體。分爲東、中、西三部，各置大人率領。其後聯合體瓦解，步度根、軻比能等首領各擁其衆，附屬漢魏。傳見本書卷九〇。

［2］【李賢注】《東觀記》曰："戰九原高梁谷。"渠梁相類，必有誤也。【今注】五原郡：治九原縣（今内蒙古包頭市西）。高渠谷：山谷名。一作"高梁谷"。在今内蒙古包頭市附近。

冬十月，南單于叛，[1]圍中郎將耿种於美稷。[2]十一月，遣行車騎將軍何熙討之。[3]

［1］【今注】南單于："單于"爲漢時匈奴對其國君的稱謂。《漢書》卷九四上《匈奴傳上》："單于姓攣鞮氏，其國稱之曰'撐犂孤塗單于'。匈奴謂天爲'撐犂'，謂子爲'孤塗'，單于者，廣大之貌也，言其象天單于然也。"東漢光武帝建武二十三年（47），匈奴發生王位之争。次年，部領匈奴南邊的薁鞬日逐王比自立爲單于，依附東漢稱臣，史稱"南單于"，自此匈奴分爲南北。

［2］【今注】中郎將：官名。秦和西漢時本爲中郎長官，秩比二千石，隸屬郎中令（光禄勳）。職掌宫禁宿衛，隨行護駕，亦常奉詔出使，職位清要。後又設五官、左、右中郎將分領中郎、常侍侍郎、謁者。期門（虎賁）、羽林郎等亦專設中郎將統領。東漢以後，中郎將的名號被割據勢力廣泛加於武官，成爲一個大致介於將軍和校尉之間的階層，統兵將領亦多用此名，其上再加稱號，如使匈奴中郎將等。　美稷：縣名。治所在今内蒙古准格爾旗西北。

［3］【今注】行：漢代官吏兼任用語。指某官臨時代行某官的事務。所代行之官，多爲雖有本官，但本官多因休假、出差等，不在署辦公，故由他官臨時代爲處理其事務。〔參見［日］大庭脩著，徐世虹等譯《漢代官吏的兼任》，載《秦漢法制史研究》，第

382—385頁〕　何熙：字孟孫，陳國（今河南淮陽縣）人。傳見本書卷四七。

十二月辛酉，郡國九地震。乙亥，有星孛于天苑。[1]

[1]【李賢注】天苑，星名。【今注】星孛：光芒四射的彗星。孛，彗星之別稱。古以彗星爲不祥，預兵戎之災。　天苑：星官名。屬於二十八宿中的昴宿。本書《天文志中》：“十二月，彗星起天苑南，東北指，長六七尺，色蒼白……天苑爲外軍，彗星出其南爲外兵。是後使羌、氐討賊李貴，又使烏桓擊鮮卑，又使中郎將任尚、護羌校尉馬賢擊羌，皆降。”

是歲，京師及郡國四十一雨水雹。[1]并涼二州大飢，[2]人相食。

[1]【李賢注】《續漢書》曰“雹大如鴈子”也。

[2]【今注】涼：州名。西漢武帝時所置十三刺史部之一。東漢時治隴縣（今甘肅張家川回族自治縣）。

四年春正月元日，會，徹樂，不陳充庭車。[1]

[1]【李賢注】每大朝會，必陳乘輿法物車輦於庭，故曰充庭車也。以年飢，故不陳。

辛卯，詔以三輔比遭寇亂，[1]人庶流冗，[2]除三年逋租、過更、口筭、芻稾；[3]稟上郡貧民各有差。[4]

［1］【今注】比：接連。

［2］【今注】流冗：流散，流離失所。

［3］【李賢注】《前書音義》曰："天下人皆戍邊三日。不可人人自行，行者自戍三日，不可往便還（便，大德本、殿本作'復'），因便住一歲。諸不行者，出錢三百入官，官以給戍者。言過其本更之日，故曰過更。"又曰："人年十五至五十六，出賦錢，人百二十爲一算（大德本、殿本'算'後有'也'字）。"【今注】逋租：逃租。逋，《説文》："逃也。"　過更：亦稱"更賦"。漢代税目之一，由代役金演變而來。"更"指秦漢戍役中戍卒輪流服役。"卒更"即輪流服役，"踐更"指親自服役，"過更"指雇人服役。過更本指向官府交納代役金，由官府雇人行役。由於大多數人並不親自服役，而是繳納代役金，故這筆錢就成爲一種賦税，稱作"過更"或"更賦"。〔參見林甘泉主編《中國經濟通史·秦漢經濟卷(下)》，中國社會科學出版社2007年版，第443—444頁〕　口算：口賦，漢代税收税目之一，指成年人的人頭税，即"人年十五至五十六出賦錢，人百二十，爲一算"。　芻稾：芻稾税，秦漢税目之一。芻是餵馬的糧草，稾是農作物的莖秆，芻稾税是徵收農作物莖秆的實物税收。據簡牘材料可知，秦漢時期國家徵收芻稾分爲兩種，一種是按户徵收，稱爲"户芻"，屬於秦漢"户賦"的一種徵收方式，每户徵收固定數量的芻稿；另一種是按土地徵收，稱爲"田芻"，其按照土地面積徵收，而無論是否耕種土地〔參見楊振紅《秦漢時期的芻稿税》，載《出土簡牘與秦漢社會》(續編)，廣西師範大學出版社2015年版，第142—155頁〕。

［4］【今注】案，稾，紹興本、大德本、殿本作"稟"。

海賊張伯路復與勃海、平原劇賊劉文河、周文光等攻厭次，[1]殺縣令，[2]遣御史中丞王宗督青州刺史法雄討破之。[3]

［1］【今注】勃海：郡名。治南皮縣（今河北南皮縣北）。　劇賊：大盜、强悍的賊寇。劇，甚也。　厭次：縣名。治所在今山東惠民縣東北。

［2］【今注】縣令：官名。秦漢縣級行政長官，職掌一縣之政事。《漢書·百官公卿表上》："縣令、長，皆秦官，掌治其縣。萬户以上爲令，秩千石至六百石；減萬户爲長，秩五百石至三百石。"

［3］【今注】御史中丞：官名。西漢始置，爲御史大夫副貳，秩千石。居宫中蘭臺，爲宫掖近臣。其主要職掌爲監察、執法，掌管蘭臺所藏圖籍秘書、文書檔案。外督諸監郡御史（武帝以後爲諸州刺史），監察考核郡國行政；内領侍御史十五員，監督殿庭、典禮威儀，受公卿奏事，關通中外朝；考核四方文書計簿，劾按公卿章奏，監察、糾劾百官；參治刑獄，收捕罪犯等。漢初百官奏議先呈御史大夫，經由中丞，始得上呈；皇帝詔命經中丞傳達御史大夫，始得轉達丞相執行，故比御史大夫更接近皇帝。武帝以後，章奏詔命出納之職移歸尚書、中書，又增丞相司直、司隸校尉監察京師百官，然仍以中丞爲最尊。成帝改御史大夫爲大司空後，中丞曾改名"大司空長史""御史長史"，實爲諸御史之長。東漢時獨立爲御史臺長官，秩千石。名義上隸少府，專掌監察、執法，領治書侍御史、侍御史，常受命領兵，出督軍旅。與司隸校尉、尚書令並號"三獨坐"，爲京師顯官，職權甚重。〔參見吕宗力主編《中國歷代官制大辭典》（修訂版），第858頁〕《漢書·百官公卿表上》："（御史大夫）有兩丞，秩千石。一曰中丞，在殿中蘭臺，掌圖籍秘書，外督部刺史，内領侍御史員十五人，受公卿奏事，舉劾按章。"　青州：西漢武帝時所置十三刺史部之一。東漢時治臨菑縣（今山東淄博市臨淄區北）。　法雄：字文彊，扶風郿（今陝西眉縣）人。出身官宦世家。傳見本書卷三八。

度遼將軍梁慬、遼東太守耿夔討破南單于於屬國故城。[1]

[1]【今注】度遼將軍：官名。西漢置。昭帝元鳳三年（前78），遼東烏桓起事，以中郎將范明友爲度遼將軍，率騎擊之。因須度遼水，故以爲官號。宣帝時罷。東漢明帝永平八年（65），爲防止南、北匈奴交通，乃置度遼營兵，以中郎將吴棠行度遼將軍事領之，駐屯五原曼柏，與使匈奴中郎將、護羌校尉、護烏桓校尉等同掌西北邊防及匈奴、鮮卑、烏桓、西羌諸部事。安帝元初元年（114）置真，遂爲常守。秩二千石，下設有長史、司馬等僚屬。東漢末，曾分置左、右度遼將軍。　遼東：郡名。治襄平縣（今遼寧遼陽市）。　耿夔：字定公，扶風茂陵（今陝西興平市東北）人。耿弇侄子，耿國次子。傳見本書卷一九。

丙午，詔減百官及州郡縣奉各有差。

二月丁巳，廩九江貧民。[1]

[1]【今注】案，廩，紹興本、大德本、殿本作“稟”。

南匈奴寇常山。[1]

[1]【今注】常山：國名。治元氏縣（今河北元氏縣西北）。

乙丑，初置長安、雍二營都尉官。[1]

[1]【李賢注】《漢官儀》曰：“京兆虎牙、扶風都尉以涼州近羌，數犯三輔，將兵衛護園陵。扶風都尉居雍縣。故俗人稱雍營焉。”《西羌傳》云：“虎牙都尉居長安。”【今注】長安：縣名。

爲京兆尹治，治所在今陝西西安市西北。 雍：縣名。爲扶風都尉所都，治所在今陝西鳳翔縣西南。 都尉：官名。即郡尉。秦漢郡級軍事長官，佐助郡守執掌武事。《漢書·百官公卿表上》："郡尉，秦官，掌佐守典武職甲卒，秩比二千石。有丞，秩皆六百石。景帝中二年更名都尉。"此處的"都尉"指京兆虎牙都尉和扶風都尉，二者本爲三輔都尉，西漢武帝置，掌領兵駐守防盗賊，主地方治安，秩比二千石，後罷。東漢安帝時因羌犯三輔，復置，掌護陵園。本書《百官志五》："（郡）尉一人，典兵禁，備盜賊，景帝更名都尉。武帝又置三輔都尉各一人，譏出入……中興建武六年，省諸郡都尉，并職太守，無都試之役……安帝以羌犯法，三輔有陵園之守，乃復置右扶風都尉，京兆虎牙都尉。"扶風都尉居雍縣，京兆虎牙都尉居長安。

乙亥，詔曰自建初以來，[1]諸祅言它過坐徙邊者，[2]各歸本郡；其没入官爲奴婢者，[3]免爲庶人。[4]

[1]【今注】案，紹興本、大德本、殿本無"曰"字。 建初：東漢章帝劉炟年號（76—84）。

[2]【今注】祅言：亦作"妖言""訞言"。古代重罪之一，指利用災異、鬼神等散播危害政治統治的言論。吕宗力認爲，"不祥"和"惑衆"是"妖言"的兩個特性，所謂"不祥之辭"即語涉陰陽災異、吉凶鬼神，帶有明顯神秘色彩的言論；惑衆即在民衆中廣泛傳播，引導民衆的思想、行爲。有學者認爲，"妖言"係對當政者進行非難和攻擊，所涉多以神事附會人事，多由個人製造和傳播妖言（妖書）以惑衆，且多有謀逆的企圖和舉動，所牽連的範圍較廣（參見吕宗力《漢代"妖言"探討》，《中國史研究》2006 年第 4 期；潘良熾《秦漢誹謗、妖言罪同異辨析》，《中華文化論壇》2004 年第 4 期）。嶽麓書院藏秦簡有關於"行祅"的律令，學者認

爲或與“妖言”有關。

［3］【今注】没入：没收人口、財物等入官。王先謙《後漢書集解》引惠棟曰：“《漢律》云，罪人妻子没爲奴婢，黥面。高誘《吕覽》注，律，坐父兄没入爲奴。此亦據漢律。”

［4］【今注】庶人：秦漢社會身份。來源於免除身份之罪人、奴婢，在占有田宅等方面與士伍享有同樣待遇，但在政治上受到歧視，後代在仕宦上也受到種種限制（參見王彦輝《論秦及漢初身份秩序中的“庶人”》，《歷史研究》2018 年第 4 期）。

詔謁者劉珍及《五經》博士，[1]校定東觀《五經》、諸子、傳記、百家蓺術，整齊脱誤，是正文字。[2]

［1］【今注】劉珍：字秋孫，南陽蔡陽（今湖北棗陽市西南）人，一名寶。傳見本書卷八〇上。　五經：漢代對《詩》《書》《禮》《易》《春秋》五部經典的通稱。

［2］【李賢注】《洛陽宫殿名》曰：“南宫有東觀。”《前書》曰“凡諸子百八十九家（八，大德本作‘六’）”。言百家，舉全數也。【今注】東觀：東漢宫廷中貯藏檔案、典籍和從事校書、著述的處所。位於洛陽南宫，修造年代不可考。《東觀漢記》即作於此。　傳記：傳和記，對經進行解釋而形成的文獻。其與今所謂“傳記”含義不同。　蓺術：六藝及術數方技。本書卷二六《伏湛傳》：“永和元年，詔無忌與議郎黄景校定中書《五經》、諸子百家、蓺術。”李賢注：“蓺謂書、數、射、御，術謂醫、方、卜、筮。”其與今所謂“藝術”含義不同。

三月，南單于降。

先零羌寇褒中，[1]漢中太守鄭勤戰歿。[2]徙金城郡都襄武。[3]

［1］【李賢注】縣名，屬漢中郡，今梁州褒城縣。【今注】褒中：縣名。治所在今陝西勉縣東。

［2］【今注】案，勤，王先謙《後漢書集解》引惠棟曰："《華陽國志》作'廑'。棟案，'廑'與'勤'古字通。"　殁：死。

［3］【李賢注】襄武，縣名，屬隴西郡，今渭州縣。【今注】金城：郡名。治允吾縣（今甘肅永靖縣西北）。　襄武：縣名。東漢安帝永初五年（111）至延光三年（124），隴西郡治於此，治所在今甘肅隴西縣東南。

戊子，杜陵園火。[1]癸巳，郡國九地震，[2]夏四月，六州蝗。[3]丁丑，大赦天下，秋七月乙酉，三郡大水。

［1］【今注】杜陵：西漢宣帝劉詢的陵墓，在今陝西西安市東南。

［2］【今注】案，王先謙《後漢書集解》引惠棟曰："九，《續志》作'四'。"

［3］【李賢注】《東觀記》曰："司隸、豫、兖、徐、青、冀六州。"

己卯，騎都尉任仁下獄死。[1]

［1］【今注】案，曹金華《後漢書稽疑》謂，"永初四年七月癸未朔，是月無'己卯'"（第105頁）。

九月甲申，益州郡地震。[1]

[1]【今注】益州郡：治滇池縣（今雲南昆明市晉寧區東北）。

冬十月甲戌，新野君陰氏薨，[1]使司空持節護喪事。

[1]【李賢注】《東觀記》曰："新野君薨，贈以玄玉赤紱，賻錢三千萬（三，大德本作'二'），布三萬匹。"

大將軍鄧騭罷。

五年春正月庚辰朔，日有食之。丙戌，郡國十二地震。[1]

[1]【今注】案，紹興本、大德本無"二"字。

己丑，太尉張禹免。甲申，光禄勳李脩爲太尉。[1]

[1]【李賢注】《漢官儀》曰："脩字伯游，豫州襄城人也。"【今注】光禄勳：官名。西漢武帝太初元年（前104）改郎中令置。秩中二千石，位列諸卿。職掌宫殿門户宿衛，兼侍從皇帝左右，宫中宿衛、侍從、傳達諸官如大夫、郎官、謁者等皆屬之。兼典期門（虎賁）、羽林諸禁衛軍。新莽改名司中。東漢復舊，職司機構有所變動，以掌宫殿門户宿衛爲主，罷郎中三將，五官、左、右三中郎將署，分領中郎、侍郎、郎中，名義上備宿衛，實爲後備官員儲備之所。虎賁、羽林中郎將、羽林左右監仍領禁軍，掌宿衛侍從。職掌顧問參議的大夫、掌傳達招待的謁者及騎、奉車、駙馬三都尉名義上隸屬之。兩漢郎官爲選拔人才的重要途徑，故光禄勳對簡選官吏負有重要責任。〔參見吕宗力主編《中國歷代官制大辭典》（修

訂版），第 385 頁〕　李脩：字伯游，潁川襄城（今河南襄城縣）人。東漢安帝永初五年（111）由光禄勳遷太尉。元初元年（114）罷。曾用郎中虞詡之議，阻止鄧騭放棄涼州。王先謙《後漢書集解》引惠棟曰："《世系》云，脩爲東郡太守、太常卿武之子。"

二月丁卯，詔省減郡國貢獻太官口食。[1]

［1］【今注】太官：官名。掌帝王飲食宴會等。屬少府，有令、丞。本書《百官志三》："太官令一人，六百石。本注曰：掌御飲食。左丞、甘丞、湯官丞、果丞各一人。本注曰：左丞主飲食。甘丞主膳具。湯官丞主酒。果丞主果。"　口食：膳食、飯食。

先零羌寇河東，遂至河内。[1]

［1］【今注】河内：郡名。治懷縣（今河南武陟縣西南）。

三月，詔隴西徙襄武，安定徙美陽，[1]北地徙池陽，[2]上郡徙衙。[3]

［1］【李賢注】安定，郡，今涇州也。美陽，縣，故城在今武功縣北。【今注】美陽：縣名。治所在今陝西武功縣西北。

［2］【李賢注】北地，郡，今寧州也。池陽，縣，故城在今涇陽縣北也。【今注】北地：郡名。治馬領縣（今甘肅慶陽縣西北）。　池陽：縣名。治所在今陝西涇陽縣西北。

［3］【李賢注】上郡，今綏州也（大德本無"也"字）。衙，縣（大德本後有"衞"字），故城在同州白水縣東北。《左傳》曰"秦晉戰于彭衙"，即此也。【今注】上郡：郡名。治膚施縣（今陝

西榆林市東南）。衙：縣名。治所在今陝西白水縣東北。

夫餘夷犯塞，[1]殺傷吏人。

[1]【今注】夫餘：古族名。亦作"扶餘""鳧餘""不與""符婁"。西漢時亦稱其所建政權爲"夫餘"。在今松花江中游平原上，以今吉林農安縣爲中心，南至遼寧北境，北達松花江中游，東至吉林市，西與鮮卑接。西漢時隸玄菟郡，東漢末改屬遼東郡。詳見本書卷八五《東夷傳》。

閏月丁酉，赦涼州河西四郡。[1]

[1]【今注】河西四郡：西漢武帝元狩二年（前121），匈奴昆邪王殺休屠王降漢，以其故地置酒泉、武威二郡。元鼎六年（前111）又分置張掖、敦煌二郡。因地在今甘肅黄河以西，故稱河西四郡。

戊戌，詔曰："朕以不德，奉郊廟，承大業，不能興和降善，爲人祈福。灾異蜂起，寇賊縱横，夷狄猾夏，[1]戎事不息，[2]百姓匱乏，疲於徵發。重以蝗蟲滋生，[3]害及成麥，秋稼方收，甚可悼也。朕以不明，統理失中，亦未獲忠良以毗闕政。[4]傳曰：'顛而不扶，危而不持，則將焉用彼相矣。'[5]公卿大夫將何以匡救，濟斯艱厄，承天誡哉？蓋爲政之本，莫若得人，褒賢顯善，聖制所先。'濟濟多士，文王以寧。'[6]思得忠良正直之臣，以輔不逮。其令三公、特進、侯、中二千石、二千石、郡守、諸侯相舉賢良方正、有道術、達於政化、能直言極諫之士各一人，[7]及至孝行與衆卓異者，[8]并遣詣公車，[9]朕將親覽焉。”

[1]【李賢注】猾，亂也。夏，華夏也。

[2]【今注】戎事：兵事。

[3]【今注】案，以，大德本作“於”。

[4]【今注】毗：輔助。　闕：通“缺”。

[5]【今注】“顛而不扶”三句：語出《論語·季氏》，意爲盲人遇到危險却不去護持，將要跌倒却不去攙扶，那何必要用那個做相的人呢？相是輔助盲人走路的人。

[6]【李賢注】《詩·大雅》之詞也。【今注】濟濟多士文王以寧：出自《詩·大雅·文王》，意爲有衆多的能人賢臣，所以文王纔得以安寧。

[7]【今注】特進：官名。始設於西漢末年，授予列侯中有特殊地位的人，位在三公下。東漢至南北朝時僅爲加官，無實職。
中二千石：漢代官吏秩禄等級之一，其地位在二千石、比二千石之上，月俸一百八十斛。凡太常、光禄勳、衛尉、太僕、廷尉、大鴻臚、宗正、大司農、少府等中央機構的主管長官，皆爲中二千石。在地方官中還有三輔的設置。秦及漢初衹有二千石，無中二千石和比二千石，中二千石最早指中央二千石，以與地方的郡守二千石區别。到西漢景帝中元六年（前144）或武帝建元之後，爲提高中央官員地位，壓制郡國官員，便將中二千石作爲一個秩級確定了下來。（參見周群《西漢二千石秩級的演變》，《史學月刊》2009年第10期）。

[8]【今注】案，紹興本、殿本無“行”字。

[9]【今注】公車：官署名。公車司馬之省稱，以令主之，屬衛尉。掌管宫中司馬門警衛，並接待臣民上書及徵召。本書《百官

志二》："公車司馬令一人，六百石。本注曰：掌宫南闕門，凡吏民上章，四方貢獻，及徵詣公車者。"

六月甲辰，樂成王巡薨。[1]

[1]【今注】樂成王巡：劉巡，東漢明帝孫，樂成靖王劉黨子，樂成哀王劉崇弟。劉黨死後傳位於子劉崇。劉崇繼位僅兩月便夭折，改由其庶弟修侯劉巡承嗣王位。巡在位十五年薨，謚號"釐"。子樂成隱王劉賓繼位。事見本書卷五〇《樂成靖王黨傳》。

秋七月己巳，詔三公、特進、九卿、校尉，[1]舉列將子孫明曉戰陳任將帥者。[2]

[1]【李賢注】九卿，奉常、光禄、衛尉、太僕、鴻臚、廷尉、少府、宗正、司農。校尉謂城門、屯騎、越騎、步兵、長水、胡騎等（長水胡騎，殿本作"胡騎長水"；胡騎，中華本據《刊誤》改爲"射聲"）。【今注】九卿：職官合稱。東漢時指列入"卿"一級位次中，秩級爲中二千石的中央職官，包括奉常、光禄勳、衛尉、太僕、大鴻臚、廷尉、少府、宗正、司農等九職。先秦政制中有公、卿、大夫、士的位次排列，列國政制中也有"二卿""三卿"等執政的事實，但是並無九卿制。秦及西漢初年既無九卿制，也無將中央部分官僚視爲九卿的説法。文景之後始將中央部分高級官吏泛稱爲九卿，非特指九人，其秩次既有中二千石也有二千石。西漢末年在儒家思想影響下九卿有向實際政制轉變之趨勢。至王莽時確定了九卿九職的制度，此制被東漢所繼承，東漢的九卿成爲專稱，具體指九種職官。（參見卜憲群《秦漢九卿源流及其性質問題》，《南都學壇》2002 年第 6 期） 校尉：職官合稱。指漢代中央的"校尉"類武官。西漢中央稱"校尉"的武官包括掌宿衛

兵的中壘、屯騎、步兵、越騎、長水、胡騎、射聲、虎賁等八校尉和管理京師門衛的城門校尉（司隸校尉一般不納入）。東漢省中壘、胡騎、虎賁三校尉，故此處的“校尉”當指東漢的五校尉和城門校尉。

［2］【今注】案，陳，大德本、殿本作“陣”。

九月，漢陽人杜琦、王信叛，[1]與先零諸種羌攻陷上邽城。[2]十二月，漢陽太守趙博遣客刺殺杜琦。[3]

［1］【李賢注】《東觀記》曰：“琦自稱安漢將軍。”【今注】杜琦：漢陽（今甘肅天水市）人。杜季貢之兄。東漢安帝永初五年（111）與王信聯合先零羌據上邽起兵，稱安漢將軍。旋爲漢陽太守趙博遣客杜習刺殺。

［2］【今注】上邽：縣名。治所在今甘肅天水市。

［3］【李賢注】《東觀記》曰：“漢陽故吏杜習手刺殺之。”【今注】客：亦稱“賓客”，戰國秦漢時期一種帶有人身依附色彩的群體。一般指投靠皇族、高官顯宦及地方豪强等，充當謀士、心腹、爪牙的人。賓客與主人之間並無牢固的隸屬關係，其充當主人賓客出於自願，亦可隨時離開主人。（參見高敏《兩漢時期“客”與“賓客”的階級屬性》，載《秦漢史論集》，中州書畫出版社1982年版，第293—329頁）

是歲，九州蝗，郡國八雨水。

六年春正月庚申，詔越巂置長利、高望、始昌三苑，[1]又令益州郡置萬歲苑，犍爲置漢平苑。[2]

［1］【今注】越巂：郡名。治邛都縣（今四川西昌市東南）。

長利高望始昌：皆苑名。皆在今四川會理縣境，爲牧馬之苑。利，大德本作“吏”。

［2］【李賢注】犍爲，郡名。《前書音義》曰：“故夜郎國也。”故城在今眉州隆山縣西北也。

三月，十州蝗。

夏四月乙丑，司空張敏罷。

己卯，[1]太常劉凱爲司空。[2]

［1］【今注】案，曹金華《後漢書稽疑》謂，“永初六年四月癸酉朔，是月無‘乙丑’，‘己卯’爲初七。《後漢紀》卷十六作‘夏四月乙亥，司空張敏以久病策罷’。‘乙亥’爲初三，‘乙丑’乃是‘乙亥’之訛”（第105頁）。

［2］【今注】劉凱：一般作“劉愷”，字伯豫，沛國豐（今江蘇豐縣）人。傳見本書卷三九。

五月，旱。

丙寅，詔令中二千石下至黄綬，[1]一切復秩還贖，賜爵各有差。

［1］【今注】黄綬：黄色的印帶。《漢書·百官公卿表上》：“比二百石以上，皆銅印黄綬。”

戊辰，皇太后幸雒陽寺，[1]録囚徒，理冤獄。[2]

［1］【今注】雒陽寺：“雒陽”爲東漢都城，河南尹治所，在今河南洛陽市東。“寺”指官舍，即縣令、縣長的辦公機構。“洛

陽寺”即洛陽縣令之官署，寺内設有監獄，稱“洛陽獄”或“洛陽寺獄”（參見宋傑《東漢的洛陽獄》，載《漢代監獄制度研究》，第113—147頁）。

［2］【今注】理：審理。

六月壬辰，豫章員谿、原山崩。[1]

［1］【李賢注】員谿闕（大德本、殿本“闕”後有“也”字）。【今注】豫章：郡名。治南昌縣（今江西南昌市東湖區）。員谿原山：均爲豫章郡山名，地望不詳。

辛巳，[1]大赦天下。

［1］【今注】案，曹金華《後漢書稽疑》謂，“永初六年六月壬申朔，‘壬辰’爲二十一日，‘辛巳’初十，‘辛巳’不當在‘壬辰’後”（第106頁）。

遣侍御史唐喜討漢陽賊王信，破斬之。[1]

［1］【李賢注】《續漢志》曰（志，殿本作“書”）：“傳信首詣洛陽，梟轂城門外（大德本句末有‘也’字）。”

冬十一月辛丑，護烏桓校尉吴祉下獄死。[1]

［1］【今注】護烏桓校尉：官名。西漢武帝始置，掌内附烏桓事務。武帝遣驃騎將軍霍去病擊破匈奴左地後，爲防止烏桓與匈奴交通，因徙其部於上谷、漁陽、右北平、遼西、遼東五郡塞外，置

烏桓校尉監之，秩二千石，持節統領之。後不常置。東漢光武帝建武二十五年（49），遼西烏桓朝貢，使居塞内，布於緣邊諸郡，令招來種人，給其衣食，爲漢偵察，助擊鮮卑、匈奴。復置護烏桓校尉，秩比二千石，屯上谷寧城，並領鮮卑。常將烏桓等部兵與度遼將軍、使匈奴中郎將、護羌校尉等協同作戰，戍衛邊塞。（參見林甘泉主編《中國歷史大辭典·秦漢史》，第216頁）本書《百官志五》："護烏桓校尉一人，比二千石。本注曰：主烏桓胡。"案，桓，紹興本作"淵聖御名"。

是歲，先零羌滇零死，子零昌復襲僞號。[1]

[1]【今注】零昌：先零羌人。滇零子。東漢安帝永初六年（112）立，年幼，同種狼莫爲其謀劃，漢陽人杜季貢爲其將軍。元初間遣兵寇邊，爲任尚所敗。尚復懸賞募羌人，刺殺杜季貢，又刺殺零昌。事見本書卷八七《西羌傳》。

七年春正月庚戌，皇太后率大臣命婦謁宗廟。[1]

[1]【李賢注】《喪服傳》曰："命夫者，其男子之爲大夫也。命婦者，其大夫之妻也。"臣賢案：《東觀》《續漢》《袁山松》《謝沈書》《古今注》皆云"六年正月甲寅，謁宗廟"，此云"七年庚戌"，疑紀誤也。【今注】命婦：指有封號的婦女。"命"指册命，"命婦"即受到册命而具有封號的婦女，後世稱爲"誥命夫人"。周代又有内命婦、外命婦之分，《禮記·喪大記》："内命婦、姑、姊妹、子姓，立于西方；外命婦率外宗，哭于堂上，北面。"鄭玄注："世婦爲内命婦，卿大夫之妻爲外命婦。"内命婦即世婦，指周朝王室宗親子姓婦女，外命婦指卿大夫之妻。一般所説的"命婦"多指外命婦，如《國語·魯語下》："命婦成祭服。"韋昭注：

"命婦，大夫之妻。"後世又指官員母、妻之被授予封號者，她們可享受一定的地位和待遇。

二月丙午，郡國十八地震。
夏四月乙未，平原王勝薨。
丙申晦，[1]日有食之。五月庚子，京師大雩。[2]

[1]【今注】晦：每月最後一天。

[2]【李賢注】《左傳》曰："龍見而雩。"杜預注云："謂建巳之月。龍星角、見見東方（前'見'，紹興本、大德本、殿本作'亢'，底本誤）。雩，遠也，遠爲百穀求膏雨。"《周禮》司職曰（紹興本、大德本、殿本"司"後有"巫"字，底本誤）："若國大旱，則帥巫而舞雩。"鄭玄注云："雩，吁也，嗟而求雨。"【今注】雩：古代一種爲求雨而舉行的祭祀。《爾雅·釋訓》："舞號，雩也。"郭璞注："雩之祭，舞者吁嗟而請雨。"邢昺疏引孫炎云："雩之祭有舞有號。"《禮記·月令》："大雩帝，用盛樂。"鄭玄注："雩，吁嗟求雨之祭也。"可見雩當包括奏樂、跳舞和發出呼號等儀式。甲骨文中即記載有"舞雨"等求雨儀式，有學者認爲即雩祭。

秋，護羌校尉侯霸、騎都尉馬賢破先零羌。[1]

[1]【今注】護羌校尉：官名。西漢武帝置，持節統領羌族事務。東漢初罷。光武帝建武九年（33），復以牛邯爲護羌校尉。後或省或置。章帝以後遂爲常制。秩比二千石，有長史、司馬二人，多以邊郡太守、都尉轉任。除監護内附羌人各部落外，亦常將羌兵協同作戰，戍衛邊塞。　侯霸：安帝時爲金城太守，後任護羌校

尉，多次參與鎮壓羌人起事，擊破燒當羌迷唐之衆。後又擊先零羌。 馬賢：東漢安帝永初七年（113）任騎都尉，鎮壓羌人起事，封都鄉侯。屢遷護羌校尉、征西將軍。後與且凍羌戰，敗死於射姑山。

八月丙寅，京師大風，蝗蟲飛過洛陽。詔賜民爵。郡國被蝗傷稼十五以上，[1]勿收今年田租；不滿者，以實除之。

[1]【今注】十五：十分之五。

九月，調零陵、桂陽、丹楊、豫章、會稽租米，[1]賑給南陽、廣陵、下邳、彭城、山陽、廬江、九江飢民；[2]又調濱水縣穀輸敖倉。[3]

[1]【李賢注】零陵，郡名，今永州縣也（殿本無“也”字）。丹陽，郡名，今潤州江寧縣也（殿本無“也”字）。餘並見上。【今注】零陵：郡名。治泉陵縣（今湖南永州市零陵區）。 桂陽：郡名。治郴縣（今湖南郴州市北湖區）。 丹楊：郡名。亦作“丹揚”，治宛陵縣（今安徽宣城市宣州區）。案，楊，紹興本、大德本、殿本作“陽”。 會稽：郡名。治吴縣（今江蘇蘇州市）。

[2]【今注】南陽：郡名。治宛縣（今河南南陽市卧龍區）。 廣陵：郡名。治廣陵縣（今江蘇揚州市西北）。 彭城：國名。治彭城縣（今江蘇徐州市雲龍區）。 廬江：郡名。治舒縣（今安徽廬江縣西南）。

[3]【李賢注】《詩》曰“薄狩於敖（薄，殿本作‘搏’；於，大德本、殿本作‘于’）”，即此地（地，大德本、殿本作

“也”)。秦於此築太倉，亦曰敖庾，在今鄭州滎陽縣西北。《東觀記》曰：“濱水縣彭城、廣陽、廬江、九江穀九十萬斛(十，大德本作‘千’)，送敖倉。”【今注】敖倉：倉名。秦置，在今河南滎陽市東北敖山。《史記》卷七《項羽本紀》：“漢軍滎陽，築甬道屬之河，以取敖倉粟。”《集解》引臣瓚曰：“敖，地名，在滎陽西北山，臨河有大倉。”《正義》引《括地志》云：“敖倉在鄭州滎陽縣西十五里，縣門之東北臨汴水，南帶三皇山，秦時置倉於敖山，名敖倉云。”又《史記》卷九一《黥布列傳》：布“據敖庾之粟”。《索隱》：“案：《太康地記》云：‘秦建敖倉於成皋。’”

元初元年春正月甲子，[1]改元元初。賜民爵，人二級，孝悌、力田人三級，爵過公乘，[2]得移與子若同產、同產子，[3]民脱無名數及流民欲占者人一級；[4]鰥、寡、孤、獨、篤癃、不能自存者穀，[5]人三斛，[6]貞婦帛，人一匹。

[1]【今注】元初：東漢安帝劉祜年號(114—120)。

[2]【今注】公乘：爵位名。二十等爵的第八級。漢代的二十等爵以第八級公乘和第九級五大夫之間作爲分界。公乘以下之爵，可授與一般庶民和秩級未達六百石之官吏；五大夫以上，則是秩六百石以上之官吏方可受之爵。由於向平民賜爵不得超過公乘，故因賜爵而爵位超出公乘者，必須移授其子或兄弟、兄弟子〔參見［日］西嶋定生著，武尚清譯《中國古代帝國的形成與結構——二十等爵制研究》，第87—88頁〕。

[3]【今注】若：或者。　同產：秦漢時指同父所生之兄弟。前人對“同產”有兩種解釋，或曰同父所生兄弟，或曰同母所生兄弟。在先秦文獻中，“同產”指同母所生，而在秦漢文獻中，“同產”都是指同父所生，並不限於同母。張家山漢簡《二年律令·置

後律》:“同産相爲後，先以同居，毋（無）同居乃以不同居，皆先以長者。其或異母，雖長，先以同母者。”〔參見彭浩、陳偉、［日］工藤元男主編《二年律令與奏讞書——張家山二四七號漢墓出土法律文獻釋讀》，第238頁）“同産”有同母、異母之分，正説明當時法律概念中的“同産”是指同父所生（參見田煒《説“同生”“同産”》，《中國語文》2017年第4期〕。

［4］【今注】名數：户籍。《漢書》卷四六《石奮傳》:“元封四年，關東流民二百萬口，無名數者四十萬，公卿議欲請徙流民於邊以適之。”顔師古注：“名數，若今户籍。” 占：登記户口。

［5］【今注】鰥：老而無妻。 寡：老而無夫。 孤：幼而無父。 獨：老而無子。 篤癃：病重。 案，大德本、殿本“不”前有“貧”字。

［6］【今注】斛：容量單位。《説文》:“斛，十斗也。”

二月己卯，日南地坼。[1]三月癸酉，日有食之。[2]

［1］【李賢注】《東觀記》曰：“坼長百八十二里，廣五十六里。”【今注】日南：郡名。治西捲縣（今越南廣治省東河市）。坼：裂開。《説文》:“坼，裂也。”

［2］【今注】案，中華本校勘記曰：“‘二月己卯’汲本作‘三月己卯’。《通鑑考異》謂本志及《袁紀》皆云‘三月己卯，日南地坼’。案《長曆》，是年二月壬辰朔，無己卯，三月壬戌朔，癸酉十二日，不應日食。二月當是乙卯，三月當是癸亥。按：《校補》引洪亮吉説，謂日南地坼《五行志》作‘三月己卯’，逆推至此年正月甲子，則己卯定在三月，當以《五行志》爲是。惟己卯後同月不得有癸酉日，且一歲不容有兩日食。細校《五行志》，乃知此係永初元年三月事，《范史》複載耳。”

夏四月丁酉，大赦天下。

京師及郡國五旱、蝗。

詔三公、特進、列侯、中二千石、二千石、郡守舉敦厚質直者，[1]各一人。

[1]【今注】列侯：爵位名。是二十等爵中的最高爵，又稱“徹侯”“通侯”。《漢書・百官公卿表上》：“徹侯，金印紫綬，避武帝諱，曰通侯，或曰列侯，改所食國令長名相，又有家丞、門大夫、庶子。”從秦琅邪刻石和文獻記載看，秦代即存在“列侯”“通侯”。里耶秦簡更名方有“徹侯爲列侯”，可見秦代即將“徹侯”更名爲“列侯”，並非漢武帝所改。列侯具有封國和食邑權，其所食之邑的數量從幾百到數千不等，東漢列侯按照食邑數量又分爲縣侯、鄉侯、亭侯等。列侯有封國，侯國自有紀年，列侯之子也稱“太子”。侯國有置吏權，除侯國令長由中央任命外，其餘諸官吏均由侯國自置。根據尹灣漢簡，侯國職官有侯國相、丞、尉等行政官吏，大致與縣級行政系統平行，又有家丞、庶子、僕、行人、門大夫、洗馬等家吏。（參見柳春藩《秦漢封國食邑賜爵制》，遼寧人民出版社 1984 年版，第 77—79 頁；秦鐵柱《兩漢列侯問題研究》，博士學位論文，南開大學，2014 年）　二千石：漢代官吏秩級之一，低於中二千石，高於比二千石。月俸爲一百二十斛。由於漢代郡守、諸侯國相一般爲二千石，故史籍中的“二千石”一般指郡守和諸侯國相。　質直：樸實正直。《論語・顔淵》：“夫達也者，質直而好義，察言而觀色，慮以下人。”

五月，先零羌寇雍城。

六月丁巳，河東地陷。

秋七月，蜀郡夷寇蠶陵，殺縣令。[1]

［1］【李賢注】蠶陵，縣，屬蜀郡，故城在今翼州翼水縣西。有蠶陵山，因以爲名焉。【今注】蠶陵：縣名。治所在今四川茂縣西北。

九月乙丑，太尉李脩罷。[1]

［1］【今注】案，太，殿本作“大”。

先零羌寇武都、漢中，[1]絶隴道。

［1］【今注】案，零，殿本作“陵”。　武都：郡名。治武都縣（今甘肅禮縣南）。

辛未，大司農山陽司馬苞爲太尉。[1]

［1］【李賢注】《謝承書》曰：“苞字仲成，東緡人也。”【今注】大司農：官名。西漢武帝太初元年（前104）改大農令置。秩中二千石，列位諸卿。掌全國租賦收入和國家財政開支，凡百官俸禄、軍費、各級政府機構經費等由其支付，管理各地倉儲、水利，官府農業、手工業、商業的經營，調運貨物，管制物價等。（參見林甘泉主編《中國歷史大辭典·秦漢史》，第20頁）《漢書·百官公卿表上》：“治粟内史，秦官，掌穀貨，有兩丞。景帝後元年更名大農令，武帝太初元年更名大司農。”　司馬苞：字仲成，山陽東緡（今山東金鄉縣）人。東漢安帝時爲太尉，常食粗飯，着布衣，妻子不歷官舍。會司徒楊震爲樊豐等所譖，連及苞，乞歸，未許，以疾卒。

冬十月戊子朔，日有食之。

先零羌敗涼州刺史皮陽於狄道。[1]

[1]【今注】案，皮陽，中華本校勘記謂，“《集解》引惠棟説，謂‘皮陽’西羌傳作‘皮楊’”。狄道：縣名。爲隴西郡治，治所在今甘肅臨洮縣。

乙卯，詔除三輔三歲田租、更賦、口筭。[1]

[1]【李賢注】解見《光武紀》也。

十一月。[1]是歲，郡國十五地震。

[1]【今注】案，中華本校勘記按：“《校補》引洪亮吉説，謂‘十一月’下有闕文。”

二年春正月，詔廩三輔及并、涼六郡流冗貧人。[1]

[1]【今注】案，廩，紹興本、大德本、殿本作“稟”。

蜀郡青衣道夷奉獻内屬。[1]

[1]【李賢注】青衣道，縣名，在大江、青衣二水之會，今嘉州龍遊縣也。《東觀記》曰：“青衣蠻夷堂律等歸義（堂，殿本作‘唐’）。”【今注】青衣道：縣名。治所在今四川雅安市名山區北。

脩理西門豹所分漳水爲支渠，以溉民田。[1]

[1]【李賢注】《史記》曰："西門豹爲鄴令，發人鑿十二渠，引水灌田。"所鑿之渠，在今相州鄴縣西也。【今注】西門豹：戰國時魏國人，魏文侯時任鄴（今河北臨漳縣西）令，徵發民衆開鑿十二渠，引河水灌溉民田，民衆土地皆得灌溉。事見《史記》卷一二六《滑稽列傳》。 漳水：又稱"漳渠""西門渠""引漳十二渠"。中國北方最早的引水灌溉大型渠系工程。位於今河南安陽市北、河北臨漳縣西南。始建於戰國時期，以漳河爲水源。當時灌區在漳河南岸，屬魏國鄴縣（今河北臨漳縣西南）。《史記》等古籍記爲魏文侯時鄴令西門豹創建。《吕氏春秋》和《漢書》則記爲魏襄王時鄴令史起所修。渠首在鄴西十八里，渠首以下二十里河段内有攔河低溢流堰十二道，於南岸各開引水口，設引水閘，形成十二條干渠。當時灌區面積約十萬畝。漳水渾濁多泥沙，引灌後可以落淤肥田。據漢代記載，畝産較修渠前提高八倍以上，鄴地因而富饒。

二月戊戌，遣中謁者收葬京師客死無家屬及棺椁朽敗者，[1]皆爲設祭；其有家屬，尤貧無以葬者，賜錢人五千。

[1]【今注】中謁者：官名。西安相家巷秦封泥有"中謁者""中謁者府"印，《漢書》卷四一《灌嬰傳》："沛公爲漢王，拜嬰爲郎中，從入漢中，十月，拜爲中謁者。"張家山漢簡《秩律》有"中謁者"，可見秦及漢初即有"中謁者"。《漢書·百官公卿表上》載"少府"屬官有"中書謁者令"，並謂"成帝建始四年更名中書謁者令爲中謁者令"。學者認爲西漢武帝改"中謁者令"爲"中書謁者令"，成帝恢復"中謁者令"。古"謁者"爲傳達通報的僕人，"中謁者"掌"通書，出納君命"，即接受臣下奏疏，上達天子，

又接受天子之詔，下達臣僚，傳達王命。“中謁者”的秩級爲“六百石”。（參見李正周、殷昭魯《西漢“中謁者”考》，《唐都學刊》2014 年第 4 期）　棺椁：椁，套在棺外的大棺。《説文》：“椁，葬有木椁也。”段玉裁注：“木椁者，以木爲之，周於棺，如城之有郭也。”

辛酉，[1]詔三輔、河内、河東、上黨、趙國、太原各修理舊渠，[2]通利水道，以溉公私田疇。[3]

［1］【今注】案，曹金華《後漢書稽疑》謂，“元初二年二月丁亥朔，是月無‘辛酉’，作‘辛酉’誤”（第 108 頁）。

［2］【今注】上黨：郡名。治長子縣（今山西長子縣西南）。太原：郡名。治晉陽縣（今山西太原市西南）。

［3］【李賢注】《前書音義》曰：“美田曰疇。”

三月癸亥，京師大風。

先零羌寇益州，遣中郎將尹就討之。

夏四月丙午，立貴人閻氏爲皇后。[1]

［1］【今注】閻氏：名姬，河南滎陽（今河南滎陽市東北）人。尚書、步兵校尉閻章孫女，長水校尉、北宜春侯閻暢之女。安帝后。紀見本書卷一〇下。

五月，京師旱，河南及郡國十九蝗。甲戌，詔曰：“朝廷不明，庶事失中，灾異不息，憂心悼懼。[1]被蝗以來，七年于兹，而州郡隱匿，裁言頃畝。[2]今群飛蔽天，爲害廣遠，所言所見，寧相副邪？三司之職，[3]内外是監，既不奏聞，又無舉正。天災至重，欺罔皐大。[4]今方盛夏，且復假貸，以觀厥後。[5]其務消救災眚，[6]安輯黎元。"[7]

[1]【今注】悼：《説文》："懼也。陳楚謂懼曰悼。"案，大德本、殿本作"惶"。

[2]【李賢注】"裁"與"纔"同，古字通。

[3]【今注】三司：三公。

[4]【今注】罔：欺騙、蒙蔽。

[5]【李賢注】假貸猶寬容也。盛夏不可即加刑罰，故且寬容。

[6]【今注】眚：災害。

[7]【今注】安輯：安撫。　黎元：黎民百姓。

六月丙戌，太尉司馬苞薨。[1]

[1]【李賢注】《謝承書》曰："苞爲太尉，常食麤飯，著布衣，妻子不歷官舍。會司徒楊震爲樊豐等所譖，連及苞，苞乞骸骨，未見聽，以疾薨也。"

洛陽新城地震裂。[1]

[1]【今注】案，紹興本、殿本無"震"字。

秋七月辛巳，太僕太山馬英爲太尉。[1]

[1]【李賢注】英字文思，兖州蓋縣人也。【今注】太山：亦作"泰山"，郡名。治奉高縣（今山東泰安市東）。　馬英：字文

思，泰山蓋縣（今山東沂源縣東南）人。東漢安帝元初二年（115）以太僕遷太尉。承望大將軍鄧騭意旨。建光元年（121），鄧太后死，騭自殺，英罷太尉，卒。

八月，遼東鮮卑圍無慮縣。[1]九月，又攻夫犁營，殺縣令。[2]

[1]【李賢注】屬遼東郡。慮音閭。有醫無閭山，因以爲名焉。【今注】無慮：縣名。治所在今遼寧北鎮市東南。

[2]【李賢注】夫犁，縣名，屬遼東屬國。【今注】夫犁：縣名。亦作“扶黎”，治所在今遼寧北鎮市東南。扶黎不見於《漢志》，當爲遼東屬國設置時所立，其地原本屬遼西郡，本書《郡國志》遼東屬國下有“無慮”縣，學者認爲當爲“扶黎”之誤（參見周振鶴、李曉傑、張莉《中國行政區劃通史·秦漢卷》，復旦大學出版社2017年版，第836—837頁）。中華本校勘記按：“《集解》引惠棟説，謂《鮮卑傳》‘夫犂’作‘扶黎’，章懷注‘縣名，屬遼東郡’，《通鑑》胡注以爲兩漢無此縣。棟案遼東屬國有昌黎縣，都尉所治，昌黎即前漢之交黎也，夫交相似而誤耳。”本書卷九〇《鮮卑傳》載，東漢安帝元初二年（115），“遼東鮮卑圍無慮縣，州郡合兵固保清野，鮮卑無所得。復攻扶黎營。殺長吏”。

壬午晦，日有食之。

冬十月，遣中郎將任尚屯三輔。

詔郡國中都官繫囚減死一等，[1]勿笞，詣馮翊、扶風屯，[2]妻子自隨，占著所在；女子勿輸。[3]亡命死辠以下贖，各有差。其吏人聚爲盜賊，有悔過者，[4]除其罪。

［1］【今注】中都官：官署合稱。《漢書》卷八《宣帝紀》顏師古注："中都官，謂在京師諸官也。"宋傑認爲，中都官即在京的中央機構，具體指朝廷列卿所屬的諸官署。中都官附設監獄，稱"中都官獄"。西漢國内的行政組織基本上分爲三大系統，即中都官、三輔和郡國，代表中央各官署、首都特別行政區和地方行政部門，它們各有自己的司法機構，分別管轄屬下的監獄和囚犯，而中都官獄"或是泛指中央機構囚禁犯人的各種監獄，或是代表武帝以降設立的二十六所兼有司法審判職能的'詔獄'"。（參見宋傑《西漢的中都官獄》，載《漢代監獄制度研究》，第60—97頁）

［2］【今注】馮翊：左馮翊。西漢時期在京畿地區設置的政區，爲三輔之一。武帝太初元年（前104）改左内史置，轄區相當於一郡，因地屬畿輔，故不稱郡。東漢定都洛陽，但長安的三輔設置仍舊。西漢時治長安城（今陝西西安市西北）。東漢時移治高陵縣（今陝西西安市高陵區）。　扶風：右扶風。西漢在京畿地區設置的政區，爲三輔之一。武帝太初元年改主爵都尉置，分右内史西半部爲轄區，因地屬畿輔，故不稱郡。治長安縣（今陝西西安市西北）。東漢沿置，移治槐里縣（今陝西興平市東南）。

［3］【李賢注】不輸作也。

［4］【今注】案，大德本、殿本無"過"字。

乙未，右扶風仲光、安定太守杜恢、京兆虎牙都尉耿溥與先零羌戰於丁奚城，[1]光等大敗，並没。左馮翊司馬鈞下獄，自殺。[2]

［1］【李賢注】《東觀記》曰"至北地靈州丁奚城"也。【今注】京兆虎牙都尉：官名。東漢駐防長安的軍事長官，東漢安帝永初四年（110）置，居長安，與扶風都尉並稱二營，將兵衛護三輔陵廟，抵御羌人進犯。　丁奚城：地名。在今寧夏靈武市南。本書

卷八七《西羌傳》載，永初六年，羌零昌“以杜季貢爲將軍，別居丁奚城”。元初二年（115），司馬鈞“攻拔丁奚城”。三年，“任尚遣兵擊破先零羌於丁奚城”。皆此。

［2］【李賢注】《東觀記》曰“安定太守杜恢與鈞等并威擊羌，恢乘勝深入，爲虜所害，鈞擁兵不救，收鈞下獄”也。【今注】司馬鈞：字叔平，河内温縣（今河南温縣）人。秦末殷王司馬卬八世孫，晉宣帝司馬懿高祖父。東漢安帝時任左馮翊，行征西將軍，屢與先零羌作戰，後下獄自殺。事見本書卷八七《西羌傳》。

十一月庚申，郡國十地震。[1]

［1］【今注】案，曹金華《後漢書稽疑》謂，“《五行志》同，《後漢紀》卷十六作‘郡國十一地震’”（第108頁）。

十二月，武陵澧中蠻叛，州郡擊破之。[1]

［1］【李賢注】《東觀記》曰：“蠻田山、高少等攻城，殺長吏。州郡募五里蠻夷、六亭兵追擊，山等皆降。賜五里、六亭渠率金帛各有差。”【今注】武陵：郡名。治義陵縣（今湖南溆浦縣南）。東漢時移治臨沅縣（今湖南常德市武陵區）　澧中：古地區名。指今湖南澧水兩岸。東漢時泛稱其地居民爲澧中蠻。因在武陵郡境内，亦稱“武陵澧中蠻”。

己酉，司徒夏勤罷。庚戌，司空劉愷爲司徒，光禄勳袁敞爲司空。[1]

［1］【今注】袁敞：字叔平，袁安子。傳見本書卷四五。今存

《漢司空袁敞碑》，東漢安帝元初四年（117）立，1923 年春在河南偃師縣出土，1925 年爲羅振玉購得，現藏遼寧省博物館，碑文可補袁敞生平之缺。

三年春正月甲戌，修理太原舊溝渠，溉灌官私田。[1]

[1]【李賢注】酈元《水經注》曰（大德本無“注”字）：“昔智伯遏晉水以灌晉陽（昔，殿本作‘晉’），後人踵其遺迹，蓄以爲沼，分爲二派（二，大德本作‘三’），北瀆即智氏故渠也。其瀆乘高，東北注入晉陽城，以溉灌，東南出城注於汾水。”今所修溝渠即謂此。

東平陸上言木連理。[1]

[1]【李賢注】東平陸，縣名，古厥國也，屬東平國，今兖州平陸縣也。《序例》曰：“凡瑞應，自和帝以上，政事多美，近於有實，故書見於某處。自安帝以下，王道衰缺，容或虛飾，故書某處上言也。”【今注】東平陸：縣名。治所在今山東汶上縣北。　連理：不同根的草木枝幹連生在一起。

蒼梧、鬱林、合浦蠻夷反叛，[1]二月，遣侍御史任逴督州郡兵討之。[2]

[1]【李賢注】蒼梧，郡，今梧州縣也。合浦，郡，今廉州縣也。【今注】蒼梧：郡名。治廣信縣（今廣西梧州市長洲區）。　鬱林：郡名。治布山縣（今廣西桂平市西）。　合浦：郡名。治

合浦縣（今廣西合浦縣東北）。

［2］【李賢注】逴音丁角反。

郡國十地震。三月辛亥，日有食之。

丙辰，赦蒼梧、鬱林、合浦、南海吏人爲賊所迫者。[1]

［1］【今注】南海：郡名。治番禺縣（今廣東廣州市番禺區）。

夏四月，京師旱。

五月，武陵蠻復叛，[1]州郡討破之。

［1］【今注】武陵蠻：漢時分布在武陵郡的少數民族。相傳爲槃瓠之後，有民族語言，稱首領爲"精夫"，彼此互呼"姎徒"。漢初設武陵郡，歲徵大人布一匹，小口二丈，是謂"賨布"。東漢時勢力轉盛。光武帝建武二十三年（47），首領相單程率衆據險，攻襲郡縣，次年占領臨沅（今湖南常德市西）。後在東漢大軍圍攻下，飢困投降。事見本書卷八六《南蠻西南夷傳》。

癸酉，度遼將軍鄧遵率南匈奴擊先零羌於靈州，破之。[1]

［1］【李賢注】靈州，縣名，屬北地郡，故城在今慶州馬領縣西北（馬，殿本作"烏"）。【今注】鄧遵：南陽新野（今河南新野縣）人。鄧騭從弟。嘗任烏桓校尉。東漢安帝元初元年（114）遷度遼將軍。先後出軍鎮壓羌人起事。封武陽侯。後受誣下獄，自殺。　靈州：縣名。治所在今寧夏靈武市北。

越嶲徼外夷舉種内屬。

六月，中郎將任尚遣兵擊破先零羌於丁奚城。

秋七月，武陵蠻復叛，州郡討平之。

緱氏地坼。[1]

［1］【今注】緱氏：縣名。治所在今河南偃師市東南。

九月辛巳，趙王宏薨。[1]

［1］【今注】趙王宏：劉宏，趙傾王劉商子，襲爵趙王，在位十二年薨，謚號“靖”。事見本書卷一四《宗室四王三侯傳》。

冬十一月，蒼梧、鬱林、合浦蠻夷降。

丙戌，初聽大臣、二千石、刺史行三年喪。[1]

［1］【李賢注】文帝遺詔以日易月，於後大臣遂以爲常，至此復遵古制也。

癸卯，郡國九地震。

十二月丁巳，任尚遣兵擊破先零羌於北地。

四年春二月乙巳朔，[1]日有食之。乙卯，大赦天下。壬戌，武庫災。[2]

［1］【今注】案，二月，大德本作“一月”。

［2］【今注】武庫：官署名。漢置，掌兵器，屬執金吾。有武庫令一人，秩六百石。西漢有武庫丞三人，東漢時改爲一人。武庫

爲精良兵器所聚處。《漢書·百官公卿表上》："中尉，秦官，掌徼循京師，有兩丞、候、司馬、千人。武帝太初元年更名執金吾。屬官有中壘、寺互、武庫、都船四令丞。都船、武庫有三丞，中壘兩尉。"本書《百官志四》："武庫令一人，六百石。本注曰：主兵器。丞一人。"《金石索》金索有"武庫中丞印"，中丞當爲三丞之一。學者推斷武庫三丞或爲武庫中丞、武庫左丞、武庫右丞。（參見安作璋、熊鐵基《秦漢官制史稿》，第221頁）

夏四月戊申，司空袁敞薨。

己巳，鮮卑寇遼西，遼西郡兵與烏桓擊破之。[1]

[1]【李賢注】遼西，郡，故城在今平州東陽樂城是。【今注】遼西：郡名。治陽樂縣（今遼寧義縣西南）。

五月丁丑，太常李郃爲司空。[1]

[1]【今注】李郃：字孟節，漢中南鄭（今陝西漢中市）人。傳見本書卷八二上。

六月戊辰，三郡雨雹。

秋七月辛丑，陳王鈞薨。[1]

[1]【今注】陳王鈞：劉鈞，陳敬王劉羨子，東漢和帝永元九年（97）襲爵。行爲多不法，屢被削縣。在位二十一年薨，謚號"思"。事見本書卷五〇《陳敬王羨傳》。

京師及郡國十雨水。詔曰："今年秋稼茂好，垂可收穫，而連雨未霽，[1]懼必淹傷。夕惕惟憂，[2]思念厥咎。夫霖雨者，人怨之所致。[3]其武吏以威暴下，文吏妄行苛刻，鄉吏因公生姦，爲百姓所患苦者，有司顯明其罰。又《月令》‘仲秋養衰老，授几杖，行糜粥’。[4]方今案比之時，[5]郡縣多不奉行。雖有糜粥，糠秕相半，[6]長吏怠事，莫有躬親，甚違詔書養老之意。其務崇仁恕，賑護寡獨，稱朕意焉。”

[1]【李賢注】霽，雨止也。

[2]【今注】夕惕：指朝夕戒懼。出自《周易·乾卦》：“君子終日乾乾，夕惕若厲，无咎。”

[3]【李賢注】《左傳》曰：“凡雨三日以上爲霖。”京房《别對灾異》曰：“人勞怨苦，雨水絶道。”

[4]【李賢注】鄭玄注云：“助老氣也。行猶賜也。”【今注】仲秋養衰老授几杖行糜粥：《禮記·月令》：“（仲秋之月）是月也，養衰老，授几杖，行糜粥飲食。”

[5]【李賢注】《東觀記》曰：“方今八月案比之時。”謂案驗户口，次比之也。【今注】案比：户口調查。指秦漢時期挨户調查登記並核實人口，進行户籍編造的制度。又稱“案户比民”，嶽麓書院藏秦簡《爲吏、治官及黔首》中又稱“案户定數”。“案”指調查、核實，“比”或認爲指次比，或認爲指比對。秦漢案比一般爲八月舉行，因爲案比後形成的户籍需要進行上計，而上計的時間爲九月。案比雖然是挨户進行，但其方式則爲集中逐人驗看，即各縣將本縣人口集中於一地，對登記户籍的本人進行觀察，以比對、核驗其真實年齡體貌，防止造假不實。類似於後世的“貌閲”。“貌閲”後進行户籍的整理和歸檔，歲末進行“上計”。張家山漢簡《二年律令·户律》：“恒以八月令鄉部嗇夫、吏、令史相雜案户

籍，副臧（藏）其廷。有移徙者，輒移户及年籍爵細徙所，並封。留弗移，移不並封，及實不徙數盈十日，皆罰金四兩；數在所正、典弗告，與同罪。鄉部嗇夫、吏主及案户者弗得，罰金各一兩。”〔參見彭浩、陳偉、［日］工藤元男主編《二年律令與奏讞書——張家山二四七號漢墓出土法律文獻釋讀》，第222頁〕這裏的八月“案户籍”“案户”即“案比”，從簡文看，“案户”者爲縣中令史和鄉中嗇夫等人，亦涉及里中的里正和里典。案户時形成的户籍藏鄉，副本藏縣廷。對遷徙者要將其户籍移至遷徙地。另《户律》中還有“八月書户”“八月户時”等，“書户”“户”皆指登記、編造户籍的行爲，即“案比”。（參見錢劍夫《漢代“案比”制度的淵源及其流演》，《歷史研究》1988年第3期；李均明《關於“八月案比”》，載《出土文獻研究》第6輯）

［6］【今注】穅秕：指粗劣的糧食。

九月，護羌校尉任尚使客刺殺叛羌零昌。

冬十一月己卯，彭城王恭薨。[1]

［1］【今注】彭城王恭：劉恭，東漢明帝子。傳見本書卷五〇。

十二月，越嶲夷寇遂久，殺縣令。[1]

［1］【李賢注】遂久，縣，屬越嶲郡。【今注】遂久：縣名。治所在今雲南玉龍納西族自治縣北部，確址無考。

甲子，任尚及騎都尉馬賢與先零羌戰于富平上河，大破之。[1]虔人羌率衆降，[2]隴右平。

[1]【李賢注】富平，縣，屬北地郡，故城在今靈州回樂縣西南。酈元《水經注》曰："河水於此有上河之名也。"【今注】富平：縣名。爲北地郡治，治所在今寧夏吴忠市西南。

[2]【李賢注】虔人，羌號也。《東觀記》曰："虔人種羌大豪恬狼等詣度遼將軍降。"【今注】虔人羌：古族名。東漢時東羌的一支。分布於西河郡。安帝時參加羌民大起義，活動於安定、北地等郡，失敗後仍居原地。魏、晉時部落離散，山、陝等地有姓"虔耳"（一作"鉗耳"）者，即其後裔。

是歲，郡國十三地震。

五年春正月，越巂夷叛。

二月壬戌，中山王憲薨。[1]

[1]【今注】中山王憲：劉憲，中山簡王劉焉子，襲爵中山王，在位二十二年薨，謚號"夷"。事見本書卷四二《中山簡王焉傳》。

三月，京師及郡國五旱，詔稟遭旱貧人。

夏六月，高句驪與穢貊寇玄菟。[1]

[1]【李賢注】郡名，在遼東（中華本據《校補》在句末補"東"字）。

秋七月，越巂蠻夷及旄牛豪叛，殺長吏。[1]

[1]【李賢注】旄牛，縣，屬蜀郡。《華陽國志》曰在邛崍山表也（崍，大德本作"來"）。【今注】旄牛：縣名。治所在今四

川漢源縣南。

丙子，詔曰："舊令制度，各有科品，[1]欲令百姓務崇節約。遭永初之際，人離荒厄，朝廷躬自菲薄，[2]去絶奢飾，食不兼味，衣無二綵。[3]比年雖獲豐穰，[4]尚乏儲積，而小人無慮，不圖久長，嫁娶送終，紛華靡麗，至有走卒奴婢被綺縠，著珠璣。[5]京師尚若斯，何以示四遠？設張法禁，懇惻分明，[6]而有司惰任，訖不奉行。秋節既立，鷙鳥將用，[7]且復重申，以觀後效。"

［1］【李賢注】《漢令》今亡。【今注】案，王先謙《後漢書集解》引惠棟曰："蔡邕《表志》曰：永平初，詔書下車服制度，中宮皇太子親服重繒厚練，浣已復御，率下以儉。諸侯王以下至於士庶，嫁娶被服，各有科品，當傳萬世，揚光聖德。《桓紀》永興二年詔曰，申明舊令，如永平故事是也。"　科品：本指法律中單列的條例、條文，文獻中稱爲"科條""品條"等。本書卷六七《劉祐傳》："祐移書所在，依科品没入之。"王先謙《後漢書集解》引惠棟曰："科品，謂科條品制也。安帝元初元年詔曰'舊令制度，各有科條'也。"又引申爲"科"和"品"兩種法律形式。西北地區出土簡牘即有以"科""品"爲名的簡册，如"購賞科别""奏請罪人得入錢贖品""烽火品約"等。這些科、品均由單列的條文組成，學者認爲它們是獨立的法律。"科"是一種單行的律條，是對律令的詮釋、細化，也有彌補律令規定不周之用意。"科""品"均不規定定罪量刑，違背科、品後的定罪量刑規定於相關的律和令之中。（參見張忠煒《漢科研究：以購賞科爲中心》，《南都學壇》2012年第3期）

［2］【今注】躬：親自。　菲薄：儉約。

［3］【今注】綵：彩色絲織品。

［4］【今注】穰：豐熟。

［5］【李賢注】綺，文繒；縠，紗也。璣，珠不圓者也。

［6］【今注】懇惻：至誠。

［7］【李賢注】鷙鳥謂鷹鸇之類也（大德本、殿本無“謂”字）。《廣雅》曰：“鷙，執也。以其能服執衆鳥。”《月令》：“孟秋，鷹乃祭鳥，始用行戮。”言有司怠惰，不遵法令，將欲糾其罪，順秋行誅，同鷹鸇之鷙擊也。

八月丙申朔，日有食之。

鮮卑寇代郡，殺長吏。冬十月，鮮卑寇上谷。

十二月丁巳，中郎將任尚有辠，棄市。[1]

［1］【今注】棄市：秦漢死刑之一種，爲死刑中最輕者。《漢書》卷五《景帝紀》：“改磔曰棄市，勿復磔。”顔師古注：“棄市，殺之於市也。謂之棄市者，取刑人於市，與衆棄之也。”對於棄市采用何種行刑方式，學界存在争議，或認爲指斬首，或認爲指絞殺。近年湖南益陽兔子山九號井第三·二號木牘有：“益陽守起、丞章、史完論刑殺尊市，即棄死（尸）市，盈十日，令徒徙棄冢間。”學者指出，“刑殺尊市，即棄尸市”展示了棄市的具體過程，即斬殺頭部並棄尸於市（參見何有祖《再論秦漢“棄市”的行刑方式》，《社會科學》2018 年第 11 期）。

是歲，郡國十四地震。

六年春二月乙巳，京師及郡國四十二地震，或拆裂，[1]水泉涌出。

［1］【今注】案，拆，紹興本、大德本、殿本作“坼”。

壬子，詔三府選掾屬高第，[1]能惠利牧養者各五人，[2]光禄勳與中郎將選孝廉郎寬博有謀，[3]清白行高者五十人，[4]出補令、長、丞、尉。[5]

［1］【今注】三府選掾屬：三公官署下屬掾史屬吏。三府指司徒、司空、太尉之府。　高第：官吏的考課優等。

［2］【今注】牧養：治理，統治。

［3］【今注】孝廉：漢代察舉科目之一，即孝子廉吏。原爲二科，西漢武帝於元光元年（前134）初令郡國舉孝、廉各一人。其後多連稱而混同爲一科。察舉孝廉爲歲舉，郡國每年向中央推舉一至二人，其所舉人數比茂才爲多。所舉者不限於現任官吏。孝廉的出路多爲郎官。（參見安作璋、熊鐵基《秦漢官制史稿》，第804—807頁）

［4］【今注】清白行高：品行高潔，没有污點。

［5］【今注】丞：縣丞。官名。縣令的副貳。《漢書·百官公卿表上》：“（縣令、長）皆有丞、尉，秩四百石至二百石，是爲長吏。”縣丞在縣的地位，比郡丞在郡的地位要高，縣丞對縣令、長不完全是輔佐，更不是從屬身份，而是能獨立從事倉、獄等事。一般來説，一個縣衹有一個縣丞，但都城所在地則不止一人，如西漢長安有左、右丞，東漢洛陽有丞三人。（參見安作璋、熊鐵基《秦漢官制史稿》，第656—659頁）　尉：縣尉。官名。秦漢縣級軍事長官。《漢書·百官公卿表上》：“（縣令、長）皆有丞、尉，秩四百石至二百石，是爲長吏。”縣尉的秩級略低於縣令，輔佐縣令執掌緝捕盜賊、役使卒徒等。大縣或設置左、右兩尉。縣尉職掌較專，對於縣令、長有一定獨立性，往往分部而治，與縣令、長别治，有單獨的治所和官廨，亦有自己獨立的屬吏。（參見安作璋、熊鐵基

《秦漢官制史稿》，第 654—662 頁）

乙卯，詔曰："夫政，先京師，後諸夏。《月令》仲春'養幼小，存諸孤'，[1]季春'賜貧窮，賑乏絶，省婦使，表貞女'，所以順陽氣，崇生長也。[2]其賜民尤貧困、孤弱、單獨穀，[3]人三斛；貞婦有節義十斛，甄表門閭，旌顯厥行。"[4]

[1]【今注】養幼小存諸孤：《禮記・月令》："（仲春之月）是月也，安萌牙，養幼少，存諸孤。"

[2]【李賢注】鄭玄云："婦使謂組紃之事。"【今注】"賜貧窮"四句：《禮記・月令》："（季春之月）賜貧窮，振乏絶……省婦使，以勸蠶事。"

[3]【今注】案，民，紹興本、大德本作"人"。 單獨：孤獨無親。

[4]【李賢注】節謂志操。義謂推讓。甄，明也（大德本、殿本無"也"字）。旌，章也。里門謂之閭。旌表者，若今樹闕而顯之。【今注】案，甄表、旌顯意爲旌表、表彰。

三月庚辰，始立六宗，祀於洛城西北。[1]

[1]【李賢注】《續漢志》曰："元初六年，以《尚書》歐陽家説，謂六宗者，在天地四方之中，爲上下四方之宗，以元始中故事，謂六宗易六子之氣，日、月、雷公、風伯、山、澤者，非也，乃更六宗，祠於戌亥之地，禮比大社也。"【今注】六宗：古代祭祀的六神。或指天、地、春、夏、秋、冬，或指位於天地四方之間、助陰陽變化者，或指水、火、雷、風、山、澤。

夏四月，會稽大疫，遣光禄大夫將大醫循行疾病，賜棺木，[1]除田租、口賦。

[1]【李賢注】《漢官儀》："大醫令一人（大，大德本作'太'），秩六百石。"【今注】將：率領。　案，大醫，大德本、殿本作"太醫"。太醫，官名。秦、漢置，爲少府屬官。有太醫令、丞。掌宫廷醫藥。太醫令領諸員醫，如太醫監、侍醫、醫工長、醫待詔、乳醫、本草待詔等。秦奉常、漢太常亦有太醫，或説太常之太醫主治百官之病，少府之太醫則主治宫廷之病。居延漢簡所見有太醫令遂、太醫丞褒等。東漢僅於少府置一員，六百石，掌諸醫，有藥丞、方丞各一員，分主藥、藥方；員醫二百九十三人，員吏十九人。太醫是秦漢的皇家醫療系統。（參見安作璋、熊鐵基《秦漢官制史稿》，第184—185頁）

沛國、勃海大風，雨雹。五月，京師旱。

六月丁丑，樂成王賓薨。[1]丙戌，平原王得薨。[2]

[1]【今注】樂成王賓：劉賓，樂成釐王劉巡子，襲爵樂成王，在位八年薨，謚號"隱"。死後無子，國絶。事見本書卷五〇《樂成靖王黨傳》。

[2]【今注】平原王得：劉得，樂安夷王劉寵子。東漢安帝元初元年（114）封平原王，作爲劉勝的後裔。在位六年薨，謚號爲"哀"，無子。事見本書卷五五《平原懷王勝傳》。

秋七月，鮮卑寇馬城，[1]度遼將軍鄧遵率南單于擊破之。

［1］【李賢注】《搜神記》曰："昔秦人築城於武周塞以備胡，將成而崩者數矣（成，大德本作'城'）。有馬馳走，周旋反覆，父老異之，因依以築城，城乃不崩，遂以名焉。"其故城，今朔州也（大德本"今"後有"在"字）。【今注】馬城：縣名。治所在今河北懷安縣西。

九月癸巳，陳王竦薨。[1]

［1］【今注】陳王竦：劉竦，陳思王劉鈞子，東漢安帝元初五年（118）襲爵，元初六年薨，謚號"懷"。事見本書卷五〇《陳敬王羡傳》。

十二月戊午朔，日有食之，既。郡國八地震。

是歲，永昌、益州蜀郡夷叛，與越嶲夷殺長吏，燔城邑，益州刺史張喬討破降之。[1]

［1］【今注】張喬：南陽人。東漢安帝時爲益州刺史，時蜀郡夷人起事，喬破降之。順帝永和三年（138）拜交阯刺史，誘日南蠻降。永和六年以執金吾行車騎將軍事，將兵屯三輔。

永寧元年春正月甲辰，[1]任城王安薨。[2]三月丁酉，濟北王壽薨。[3]

［1］【今注】永寧：東漢安帝劉祜年號（120—121）。

［2］【今注】任城王安：劉安，任城孝王劉尚子，嗣王位，立十九年薨，謚號"貞"。事見本書卷四二《任城孝王尚傳》。

［3］【今注】濟北王壽：劉壽，東漢章帝子。傳見本書卷

五五。

車師後王叛，[1]殺部司馬。[2]

[1]【今注】車師後王：車師後國國王。車師爲古國名。一名“姑師國”。漢宣帝時分前後兩部：前部亦稱“車師前國”，王治交河城（今新疆吐魯番市西北交河故城遺址），轄境相當於今新疆吐魯番盆地；後部亦稱“車師後國”，王治務塗谷（今新疆吉木薩爾縣南泉子街一帶），轄境約當今新疆奇臺、吉木薩爾二縣地。

[2]【今注】部司馬：當即車師後部司馬，即漢朝駐車師屯護軍的司馬，屬戊己校尉，掌護衛車師後部等國。本書卷六《順帝紀》：“夏四月丙寅，車師後部司馬率後部王加特奴等掩擊匈奴，大破之，獲其季母。”

沈氐羌寇張掖。[1]

[1]【李賢注】沈氐，羌號也。《續漢志》曰“羌在上郡西河者，號沈氐（氐，紹興本、大德本作‘氏’）”也。【今注】沈氐羌：古族名。東漢時東羌的一支。分布於上郡、西河郡一帶。安帝、桓帝時，參加羌民起義，活動於安定、北地、武威、張掖等地，後被擊敗。詳見本書卷八七《西羌傳》。　張掖：郡名。治觻得縣（今甘肅張掖市西北）。

夏四月丙寅，立皇子保爲皇太子，[1]改元永寧，大赦天下。賜王、主、三公、列侯下至郎吏、從官金帛；[2]又賜民爵及布粟各有差。

［1］【今注】皇子保：東漢順帝劉保，公元 125 年至 144 年在位。紀見本書卷六。

［2］【今注】從官：指君王的隨從、近臣。《漢書》卷九《元帝紀》："令從官給事宫司馬中者，得爲大父母、父母、兄弟通籍。"顔師古注："從官，親近天子常侍從者皆是也。"

己巳，紹封陳王羨子崇爲陳王，[1]濟北王子萇爲樂成王，[2]河間王子翼爲平原王。[3]

［1］【今注】紹封：指諸侯王、列侯因某些原因（犯罪、無後等）而除國絶封後，皇帝命其子孫或親族成員重新繼承其爵位、封國的一種制度，屬於一種間斷性的爵位繼承方式。日本學者認爲"紹封"是基於皇帝旨意的例外性、恩惠性措施，並非制度上的規定。尤佳認爲，紹封至少在東漢已經制度化。東漢紹封一般爲降等紹封，且紹封的對象具有選擇性，一般爲功臣侯和外戚恩澤侯。王朝實行紹封並非"章德""顯封"那麼簡單，主要原因與朝廷希望獲得外戚、功臣等勢力集團的支持以增强統治基礎有關。（參見尤佳《漢晉紹封制度論考》，《中華文史論叢》2014 年第 3 期）案，紹，殿本作"詔"。　陳王羨：劉羨，東漢明帝子。傳見本書卷五〇。

［2］【今注】濟北王子萇：劉萇，濟北惠王劉壽子，被立爲樂成王，在位期間驕淫不法，被貶爲臨湖侯。事見本書卷五〇《樂成靖王黨傳》。

［3］【今注】河間王子翼：劉翼，河間孝王劉開子，東漢桓帝劉志父。鄧太后將其立爲平原懷王劉勝後嗣，後封其爲平原王，奉祀劉勝。事見本書卷五五《河間孝王開傳》。

壬午，琅邪王壽薨。[1]

［1］【今注】琅邪王壽：劉壽，琅邪夷王劉宇子，襲爵琅邪王，在位十七年薨，謚號“恭”。事見本書卷四二《琅邪孝王京傳》。1997 年，山東臨沂市文物部門在臨沂市區水田路與琅邪王路交會處，發掘了一座東漢晚期青磚古墓。學者推斷此墓爲東漢琅邪王夫婦合葬墓，或認爲墓主可能即琅邪王劉壽夫婦。

六月，沈氐種羌叛，寇張掖，[1]護羌校尉馬賢討沈氐羌，破之。

［1］【今注】案，中華本校勘記按：“《校補》引錢大昭説，謂三月已書‘沈氐羌寇張掖’矣，此重出。”

秋七月乙酉朔，日有食之。[1]

［1］【今注】案，中華本校勘記按：“推是年七月合朔乙酉，無日食，參閲續《五行志》六校記。”

冬十月己巳，司空李郃免。癸酉，衞尉廬江陳褒爲司空。[1]

［1］【李賢注】褒字伯仁，舒縣人也。【今注】衞尉：官名。戰國秦始置，漢沿置，秩中二千石，列位諸卿。西漢景帝曾改名中大夫令，後元元年（前 143）復故。衞尉、光禄勳與執金吾均執掌宫殿禁衞，執金吾主宫外，光禄勳、衞尉主宫内。衞尉主管宫門屯駐衞士，地位比較重要。（參見楊鴻年《漢魏制度叢考》，第 21—33 頁）本書《百官志二》：“衞尉，卿一人，中二千石。本注曰：掌宫門衞士，宫中徼循事。丞一人，比千石。”

自一月至是月,[1]京師及郡國三十三大風，雨水。

[1]【今注】案，一月，紹興本、大德本、殿本作“三月”。

十二月，永昌徼外撣國遣使貢獻。[1]

[1]【李賢注】撣音擅。【今注】撣國：古國名。據本書卷八六《西南夷傳・哀牢》，東漢和帝永元九年（97），其國王雍由調遣使貢獻，和帝賜金印紫綬。安帝永寧元年（120），又遣使朝賀，獻樂及大秦幻人。幻人能變化吐火，自支解，易牛馬頭，又善跳丸。次年元會，安帝封雍由調爲漢大都尉，賜印綬、金銀、彩繒等。該國西南通大秦，一般認爲在今緬甸東北境。

戊辰，司徒劉愷罷。

遼西鮮卑降。

癸酉，太常楊震爲司徒。[1]

[1]【今注】楊震：字伯起，弘農華陰（今陝西華陰市東）人。傳見本書卷五四。傳世有太尉楊震碑，載《隸釋》卷一二(參見洪适《隸釋》，中華書局1986年版，第136—138頁)。

是歲，郡國二十三地震。夫餘王遣子詣闕貢獻。燒當羌叛。

建光元年春正月,[1]幽州刺史馮焕率二郡太守討高句驪、穢貊,[2]不克。

［1］【今注】建光：東漢安帝劉祜年號（121—122）。

［2］【今注】幽州：西漢武帝時置十三刺史部之一。東漢時治薊縣（今北京市西南）。　馮焕：巴郡宕渠（今四川渠縣東北）人。馮緄父。東漢安帝時爲幽州刺史。疾忌奸惡，怨者詐作璽書譴責，焕欲自殺。後聽子緄言，上書自訟，得白，而焕已病死於獄。馮焕墓及墓闕之一的東闕仍保存完好。傳世有《幽州刺史馮焕神道》《馮焕殘碑》《賜豫州刺史馮焕詔》等，分别載《隸釋》卷一三、卷一五（參見洪适《隸釋》，第145—146、157—158頁）。

二月癸亥，大赦天下。賜諸園貴人、[1]王、主、公、卿以下錢布各有差。以公、卿、校尉、尚書子弟一人爲郎、舍人。[2]

［1］【李賢注】謂宫人無子守園陵者也。

［2］【今注】校尉：職官類名。“校”是軍事編制單位，“尉”是武官通稱。校尉爲中級武官，地位低於將軍，高於都尉，西漢時秩二千石，東漢時秩比二千石。西漢武帝置中壘、屯騎、步兵、越騎、長水、胡騎、射聲、虎賁等八校尉，屬官有丞及司馬。東漢將中壘校尉省去，又將胡騎併入長水，虎賁併入射聲，衹剩五校尉。此外還有司隸校尉、戊己校尉、護烏桓校尉、護羌校尉等。　案，子弟，紹興本作“子第”。　舍人：戰國、秦時貴戚官僚屬員，類似侍從賓客，至漢代演變爲正式職官。漢代有太子舍人，掌宿衛，類似於皇帝身邊的郎官。故此處將“郎”與“舍人”並列。皇后、公主的屬官也有舍人，爲親近左右侍從。《漢書·百官公卿表上》：“太子太傅、少傅，古官。屬官有太子門大夫、庶子、先馬、舍人。”本書《百官志四》：“太子舍人，二百石。本注曰：無員，更直宿衛，如三署郎中。”

三月癸巳，皇太后鄧氏崩。[1]丙午，葬和熹皇后。

[1]【今注】案，曹金華《後漢書稽疑》謂，“《天文志》同，《後漢紀》卷十七作‘三月辛巳，皇太后鄧氏崩。癸未，大斂’。而建光元年三月辛巳朔，癸未爲初三，癸巳爲十三日。又《皇后紀》《御覽》卷一三七引《續漢書》作‘三月崩’‘三月，太后崩’，故疑之”（第111頁）。

丁未，樂安王寵薨。[1]

[1]【今注】案，樂安，殿本作“安樂”。

戊申，追尊皇考清河孝王曰孝德皇，[1]皇妣左氏曰孝德皇后，[2]祖妣宋貴人曰敬隱皇后。[3]

[1]【今注】皇考：對亡父的尊稱。《禮記·曲禮下》：“父曰皇考，母曰皇妣。”

[2]【今注】皇妣：對亡母的尊稱。《禮記·曲禮下》：“父曰皇考，母曰皇妣。”

[3]【今注】祖妣：已故祖母。　宋貴人：名不詳，東漢明帝永平末年選入太子宫，章帝即位，立爲貴人，生慶皇太子。旋以讒廢，貴人自殺。後殤帝卒，慶長子祜爲安帝。建光元年（121）三月，追尊祖妣宋貴人曰敬隱皇后。

夏四月，穢貊復與鮮卑寇遼東，遼東太守蔡諷追擊，戰歿。

丙辰，以廣川并清河國。

丁巳，尊孝德皇元妃耿氏爲甘陵大貴人。[1]

[1]【李賢注】甘陵，孝德皇后之陵也（殿本無“也”字），因以爲縣，今貝州清河縣東也。【今注】耿氏：耿姬，又稱耿貴人，名不詳，扶風茂陵（今陜西興平市東北）人。耿弇弟耿舒孫女，耿襲和漢明帝女隆慮公主劉迎之女，東漢清河孝王劉慶妃。甘陵：清河孝王（孝德皇）、孝德皇后之墓，位於今河北清河縣南部、冢子村西、葛仙莊南偏東處。

甲子，樂成王萇有罪，廢爲臨湖侯。[1]

[1]【李賢注】《續漢書》曰“坐輕慢不孝”，故貶。臨湖，縣名，屬廬江郡也。【今注】臨湖：縣名。治所在今安徽無爲縣西南。案，中華本校勘記據《集解》引惠棟説，謂《通鑑》作“蕪湖侯”。

己巳，令公、卿、特進、侯、中二千石、二千石、郡國守相，舉有道之士各一人。賜鰥、寡、孤、獨、貧不能自存者穀，人三斛。

甲戌，遼東屬國都尉龐奮，承僞璽書殺玄菟太守姚光。[1]

[1]【今注】璽書：秦漢皇帝所下文書之一種。與詔書、制書等相比，璽書具有以下特點：其一，從封緘方式看，璽書僅能加蓋璽印，不可再加蓋尚書令印或其他大臣印；其二，從下達的方式看，璽書要由專使直接送達，無須中轉；其三，璽書是賜給個人而非官僚機構的文書。璽書有以下功能：第一，向外國王及諸侯王傳

達皇帝旨意；第二，用於遣使就授王、公以下的重要官員；第三，勉勵、慰問或責讓大臣；第四，問候寵臣故舊。此外，璽書還用於發兵和向大臣下達密令。（參見代國璽《漢代公文形態新探》，《中國史研究》2015 年第 2 期）

五月庚辰，[1]特進鄧騭及度遼將軍鄧遵，並以譖自殺。[2]

[1]【今注】案，辰，大德本、殿本作“申”。

[2]【李賢注】乳母王聖與中黄門李閏等誣告尚書鄧訪等謀廢立，宗族皆免官，騭與遵皆自殺。【今注】譖：誣告、誣陷。

丙申，貶平原王翼爲都鄉侯。[1]

[1]【今注】都鄉侯：列侯之一種。東漢列侯分爲五等，由高到低依次爲縣侯、都鄉侯、鄉侯、都亭侯、亭侯。都鄉爲縣治所在之鄉，故都鄉侯班爵在鄉侯之上。東漢鄉亭侯與縣侯不同，不立國，亦不設職官。（參見嚴耕望《秦漢地方行政制度》，“中研院”史語所 1981 年版，第 50—55 頁）

秋七月己卯，[1]改元建光，大赦天下。

[1]【今注】案，曹金華《後漢書稽疑》謂，‘己卯’，《後漢紀》卷十七作‘己亥’，而建光元年七月己卯朔，‘己亥’二十一日，未詳孰是”（第 113 頁）。

壬寅，大尉馬英薨。[1]

［1］【今注】案，大尉，紹興本、大德本、殿本作“太尉”。

八月，護羌校尉馬賢討燒當羌於金城，不利。

甲子，前司徒劉愷爲太尉。

鮮卑寇居庸關，[1]九月，雲中太守成嚴擊之，[2]戰殁。鮮卑圍烏桓校尉於馬城，度遼將軍耿夔救之。

［1］【今注】居庸關：關隘名。又名“軍都關”“太行第八陘”“薊門關”“納款關”，在今北京市昌平區西北三十里。關門南北相距四十里，兩山夾峙，下有巨澗，懸崖峭壁，稱爲絶險。《吕氏春秋·有始》載九塞有“居庸”。《漢書·地理志》載，上谷郡居庸縣“有關”。本書卷一下《光武帝紀下》載，建武十五年（39），“徙雁門、代郡、上谷三郡民，置常山關、居庸關以東”。爲歷代軍事防御要地。

［2］【今注】雲中：郡名。治雲中縣（今内蒙古托克托縣東北）。

戊子，幸衛尉馮石府。[1]

［1］【李賢注】《續漢書》曰：“賜賞寶劍、玉玦、雜繒布等。”【今注】馮石：字次初，南陽湖陽（今河南唐河縣）人。馮魴孫。襲母獲喜長公主爵，爲獲喜侯。初任侍中，稍遷衛尉，得東漢安帝寵。後遷光禄勳、太尉。少帝時進太傅。順帝立，以石阿黨江京、閻顯等，策免。

是秋，京師及郡國二十九雨水。

冬十一月己丑，[1]郡國三十五地震，或坼裂。詔三公以下，[2]各上封事陳得失。[3]遣光禄大夫案行，賜死者錢，人二千。除今年田租。其被灾甚者，勿收口賦。

[1]【今注】案，中華本校勘記："沈家本謂《續志》書'九月己丑'，此紀後文有'冬十二月'，不得重言'冬'。上文書'九月'，又書'戊子'，戊子與己丑相接。然則'冬十一月'四字乃衍文也。"

[2]【今注】案，以，殿本作"已"。

[3]【今注】封事：上呈皇帝的秘密奏章。漢代的普通奏章，先經尚書之文書作業，再送呈皇帝。封事則直接上呈皇帝，由皇帝本人或皇帝所指定的人開閲。（參見廖伯源《漢"封事"雜考》，載《秦漢史論叢》，中華書局2008年版，第195頁）

鮮卑寇玄菟。

庚子，復斷大臣二千石以上服三年喪。

癸卯，詔三公、特進、侯、卿、校尉，舉武猛堪將帥者各五人。

丙午，詔京師及郡國被水雨傷稼者，隨頃畝減田租。

甲子，初置漁陽營兵。[1]

[1]【李賢注】伏侯《古今注》曰"置營兵千人"也。【今注】案，中華本校勘記謂，"沈家本謂甲子距上文己丑三十六日，疑上奪某月二字"。

冬十二月，高句驪、馬韓、穢貊圍玄菟城，[1]夫餘王遣子與州郡并力討破之。

［1］【今注】馬韓：古國名。三韓之一，在今朝鮮半島南部，後爲百濟所滅。本書卷八五《東夷傳》："韓有三種：一曰馬韓，二曰辰韓，三曰弁辰。馬韓在西，有五十四國，其北與樂浪，南與倭接。辰韓在東，十有二國，其北與濊貊接。弁辰在辰韓之南，亦十有二國，其南亦與倭接。"關於"馬韓"的具體情況，見本書《東夷傳》。

延光元年春二月，[1]夫餘王遣子將兵救玄菟，[2]擊高句驪、馬韓、穢貊，破之，遂遣使貢獻。

［1］【今注】延光：東漢安帝劉祜年號（122—125）。

［2］【李賢注】夫餘王子，尉仇台也。

三月丙午，改元延光。大赦天下。還徙者，復户邑屬籍。[1]賜民爵及三老、孝悌、力田，人二級；加賜鰥、寡、孤、獨、篤癃、貧不能自存者粟，人二斛；[2]貞婦帛，人二匹。[3]

［1］【今注】屬籍：秦漢宗室成員的名册，是確立宗室成員身份及其特權的書面依據。商鞅變法時曾令宗室無軍功者不得列於屬籍。秦漢中央專設宗正，掌宗室屬籍，以序録王國嫡庶之次及諸宗室親屬遠近。郡國每年普查本地宗室名籍，隨計簿上報中央。《史記》卷六〇《三王世家》："宗正者，主宗室諸劉屬籍。"本書《百官志三》："（宗正）掌序録王國嫡庶之次及諸宗室親屬遠近，郡國歲因計上宗室名籍。"宗室有罪及無德行者，會被削除屬籍。根據漢簡材料，漢代"五屬"之外者不具有宗室屬籍。另外，不僅有皇族血統者有宗室屬籍，與皇族有姻親關係者也可有宗室屬籍。（參

見劉敏《秦漢户籍中的“宗室屬籍”》，《河北學刊》2007 年第 6 期）

［2］【今注】案，二斛，紹興本、大德本、殿本作“三斛”。

［3］【今注】案，二匹，殿本作“三匹”。

夏四月癸未，京師郡國二十一雨雹。

癸巳，司空陳襃免。[1]

［1］【今注】案，王先謙《後漢書集解》引惠棟曰：“《陳忠傳》褒以地震策免。”

五月庚戌，宗正彭城劉授爲司空。[1]

［1］【李賢注】《漢官儀》曰：“宗正卿，秩中二千石。”授字孟春，徐州武原人也。【今注】宗正：官名。西周至戰國已置，掌君主宗室親族事務。秦、漢時列位諸卿，秩中二千石，例由宗室擔任，管理皇族外戚事務，掌其名籍，分别嫡庶親疏，編纂世系譜牒，參與審理諸侯王犯法案件。凡宗室親貴有罪，須向其先請，方得處治。有丞，屬官有都司空令丞、内官長丞及諸公主官屬。西漢平帝元始四年（4）改名“宗伯”，新莽時併入秩宗（太常），東漢復舊。（參見林甘泉主編《中國歷史大辭典·秦漢史》，第 289 頁）《漢書·百官公卿表上》：“宗正，秦官，掌親屬，有丞。平帝元始四年更名宗伯。屬官有都司空令丞，内官長丞。又諸公主家令、門尉皆屬焉。王莽並其官於秩宗。”本書《百官志三》：“宗正，卿一人，中二千石。本注曰：掌序録王國嫡庶之次及諸宗室親屬遠近，郡國歲因計上宗室名籍。若有犯法當髡以上，先上諸宗正，宗正以聞，乃報決。丞一人，比千石。” 劉授：字孟春，徐州武原（今江蘇邳州市西北泇口鎮）人。東漢安帝延光元年（122）以宗正遷

司空。順帝初即位，以阿附閻顯、樊豐等，辟召非人，免官。

己巳，改樂成國爲安平，封河間王開子得爲安平王。[1]

[1]【今注】河間王開：劉開，東漢章帝子。傳見本書卷五五。

六月，郡國蝗。秋七月癸卯，京師及郡國十三地震。

高句驪降。

虔人羌叛，攻穀羅城，[1]度遼將軍耿夔討破之。

[1]【李賢注】穀羅屬西河郡。【今注】穀羅：縣名。治所在今内蒙古准格爾旗西南。

八月戊子，陽陵園寢火。[1]辛卯，九真言黄龍見無功。[2]

[1]【李賢注】景帝陵也。【今注】陽陵：西漢景帝劉啓的陵墓，在今陝西咸陽市渭城區正陽鎮張家灣、後溝村北的咸陽原上。園寢：建在帝王墓地上的廟。

[2]【李賢注】無功，縣，屬九真郡。【今注】無功：亦作“無切”，縣名。治所在今越南寧平省寧平縣西。

己亥，詔三公、中二千石，舉刺史、二千石、令、長、相，視事一歲以上至十歲，[1]清白愛利，能敕身率下，防姦理煩，有益於人者，無拘官簿。[2]刺史舉所部，郡國太守相舉墨綬，隱親悉心，勿取浮華。[3]

[1]【今注】視事：治事、辦公。　案，以，大德本、殿本作“已”。

[2]【李賢注】清白謂貞正也。愛利謂愛人而利之也。無拘官簿謂超遷之（紹興本、大德本、殿本“超”前有“受”字），不拘常牒也。【今注】官簿：閥閱，指記録官吏功績和經歷的簿籍。《漢書》卷八四《翟方進傳》：“先是，逢信已從高弟郡守歷京兆、太僕爲衛尉矣，官簿皆在方進之右。”顔師古注：“簿謂伐閱也。”

[3]【李賢注】墨綬謂令、長之屬也。隱親猶親自隱也。悉，盡也。言令三公以下各舉所知，皆隱審盡心，勿取浮華不實者。

九月甲戌，郡國二十七地震。[1]

[1]【今注】案，中華本校勘記：“沈家本謂‘甲戌’志作‘戊申’。今按：是年九月壬寅朔，無甲戌，當依續志作‘戊申’。”

冬十月，鮮卑寇鴈門、定襄。十一月，鮮卑寇太原。

燒當羌豪降。

十二月，九真徼外蠻夷貢獻内屬。

是歲，京師及郡國二十七雨水，大風，殺人。詔賜壓溺死者年七歲以上錢，人二千；其壞敗廬舍、失亡穀食，[1]粟，人三斛；又田被淹傷者，[2]一切勿收田租；若一家皆被灾害而弱小存者，郡縣爲收斂之。虔人羌反攻穀羅城，[3]度遼將軍耿夔討破之。

［1］【今注】案，夫，紹興本、大德本、殿本作“失”，底本誤。

［2］【今注】案，傷，大德本作“蕩”。

［3］【今注】案，中華本删“反”字，校勘記：“《校補》謂虔人羌叛，攻穀羅城，已見上文七月，耿夔至是始討破之耳。承上攻穀羅城爲文，不當更書‘反’。今據删。”

二年春正月，旄牛夷叛，寇靈關，殺縣令。[1]益州刺史、蜀郡西部都尉討之。[2]

［1］【李賢注】靈關，道，屬越巂郡。【今注】靈關：道名。屬越巂郡。治所在今四川峨邊彝族自治縣南部一帶，確址無考。

［2］【今注】西部都尉：漢代爲加强對新闢地區少數民族的統治，往往在邊郡分部設置都尉，一郡之中有二部或三部都尉。部都尉掌地方駐軍，維護地方治安，防禁外來侵略。東漢見於文獻的有金城西部都尉、遼東西部都尉、蜀郡西部都尉等。（參見安作璋、熊鐵基《秦漢官制史稿》，第579—580頁）

詔選三署郎[1]及吏人能通《古文尚書》《毛詩》《穀梁春秋》各一人。[2]

［1］【李賢注】三署，解見《和帝紀》。【今注】三署郎：光禄勳（郎中令）屬官五官中郎將和左、右中郎將三署所屬的郎官，包括中郎、議郎、侍郎、郎中等。

[2]【今注】古文尚書：儒家經典之一，分爲典、謨、誥、命、誓等體裁。有今古文之分，西漢伏生口述的二十八篇《尚書》爲今文《尚書》。出現於漢代，用先秦文字寫就的《尚書》爲古文《尚書》。今天見到的古文《尚書》並非漢代古文《尚書》，而是由東晉梅賾僞造。清華大學藏戰國竹簡中出現多篇“書”，其中數篇見於今文《尚書》，另有數篇與今天見到的僞古文《尚書》内容不同。　毛詩：《詩》古文學派之一。西漢毛公所傳。《漢書》卷八八《儒林傳》稱毛公趙人，爲河間獻王博士。傳其學者有貫長卿、解延年、徐敖等人。同書《藝文志》又著録《毛詩》二十九卷，《毛詩故訓傳》三十卷。本書始言毛公名萇。鄭玄《詩譜》又稱大毛公、小毛公。三國吴陸璣《毛詩草木鳥獸蟲魚疏》以爲萇乃小毛公，大毛公則名亨，漢初魯人。據傳《毛詩》之學出自孔子弟子子夏，後由荀況傳於毛亨，又由毛亨傳於毛萇。《毛詩》自西漢平帝元始五年（5）置博士，列於學官，至東漢其學大盛，鄭衆、賈逵、馬融、鄭玄等皆治《毛詩》。鄭玄且爲之作《箋》。魏晉以後，今文學派的魯、齊、韓三家詩或已亡佚，或無傳者，《毛詩》更爲歷代所宗。後世所傳《詩經》，文字均從《毛詩》，言《詩》者遂以《毛詩》爲《詩經》代稱。　穀梁春秋：《春秋穀梁傳》，《春秋》三傳之一，屬今文經學重要典籍。相傳戰國時魯人穀梁赤（赤，或作“俶”“嘉”“喜”“寘”）作。始於魯隱公元年（前722），迄於魯哀公十四年（前481）。以問答形式解經，略於史實，重在闡述《春秋》之“義理”，然持論較《公羊傳》爲平正，爲研究戰國至漢初儒家思想的重要資料。西漢宣帝時立於學官，設博士。

丙辰，河東、潁川大風。[1]夏六月壬午，郡國十一大風。九真言嘉禾生。[2]

[1]【今注】案，曹金華《後漢書稽疑》謂，“此謂延光二年

正月丙辰，而《五行志》作‘延光二年三月丙申，河東、潁川大風拔樹’。又據《二十史朔閏表》，是年正月辛丑朔，‘丙辰’十六日，無‘丙申’；三月庚子朔，‘丙辰’十七日，也無‘丙申’。故疑‘三月丙申’當作‘正月丙辰’，或‘正月丙辰’當作‘三月丙辰’也”(第115頁)。

[2]【李賢注】《東觀記》曰：“禾百五十六本，七百六十八穗。”

丙申，北海王普薨。

秋七月，丹陽山崩。

八月庚午，初令三署郎通達經術任牧民者，[1]視事三歲以上，皆得察舉。[2]

[1]【今注】牧民：治理人民。

[2]【今注】察舉：漢代的選舉制度，是一種自下而上推選人才的制度，但是推舉的科目、人數、條件則由上自下規定。察舉始於西漢文帝，至武帝時趨於完備。察舉主要有歲舉和特舉兩種。歲舉一年一次，主要科目是孝廉，特舉是皇帝下詔規定推舉時間、對象、員額等，主要的科目是茂才、賢良方正、文學等，此外還有明經、明法、尤異、治劇、勇猛知兵法等科目。這些科目中，推舉的單位、對象、人數和擔任的職官均不同，如孝廉歲舉不限於現任官吏，而茂才均爲現任官吏。孝廉屬於郡舉，而茂才則爲州舉，茂才的數量較孝廉爲少。孝廉的出路多爲郎官，而茂才多爲地方縣令。茂才名額少，任用重，故茂才比孝廉爲高。察舉後需要經過考試，纔能量才録用。考試的内容，諸生試經學，文吏試章奏。考試的方法有對策、射策。對策是命題考試，射策是抽簽考試。對策多用於考試舉士，射策多用於考試博士弟子。（參見安作璋、熊鐵基《秦漢官制史稿》，第800—833頁）

九月，郡國五雨水。

冬十月辛未，太尉劉愷罷。甲戌，司徒楊震爲太尉，光禄勳東萊劉熹爲司徒。[1]

[1]【李賢注】熹字季明，青州長廣人也。【今注】劉熹：名一作“喜”。字季明，青州長廣（今山東萊陽市東）人。東漢安帝時任光禄勳，遷司徒，改太尉參録尚書事。順帝永建元年（126）以阿附閻顯、江京，免職。

十一月甲辰，校獵上林苑。[1]

[1]【今注】校獵：打獵。《漢書》卷一〇《成帝紀》：“冬，行幸長楊宮，從胡客大校獵。”顔師古注：“校，謂以木自相貫穿爲闌校耳……校獵者，大爲闌校以遮禽獸而獵取也。”

鮮卑敗南匈奴於曼柏。[1]

[1]【今注】曼柏：縣名。治所在今内蒙古達拉特旗東南。

是歲，分蜀郡西部爲屬國都尉。京師及郡國三地震。[1]

[1]【今注】案，中華本校勘記：“沈家本謂《續志》作‘三十二地震’，疑此奪‘十二’兩字。”

三年春二月丙子，東巡狩。[1]丁丑，告陳留太守，[2]祠南頓君、光武皇帝于濟陽，[3]復濟陽今年田租、芻稾。[4]庚寅，遣使者祠唐堯於成陽。[5]

[1]【今注】巡狩：又作“巡守”。古代天子巡察諸侯所守之疆土的一種禮制，秦漢時期指皇帝出行視察郡國。

[2]【今注】案，告，王先謙《後漢書集解》引惠棟曰：“《獨斷》云，詔書者，詔告也。其文曰告某官。官如故事，是爲詔書。”

[3]【今注】南頓君：東漢光武帝劉秀之父劉欽曾任南頓縣（今河南項城市西）縣令，故稱南頓君。　光武皇帝：東漢開國皇帝劉秀，公元25年至57年在位。紀見本書卷一。　濟陽：縣名。治所在今河南蘭考縣東北。

[4]【今注】復：免除徭役賦税。　案，曹金華《後漢書稽疑》謂，“《後漢紀》卷十七作‘春二月丙寅，上與太子行幸泰山，復濟陽今年田租’，而延光三年二月甲子朔，‘丙寅’爲初三，‘丙子’十三日，‘丁丑’十四日，二書不同。然據張衡《東巡頌》：‘唯二月初吉，帝將狩於岱嶽，展義省方，觀風設教。丙寅朏，率群賓，備法駕，以祖於東門。乙酉，觀禮於魯而修齊焉。’‘丙子’疑是‘丙寅’之訛”（第116頁）。

[5]【李賢注】古成伯國也，故城在今濮州雷澤縣北。《述征記》云（述，殿本作“迷”）：“成陽東南有堯冢。”【今注】唐堯：堯，名放勳。上古時期部落聯盟首領，“五帝”之一。初封於陶，又封於唐，故稱“陶唐氏”或“唐堯”。　成陽：縣名。治所在今山東菏澤市北。相傳成陽爲堯都所在，據《水經注》等資料記載，成陽有堯陵、堯妃中山夫人祠，靈臺等建築。2006年，菏澤胡集鎮堯王寺村發現一件漢代“中山夫人”殘碑，學者推斷殘碑很可能是《水經注》中提到的堯妃中山夫人碑。由於漢朝皇帝自稱帝堯後裔，故漢朝廷對成陽堯陵進行大規模修繕，並遣使進行相關祭祀活動。（參見袁廣闊《菏澤成陽與堯帝的關係非同尋常》，《光明日

報》2018 年 2 月 10 日 12 版)

戊子，濟南上言，[1]鳳皇集臺縣丞霍收舍樹上。[2]賜臺長帛五十匹，丞二十匹，[3]尉半之，吏卒人三匹。鳳皇所過亭部，[4]無出今年田租。賜男子爵，人二級。辛卯，幸太山，柴告岱宗。[5]齊王無忌、北海王普、樂安王延來朝。[6]壬辰，宗祀五帝于汶上明堂。[7]癸巳，告祀二祖、六宗，[8]勞賜郡縣，[9]作樂。

[1]【今注】濟南：國名。治東平陵縣（今山東濟南市章丘區西北）。

[2]【李賢注】臺縣屬濟南郡，故城在今齊州平陵縣北。【今注】臺縣：屬濟南國，治所在今山東濟南市歷城區東北。 案，曹金華《後漢書稽疑》謂，“是年二月甲子朔，‘庚寅’二十七日，‘戊子’二十五日，不當顛倒言之。《續漢書·五行志》、《後漢紀》卷十七俱載‘戊子’事，而不及‘庚寅’事。又張衡《東巡頌》云是月‘己丑，届於靈宫。是日也，有鳳雙集於臺’，‘己丑’二十六日，‘戊子’二十五日，何能上言其事？‘庚寅’二十七日，猶不當置於其前矣。霍收，范書僅見，《類聚》卷九九，《御覽》卷九一五引《東觀記》俱作‘霍穆’”（第 116 頁）。

[3]【今注】案，二十，大德本、殿本作“三十”。

[4]【今注】亭部：亭是秦漢時期的地方機構，有“都亭”“街亭”“市亭”“門亭”“鄉亭”“郵亭”等，它們的地理位置與負責的事務各不相同。一般意義上的“亭”主要指“鄉亭”和“郵亭”，鄉亭是主管治安的機構，其設校長、亭長、游徼等職官，以緝捕盜賊。郵亭主管行書。鄉亭與鄉平行，其治安管轄範圍稱爲“亭部”。到了東漢時期，由於在亭的周圍出現諸多脱離鄉里組織的自然聚落，政府以亭對這些聚落進行管理，亭開始演變爲合民事、

治安、行書爲一體的組織。此處的“亭部”即亭所管轄地區。（參見王彦輝《聚落與交通視閾下的秦漢亭制變遷》，《歷史研究》2017年第1期）案，部，大德本、殿本作“郡”。

［5］【李賢注】太山，王者告代之處（代，殿本作“岱”），爲五岳之宗，故曰岱宗。燔柴以告天。【今注】柴：祭名。即燒柴祭天，又寫作“祡”。

［6］【今注】齊王無忌：劉無忌，齊煬王劉石孫，蕪湖侯劉晃子，東漢永元二年（90）和帝復封劉無忌爲齊王，在位五十二年薨，謚號“惠王”。事見本書卷一四《齊武王縯傳》。　北海王普：王先謙《後漢書集解》引何焯曰：“北海王普上年薨，此乃恭王翼，嗣位來朝，普當作翼。”

［7］【今注】五帝：五方上帝或五色上帝，分别爲東方青帝、南方赤帝、中央黄帝、西方白帝、北方黑帝。　汶：河流名。即今大汶河。源出山東萊蕪市北，西南流經古嬴縣南，古稱“嬴汶”，又西南會牟汶、北汶、石汶、柴汶，至今山東東平縣戴村壩。自此以下，古汶水西流經東平縣南，至梁山東南入濟水；明初築戴村壩，遏汶水南出南旺湖濟運，西流故道遂微；清末罷漕運，主流又西注東平湖，北入黄河。　明堂：古代最隆重的建築之一，與辟雍、靈臺合稱“三雍”，是國君進行祭祀、朝會諸侯、發布政令之所。其建築結構，一般認爲包括“太室”和堂、室等，並“以茅蓋屋，上圓下方，外水曰辟雍”。

［8］【李賢注】二祖，高祖、光武也。六宗謂孝文曰太宗，孝武曰世宗（世，紹興本、大德本、殿本作“代”），孝宣曰中宗，孝元曰高宗，孝明曰顯宗，孝章曰肅宗。

［9］【今注】勞賜：增加郡縣官吏的勞績。

三月甲午，陳王崇薨。[1]戊戌，[2]祀孔子及七十二弟子於闕里，[3]自魯相、令、丞、尉及孔氏親屬、婦女、諸生悉會，[4]賜褒成侯以下帛各有差。[5]還，幸東平，[6]至東郡，歷魏郡、河内。[7]壬戌，車駕還京師，[8]幸太學。[9]是日，太尉楊震免。

［1］【今注】陳王崇：劉崇，陳敬王劉羨之子，初封安壽亭侯。東漢安帝永寧元年（120），被封爲陳王，立五年薨，謚號“頃”。事見本書卷五〇《陳敬王羨傳》。1988年周口市文物考古管理所等單位聯合發掘了位於河南淮陽縣城北關環城路南側的一座漢代磚石墓，墓室回廊壁磚上戳印有“安君壽壁”字樣，學者據此推斷此墓即陳王劉崇之墓。

［2］【今注】案，戍，殿本作“辰”。

［3］【今注】闕里：孔子故里。在今山東曲阜市城内闕里街。因其地春秋時有兩石闕，故名“闕里”。後建爲孔廟。《漢書》卷六七《梅福傳》：“今仲尼之廟不出闕里。”顔師古注：“闕里，孔子舊里也。”《孔子家語》稱：“孔子始教學於闕里。”

［4］【今注】魯：國名。治魯縣（今山東曲阜市）。

［5］【今注】褒成侯：漢代對孔子後代的封號。西漢元帝封孔子十二世孫孔霸爲褒成君，其後代孔福、孔房、孔均相繼襲封，東漢光武帝復封孔均子孔志爲褒成侯。

［6］【今注】東平：國名。治無鹽縣（今山東東平縣南）。

［7］【今注】歷：經過。

［8］【今注】車駕：皇帝所乘之車，亦用爲皇帝的代稱。蔡邕《獨斷》卷上：“乘輿出於《律》。《律》曰：‘敢盜乘輿服御物。’謂天子所服食者也。天子至尊，不敢渫瀆言之，故託之於乘輿。乘猶載也，輿猶車也。天子以天下爲家，不以京師宫室爲常處，則當乘車輿以行天下，故群臣託乘輿以言之。或謂之車駕。”

［9］【今注】太學：中國古代國立最高學府。商代甲骨文即記載“大學”，西周亦有“大學”，是爲後世太學之濫觴。西漢武帝

時采納董仲舒建議設立太學。王莽時太學零落。東漢建武五年（29）十月，光武帝起營太學，訪雅儒，采求經典闕文，四方學士雲會京師洛陽，於是立五經博士。太學與郊兆、明堂、辟雍等均位於東漢洛陽城南郊。

夏四月乙丑，車駕入宫。假于祖禰。[1]壬戌，[2]沛國言甘露降豐縣。[3]戊辰，光禄勳馮石爲太尉。

［1］【李賢注】假音格。格，至也。【今注】祖禰：祖廟與父廟。

［2］【今注】案，曹金華《後漢書稽疑》謂，“延光三年四月甲子朔，是月無‘甲戌’。而前有‘四月乙丑’，後有‘戊辰’，中間僅隔丙寅、丁卯二日。又前云三月‘壬戌’，亦可證此之訛。然丙寅、丁卯皆無與‘壬戌’形似者，未詳何以致誤”(第117頁)。

［3］【今注】甘露：甘甜的露水。古以爲甘露降是太平瑞徵。《老子》第三十二章：“天地相合，以降甘露。”　豐縣：縣名。治所在今江蘇豐縣。

五月，南匈奴左日逐王叛，[1]使匈奴中郎將馬翼討破之。[2]

［1］【今注】左日逐王：日逐王爲匈奴王號，分左、右，位次於左右賢王、左右谷蠡王，與左右温禺鞮王、左右漸將王合稱“六角”。此十王均單于子弟，除左賢王常爲太子，餘九王也有次第爲單于的資格。本書卷八九《南匈奴傳》：“（匈奴）其大臣貴者左賢王，次左谷蠡王，次右賢王，次右谷蠡王，謂之四角；次左右日逐王，次左右温禺鞮王，次左右漸將王，是爲六角：皆單于子弟，次第當爲單于者也。”案，中華本校勘記謂，“沈家本謂按《匈奴

傳》，叛者乃新降一部大人阿族等，非左日逐王”。

[2]【今注】使匈奴中郎將：官名。西漢時常遣中郎將使匈奴，稱“匈奴中郎將”。元帝以後雖遣使頻繁，身份仍爲使節，事迄即罷。東漢光武帝建武二十六年（50）遣中郎將段郴等使南匈奴，授南單于璽綬，令入居雲中，始置使匈奴中郎將以監護之，因設官府、從事、掾史。後徙至西河，又令西河長史歲將騎二千，弛刑五百人，助中郎將衛護單于，冬屯夏罷。自後遂爲常制。本書《百官志五》：“使匈奴中郎將一人，比二千石。本注曰：主護南單于。置從事二人，有事隨事增之，掾隨事爲員。”除監護南匈奴諸部落外，也常將南匈奴騎兵征伐烏桓、西羌等。（參見林甘泉主編《中國歷史大辭典·秦漢史》，第278頁）

日南徼外蠻夷内屬。

六月，鮮卑寇玄菟。

庚午，閬中山崩。[1]辛未，扶風言白鹿見雍。

[1]【李賢注】閬中，縣，屬巴郡，臨閬中水，因以爲名，今隆州縣也。【今注】閬中：縣名。治所在今四川閬中市。

辛巳，遣侍御史分行青冀二州灾害，督録盜賊。[1]

[1]【今注】督録：察視，省察。

秋七月丁酉，初復右校令、左校丞官。[1]

[1]【李賢注】《續漢志》曰：“將作大匠屬官有左右校，皆有令、丞。”中興未置，今始復。【今注】右校令左校丞：官名。

漢代隸將作大匠（將作少府），領本署工徒修造宫室、宗廟、陵園、道路等，秩六百石。官吏犯法，常輸左校爲工徒。《漢書·百官公卿表上》："將作少府，秦官，掌治宫室……屬官有石庫、東園主章、左右前後中校七令丞，又主章長丞……成帝陽朔三年省中候及左右前後中校五丞。"本書《百官志四》："左校令一人，六百石。本注曰：掌左工徒。丞一人。右校令一人，六百石。本注曰：掌右工徒。丞一人。"

日南徼外蠻豪帥詣闕貢獻。

馮翊言甘露降頻陽、衙。[1]潁川上言木連理。白鹿、麒麟見陽翟。[2]

[1]【李賢注】頻陽，縣，故城在今雍州美原縣西南。衙見上。【今注】頻陽：縣名。治所在今陝西富平縣東北。

[2]【今注】陽翟：縣名。爲潁川郡治，治所在今河南禹州市。

鮮卑寇高柳。[1]

[1]【今注】高柳：縣名。爲代郡治，治所在今山西陽高縣。

梁王堅薨。[1]

[1]【李賢注】明帝孫，節王暢之子也。【今注】梁王堅：劉堅，梁節王劉暢之子。襲爵梁王，在位二十六年薨，謚號"恭"。子劉匡嗣位。傳見本書卷五〇。

八月辛巳，大鴻臚耿寶爲大將軍。[1]

[1]【今注】耿寶：字君達，扶風茂陵（今陝西興平市東北）人。耿舒孫。襲封牟平侯。寶妹爲清河孝王妃，東漢安帝生母。安帝立，寶以元舅監羽林左車騎，爲大將軍。阿附宦官，參與譖廢皇太子劉保爲濟陰王，排陷太尉楊震。安帝死，被閻太后貶爲亭侯，自殺。案，中華本校勘記謂《袁紀》“寶”作“珍”。

戊子，潁川上言麒麟一、白虎二見陽翟。

九月丁酉，廢皇太子保爲濟陰王。[1]

[1]【李賢注】常侍江京等譖之也。

乙巳，詔郡國中都官死皋繫囚減罪一等，詣敦煌、隴西及度遼營；[1]其右趾以下及亡命者贖，[2]各有差。

[1]【李賢注】《漢官儀》曰“度遼將軍屯五原曼柏縣”也。【今注】案，詣，紹興本、大德本、殿本作“詔”，底本或誤。敦煌：郡名。治敦煌縣（今甘肅敦煌市西）。

[2]【今注】右趾：刑罰名。“釱右趾”的省稱，指在右足戴上脚鐐。秦及漢初有“斬右趾”，西漢文帝時廢除。約在武帝時出現“釱右趾”，典籍和簡牘材料中或稱“右趾”。“釱右趾”附加髡鉗城旦舂之刑，成爲僅次於死刑的刑罰。（參見張建國《論文帝改革後兩漢刑制並無斬趾刑》，《中外法學》1993 年第 4 期）

辛亥，濟南上言黄龍見歷城。[1]庚申晦，[2]日有食之。

[1]【李賢注】歷城，縣，屬濟諸國（諸，紹興本、大德本、殿本作“南”，底本誤），分齊州縣也（分，紹興本、大德本、殿本作“今”）。【今注】歷城：縣名。治所在今山東濟南市歷城區。

[2]【今注】案，王先謙《後漢書集解》引錢大昕曰：“《五行志》作‘庚寅’。”

冬十月，行幸長安。壬午，新豐上言鳳皇集西界亭。[1]丁亥，會三輔守、令、掾史於長安，[2]作樂。閏月乙未，祠高廟，遂有事十一陵，[3]歷觀上林、昆明池。[4]遣使者祠太上皇于萬年，[5]以中牢祠蕭何、曹參、霍光。[6]十一月乙丑，至自長安。[7]

[1]【李賢注】今新豐縣西南有鳳皇原，俗傳云即此時鳳皇所集之處也。【今注】新豐：縣名。治所在今陝西西安市臨潼區東北。

[2]【今注】掾史：漢代的屬吏。漢代各官署皆置掾史、屬，分曹治事。掾爲曹長，史、屬爲副貳。故掾史多冠以曹名，如户曹掾、户曹史等。掾史爲有職吏，其下還有從掾位、從史位、待事掾、待事史等散吏。

[3]【今注】有事：祭祀。　十一陵：西漢皇帝的十一座陵墓，分别爲高祖長陵、惠帝安陵、文帝霸陵、景帝陽陵、武帝茂陵、昭帝平陵、宣帝杜陵、元帝渭陵、成帝延陵、哀帝義陵、平帝康陵。

[4]【今注】歷：遍。　昆明池：古湖名。西漢武帝元狩三年（前120）開鑿，在今陝西西安市西南斗門鎮東南。周圍四十里。一爲解決長安水源不足的困難，二爲訓練水軍以備對昆明國作戰。唐太和後乾涸，宋以後堙爲農田。

[5]【今注】太上皇：漢高祖劉邦之父，史稱“劉太公”，名

端。案，太，大德本作“大”。　萬年：縣名。治所在今陝西西安市臨潼區北。西漢高祖十年（前 197），葬太上皇於櫟陽北原，號萬年陵。因分置萬年縣以爲奉陵邑，與櫟陽縣同城而治。東漢省櫟陽入萬年。

［6］【今注】中牢：少牢，指祭祀中采用猪、羊二牲。　蕭何：沛（今江蘇沛縣）人。西漢初開國功臣。初爲沛主吏掾。從劉邦入關，獨收秦相府律令圖書藏之，以是漢知天下關塞險要、郡縣户口。劉邦王漢中，以爲丞相。又薦韓信爲大將。楚漢相拒，留守關中，轉輸士卒糧餉，使軍中給食不乏。劉邦稱帝，論何功第一，封酇侯。後定律令制度，協助高祖消滅陳豨、韓信、黥布等，封相國。高祖死後，何事惠帝，病危時薦曹參繼相，卒謚文終。世家見《史記》卷五三，傳見《漢書》卷三九。　曹參：秦末漢初沛縣（今江蘇沛縣）人。秦時爲沛縣獄吏。公元前 209 年從劉邦起兵，從中涓累遷爲將軍，屢立戰功。漢朝建立，封平陽侯，任齊相九年，協助劉邦平定陳豨、英布等異姓諸侯王。蕭何死，繼何爲漢惠帝丞相。實行黄老政治，崇尚“無爲而治”，舉事無所變更，一切遵守原來蕭何的規定。時人歌頌説：“載其清靖，民以寧一。”任相國三年死，謚懿侯。世家見《史記》卷五四，傳見《漢書》卷三九。　霍光：字子孟，河東平陽（今山西臨汾市西南）人。西漢權臣。霍去病異母弟。初居家，後霍去病省親將其携至長安，任郎遷諸曹侍中。去病死，任奉車都尉。武帝病將死，奉遺詔輔政。昭帝即位，任大司馬大將軍，封博陸侯。誅滅共同輔政的桑弘羊、上官桀等人。政由己出，權勢極大。昭帝死後，迎立昌邑王劉賀爲帝，不久將其廢黜，又迎立宣帝。前後執政二十多年，社會安定，經濟得到一定的發展。傳見《漢書》卷六八。

［7］【今注】案，自，大德本作“白”。

十二月乙未，琅邪言黄龍見諸縣。[1]

［1］【李賢注】諸，縣名，故城在今密州諸城縣西南。【今注】琅邪：亦作“瑯邪”，國名。治開陽縣（今山東臨沂市北）。諸：縣名。治所在今山東諸城市西南。

是歲，京師及諸郡國二十三地震；[1]三十六雨水，疾風，雨雹。

［1］【今注】案，諸，王先謙《後漢書集解》引劉攽曰：“案文衍一‘諸’字，史文未嘗有如此者。”

四年春正月壬午，東郡言黄龍二、麒麟一見濮陽。[1]

［1］【李賢注】縣名，屬東郡，即古昆吾國，帝顓頊之墟，今濮州縣。【今注】濮陽：縣名。爲東郡治，治所在今河南濮陽市華龍區西南。

二月乙亥，[1]下邳王衍薨。[2]

［1］【今注】案，曹金華《後漢書稽疑》謂，“延光四年二月戊子朔，是月無‘乙亥’。而據下文‘甲辰，南巡狩’，‘乙亥’或是‘乙未’或‘己亥’之訛。又據下文‘三月戊午朔’，亦知‘二月乙亥’誤也”（第118頁）。

［2］【今注】下邳王衍：劉衍，東漢明帝子。傳見本書卷五〇。

甲辰，南巡狩。

三月戊午朔，日有食之。

庚申，幸宛，[1]帝不豫。[2]辛酉，令大將軍耿寶行太尉事。祠章陵園廟，[3]告長沙、零陵太守，[4]祠定王、節侯、鬱林府君。[5]乙丑，自宛還。丁卯，幸葉，[6]帝崩于乘輿，[7]年三十二。祕不敢宣，所在上食問起居如故。庚午，還宫。辛未夕，乃發喪。尊皇后爲皇太后。太后臨朝，以后兄大鴻臚閻顯爲車騎將軍，[8]定策禁中，立章帝孫濟北惠王壽子北鄉侯懿。[9]

[1]【今注】宛：縣名。爲南陽郡治，治所在今河南南陽市卧龍區。

[2]【今注】不豫：不舒服。表示天子有疾的專有名詞。豫，安樂。《尚書·金縢》："王有疾，弗豫。"清華大學藏戰國竹簡《保訓》有"惟王五十年，不豫"。

[3]【今注】章陵：縣名。東漢光武帝建武六年（30）改春陵侯國置，治所在今湖北棗陽市南。

[4]【今注】長沙：郡名。治臨湘縣（今湖南長沙市嶽麓區）。

[5]【今注】定王：長沙定王劉發，西漢景帝劉啓第六子，東漢光武帝劉秀五世祖。　節侯：春陵節侯劉買，西漢景帝劉啓之孫，長沙定王劉發之子，東漢光武帝劉秀高祖父。　鬱林府君：劉外，長沙定王劉發之孫，春陵節侯劉買之子，東漢光武帝劉秀曾祖父。

[6]【今注】葉：縣名。治所在今河南葉縣西南。

[7]【今注】崩：古代稱天子死爲崩，秦漢時用於皇帝、太后等死亡的代稱。《禮記·曲禮下》："天子死曰崩，諸侯曰薨，大夫曰卒，士曰不禄，庶人曰死。"《説文》："崩，山壞也。"段玉裁注："引申之，天子死曰崩。"

[8]【今注】閻顯：河南滎陽（今河南滎陽市東北）人。東漢安帝閻皇后兄。嗣爵爲北宜春侯。建光元年（121）帝親政，顯及諸弟並爲顯要，典禁兵。延光元年（122）封長社侯，干預朝政。與宦官江京等譖廢太子劉保爲濟陰王。安帝卒，與太后定策迎立北鄉侯爲少帝。任車騎將軍。尋少帝死，中黄門孫程等擁立劉保爲順帝，顯弟兄皆被殺。

[9]【李賢注】《東觀記》及《續漢書》並曰"北鄉侯犢"，今"懿"（紹興本、大德本、殿本"今"後有"作"字，底本或誤），蓋二名。【今注】北鄉侯懿：劉懿，一名"犢"，東漢章帝劉炟之孫，濟北惠王劉壽之子，東漢第七任皇帝。延光四年三月，安帝去世，閻太后爲把持國政，在其兄閻顯支持下，迎立劉懿爲帝。劉懿在位時，閻顯兄弟把持朝政。同年十月，劉懿因病去世，宦官孫程等人合謀誅殺閻顯兄弟和江京，並迎立濟陰王劉保爲帝，是爲漢順帝。

甲戌，濟南王香薨。[1]

[1]【李賢注】光武曾孫簡王錯之子也（王，大德本作"五"，誤）。【今注】濟南王香：劉香，濟南簡王劉錯子，嗣王位，立二十年薨，無子，國絶。事見本書卷四二《濟南安王康傳》。

乙酉，北鄉侯即皇帝位。

夏四月丁酉，太尉馮石爲太傅，[1]司徒劉熹爲太尉，[2]參録尚書事；[3]前司空李郃爲司徒。

[1]【李賢注】石字次初，荆州湖陽人也，馮魴之孫。

[2]【今注】案，熹，大德本作"憙"。

［3］【今注】録尚書事：西漢時稱“領尚書事”“平尚書事”“視尚書事”等，即中央高級官吏兼管或主持尚書臺的工作。昭帝初立，大將軍霍光柄政，與金日磾、上官桀共領尚書事，是爲此官之始。東漢永平十八年（75），章帝初即位，以太傅趙熹、太尉牟融並録尚書事，用“録”代“領”始此。後東漢每帝即位，常以三公、大將軍、太傅録尚書事。當時政令、政務總於尚書臺，尚書臺成爲中央政府總樞。太傅、太尉、大將軍等加此名義始得參與樞密，總知國事，綜理政務，成爲真宰相。（參見安作璋、熊鐵基《秦漢官制史稿》，第278—282頁）

辛卯，大將軍耿寶、中常侍樊豐、侍中謝惲、周廣、乳母野王君王聖，[1]坐相阿黨，[2]豐、惲、廣下獄死，寶自殺，聖徙鴈門。

［1］【今注】中常侍：官名。秦和西漢時爲加官，有此加官，就能入禁中。東漢時由宦者擔任，初俸千石，後增至比二千石，掌侍從左右，從入内宫，贊導内衆事，皇上提出問題時，負責解答，或受差遣辦事。《漢書·百官公卿表上》：“侍中、左右曹諸吏、散騎、中常侍，皆加官，所加或列侯、將軍、卿大夫、將、都尉、尚書、太醫、太官令至郎中，亡員，多至數十人。侍中、中常侍得入禁中，諸曹受尚書事，諸吏得舉法，散騎騎並乘輿車。”本書《百官志三》：“中常侍，千石。本注曰：宦者，無員。後增秩比二千石。掌侍左右，從入内宫，贊導内衆事，顧問應對給事。”案，王先謙《後漢書集解》引錢大昕曰：“《后妃傳》惲爲虎賁中郎將，非侍中也，侍中當是加官。”　樊豐：東漢安帝時任中常侍。與耿寶譖廢皇太子劉保爲濟陰王，冤殺太尉楊震。順帝即位，閻太后以豐與耿寶等互相阿黨，下獄死。　侍中：官名。爲省内之官。秦時爲丞相屬官，因往來殿中，入侍天子，故稱。漢時爲列侯至郎中的

加官，無員限，多至數十人；侍皇帝左右，出入宫廷，皇帝有事令侍中外宣，百官有事由侍中傳達，爲溝通君主與百官的橋梁，地位日顯，權重於宰相。　王聖：東漢安帝乳母。封野王君。恃帝寵，勾結宦官，競爲侈虐，與其女伯榮用事。譖殺太子乳母王男、厨監邴吉。又與帝舅耿寶、大鴻臚閻顯相勾結，枉殺太尉楊震，讒廢太子劉保爲濟陰王。安帝死後，聖母女徙雁門。

[2]【今注】阿黨：罪名。指臣下私自結黨營私，危害中央集權的行爲。《漢書》卷三八《高五王傳》："自吴、楚誅後，稍奪諸侯權，左官、附益、阿黨之法設。其後諸侯唯得衣食租税，貧者或乘牛車。"

己酉，[1]葬孝安皇帝于恭陵。[2]廟曰恭宗。

[1]【今注】案，曹金華《後漢書稽疑》謂，"延光四年四月丁亥朔，'丁酉'爲十一日，'己酉'二十三日，而'辛卯'爲初五，'辛卯'不當在'丁酉'後。《後漢紀》卷十七載'丁酉''己酉'事同本紀，乃'辛卯'誤也。'辛卯'疑是'辛丑'或'癸卯'之訛"（第119頁）。

[2]【李賢注】在今洛州東北二十七里（州，紹興本、大德本、殿本作"陽"，底本誤）。伏侯《古今注》曰"陵山周二百六十丈，高十五丈"也（殿本無"也"字）。【今注】恭陵：東漢安帝劉祜陵，在今河南洛陽市東北漢魏故城西北三十里鋪一帶。

六月乙巳，大赦天下。詔先帝巡狩所幸，皆半入今年田租。

秋七月，西域長史班勇[1]擊車師後王，斬之。

[1]【李賢注】西域都護之長史也。【今注】西域長史：官名。漢置，爲西域都護屬官之長、都護之副，佐都護護西域諸國。東漢章帝建初八年（83）班超爲將兵長史，徐幹爲軍司馬。和帝永元三年（91）班超爲都護，徐幹爲長史。安帝延光二年（123）夏，以班勇（班超少子）爲西域長史，將兵五百人屯柳中。自此，祇置西域長史而不置都護。　班勇：字宜僚，扶風安陵（今陝西咸陽市東北）人。班超少子，有父風。傳見本書卷四七。

丙午，[1]東海王肅薨。[2]

[1]【今注】案，曹金華《後漢書稽疑》謂，“延光四年七月丙辰朔，是月無‘丙午’，‘丙午’前疑脱‘八月’二字”（第119頁）。

[2]【今注】東海王肅：劉肅，東海靖王劉政子，襲封東海王，在位二十三年薨，謚號“頃”。事見本書卷四二《東海恭王彊傳》。

冬十月丙午，越巂山崩。

辛亥，少帝薨。

是冬，京師大疫。

論曰：孝安雖稱尊享御，而權歸鄧氏，至乃損徹膳服，克念政道。然令自房帷，威不逮遠，始失根統，歸成陵敝。[1]遂復計金授官，[2]移民逃寇，[3]推咎台衡，以答天眚。[4]既云哲婦，亦“惟家之索”矣。[5]

[1]【今注】陵敝：衰敗凋敝。

[2]【李賢注】永初元年，令吏人入錢穀得至關内侯也。

[3]【李賢注】羌既轉盛，詔隴西徙襄武，安定徙美陽，北地徙池陽。

[4]【李賢注】台謂三台，三公象也。衡，平也，言天下所取平。伊尹爲阿衡，即其義也。【今注】台衡：喻宰輔大臣。眚：災害。

[5]【李賢注】哲，智也。索，盡也。謂鄧后專制國柄也。《詩》曰："哲夫成城，哲婦傾城。"《書》曰："牝雞之晨，惟家之索。"【今注】哲婦：《詩·大雅·瞻卬》："哲夫成城，哲婦傾城。懿厥哲婦，爲梟爲鴟。婦有長舌，維厲之階。亂匪降自天，生自婦人。匪教匪誨，時維婦寺。"意爲婦人亂國。　惟家之索：《尚書·牧誓》："牝雞無晨。牝雞之晨，惟家之索。"喻女性掌權，會導致家破國亡。

贊曰：安德不升，秕我王度。[1]降奪儲嫡，開萌邪蠹。[2]馮石承歡，楊公逢怒。[3]彼日而微，遂祲天路。[4]

[1]【李賢注】秕，穀不成也。諭政教之穢。《左傳·祈招》之詩曰（招，大德本作"昭"）："思我王度。"

[2]【李賢注】儲嫡謂太子也。邪蠹謂江京等也。

[3]【李賢注】《續漢志》曰（志，中華本據《刊誤》改爲"書"）"上賜衞尉馮石寶劍、玉玦、雜繒布等"，故曰承歡也。楊公，楊震。逢怒謂樊豐等譖震（譖，紹興本作"請"），云有恚恨心，帝免之。

[4]【李賢注】日，君道也。微，不明也。祲，陰陽相侵之氣也。《詩》曰："彼月而微。此日而微。"此日而微言君道闇亂（紹興本、大德本、殿本無"此日而微"），政化陵遲，漢祚衰微，自此而始，故言遂祲天路也。【今注】彼日而微：《詩·小

雅·十月之交》:“彼月而微,此日而微;今此下民,亦孔之哀。”日而微、月而微,指日光、月光因發生日食、月食而黯淡不明。

祲:日旁雲氣,一般認爲是不祥之氣。《左傳》昭公十五年:“禘之日,其有咎乎?吾見赤黑之祲,非祭祥也,喪氛也。其在涖事乎?”杜預注:“祲,妖氛也。”古代氣象占術,多以日象徵國君,通過觀察日旁之祲來占卜國君之吉凶安危。

後漢書　卷六

帝紀第六

孝順皇帝　孝沖皇帝　孝質皇帝

孝順皇帝諱保，[1]安帝之子也。[2]母李氏，[3]爲閻皇后所害。[4]永寧元年，[5]立爲皇太子。延光三年，[6]安帝乳母王聖、大長秋江京、[7]中常侍樊豐譖太子乳母王男、厨監邴吉，[8]殺之，太子數爲歎息。王聖等懼有後禍，遂與豐、京共搆陷太子，[9]太子坐廢爲濟陰王。[10]明年三月，安帝崩，[11]北鄉侯立，[12]濟陰王以廢黜，不得上殿親臨梓宫，[13]悲號不食，内外群僚莫不哀之。[14]及北鄉侯薨，[15]車騎將軍閻顯及江京，[16]與中常侍劉安、陳達等白太后，祕不發喪，而更徵立諸國王子，乃閉宫門，屯兵自守。

[1]【李賢注】《謚法》曰："慈和徧服曰順。"伏侯《古今注》曰："保之字曰守。"

[2]【今注】安帝：東漢安帝劉祜，公元106年至125年在位。

紀見本書卷五。

［3］【今注】李氏：東漢安帝劉祜宫人，順帝劉保生母。得幸於安帝，於公元 115 年生安帝獨子劉保。閻皇后妒忌，遂鴆殺李氏。劉保即位後上尊謚曰"恭湣皇后"。

［4］【今注】閻皇后：名姬，河南滎陽（河南滎陽市東北）人。尚書、步兵校尉閻章孫女，長水校尉、北宜春侯閻暢之女。東漢安帝后。紀見本書卷一〇下。

［5］【今注】永寧：東漢安帝劉祜年號（120—121）。

［6］【今注】延光：東漢安帝劉祜年號（122—125）。

［7］【李賢注】《前書》曰："長秋，皇后官，本秦官將行也，景帝更名大長秋。或用中人，或用士人。秩二千石。"中興常用官者（官，紹興本、大德本、殿本作"宦"，底本誤）。【今注】王聖：東漢安帝乳母。封野王君。恃帝寵，勾結宦官，競爲侈虐，與其女伯榮用事。譖殺太子乳母王男、厨監邴吉。又與帝舅耿寶、大鴻臚閻顯相勾結，枉殺太尉楊震，讒廢太子劉保爲濟陰王。安帝死後，聖母女徙雁門。　大長秋：官名。西漢景帝中元六年（前144）改將行置。或用士人，或用宦者，宣達皇后旨意，領受皇帝詔命，與詹事（中少府）、中太僕等並爲皇后宫高級官員。秩二千石。有丞一員。東漢省詹事、中太僕等官後，成爲管理皇后宫事務的最高官員，其職尊顯，多由高級宦官遷任。〔參見吕宗力主編《中國歷代官制大辭典》（修訂版），商務印書館 2015 年版，第 33 頁〕《漢書·百官公卿表上》："將行，秦官，景帝中六年更名大長秋，或用中人，或用士人。"本書《百官志四》："大長秋一人，二千石。本注曰：承秦將行，宦者。景帝更爲大長秋，或用士人。中興常用宦者，職掌奉宣中宫命。凡給賜宗親，及宗親當謁見者關通之，中宫出則從。"　江京：東漢安帝時宦官。以小黄門迎立安帝，封都鄉侯，遷中常侍兼大長秋。與中常侍樊豐、安帝乳母王聖等勾結内外，干亂朝政。枉殺太尉楊震，譖廢太子劉保。安帝死，又與

閻顯等擁立北鄉侯爲少帝。少帝死，孫程等擁立劉保爲順帝，遂被殺。

[8]【今注】中常侍：官名。秦和西漢時爲加官，有此加官，就能入禁中。東漢時由宦者擔任，初俸千石，後增至比二千石，掌侍從左右，從入内宫，贊導内衆事，皇上提出問題時，負責解答，或受差遣辦事。《漢書·百官公卿表上》："侍中、左右曹諸吏、散騎、中常侍，皆加官，所加或列侯、將軍、卿大夫、將、都尉、尚書、太醫、太官令至郎中，亡員，多至數十人。侍中、中常侍得入禁中，諸曹受尚書事，諸吏得舉法，散騎騎並乘輿車。"本書《百官志三》："中常侍，千石。本注曰：宦者，無員。後增秩比二千石。掌侍左右，從入内宫，贊導内衆事，顧問應對給事。" 樊豐：宦官，東漢安帝時任中常侍。與耿寶譖廢皇太子劉保爲濟陰王，冤殺太尉楊震。順帝即位，閻太后以豐與耿寶等互相阿黨，下獄死。 譖：誣陷、陷害。 案，太子，紹興本作"大子"。 厨監：宫廷的厨官。

[9]【今注】搆陷：謂捏造罪名加以陷害。搆，大德本作"構"。

[10]【今注】濟陰：國名。治定陶縣（今山東菏澤市定陶區西北）。

[11]【今注】崩：古代稱天子死爲崩，秦漢時用於皇帝、太后等死亡的代稱。《禮記·曲禮下》："天子死曰崩，諸侯曰薨，大夫曰卒，士曰不禄，庶人曰死。"《説文》："崩，山壞也。"段玉裁注："引申之，天子死曰崩。"

[12]【今注】北鄉侯：劉懿，一名犢，漢章帝劉炟之孫，濟北惠王劉壽之子，東漢第七任皇帝。延光四年（125）三月，安帝去世，閻太后爲把持國政，在其兄閻顯支持下，迎立劉懿爲帝。劉懿在位時，閻顯兄弟把持朝政。同年十月，劉懿因病去世，宦官孫程等人合謀誅殺閻顯兄弟和江京，並迎立濟陰王劉保爲帝，是爲漢順帝。

［13］【今注】梓宫：古代帝王、皇后所用以梓木製作的棺材。

［14］【今注】僚：官。

［15］【今注】薨：古稱諸侯或有爵的高官死去爲“薨”。《禮記·曲禮下》：“天子死曰崩，諸侯曰薨，大夫曰卒，士曰不禄，庶人曰死。”《説文》：“薨，公侯卒也。”

［16］【今注】車騎將軍：將軍名。西漢初置，爲軍事統帥，作戰時領車騎士，故名。事訖即罷。武帝後常設，地位僅次於大將軍、驃騎將軍，在衛將軍上，常典京城、皇宫禁衛軍隊，出征時常總領諸將軍。文官輔政者亦或加此銜，領尚書政務，成爲中朝重要官員。東漢時權勢尤重，位比三公，常以貴戚充任，秩萬石。出掌征伐，入參朝政。靈帝時常加授寵信宦官或作贈官。中平元年（184）分置左、右，旋罷。本書《百官志一》：“將軍，不常置。本注曰：掌征伐背叛。比公者四：第一大將軍，次驃騎將軍，次車騎將軍，次衛將軍。又有前、後、左、右將軍。”　閻顯：河南滎陽（今河南滎陽市東北）人。東漢安帝閻皇后兄。嗣爵爲北宜春侯。建光元年（121）帝親政，顯及諸弟並爲顯要，典禁兵。延光元年封長社侯，干預朝政。與宦官江京等譖廢太子劉保爲濟陰王。安帝卒，與太后定策迎立北鄉侯爲少帝。任車騎將軍。尋少帝死，中黄門孫程等擁立劉保爲帝，顯兄弟皆被殺。

十一月丁巳，京師及郡國十六地震。[1]是夜，中黄門孫程等十九人[2]共斬江京、劉安、陳達等，迎濟陰王於德陽殿西鍾下，[3]即皇帝位，年十一。近臣尚書以下，[4]從輦到南宫，[5]登雲臺，[6]召百官。尚書令劉光等奏言：[7]“孝安皇帝聖德明茂，早棄天下。陛下正統，[8]當奉宗廟，而姦臣交構，[9]遂令陛下龍潛蕃國，[10]群僚遠近莫不失望。天命有常，北鄉不永，漢德盛明，福祚孔章。[11]近臣建策，左右扶翼，内外同心，稽合神明。陛下踐祚，[12]奉遵鴻緒，[13]爲郊廟主，承續祖宗無窮之烈，上當天心，下猒民望。[14]而即位倉卒，典章多缺，請條案禮儀，分别具奏。”制曰：“可。”乃召公卿百僚，使虎賁、羽林士屯南、北宫諸門。[15]閻顯兄弟聞帝立，率兵入北宫，尚書郭鎮與交鋒刃，[16]遂斬顯弟衛尉景。[17]戊午，遣使者入省，[18]奪得璽綬，[19]乃幸嘉德殿，[20]遣侍御史持節收閻顯及其弟城門校尉耀、執金吾晏，[21]並下獄誅。己未，開門，罷屯兵。壬戌，詔司隸校尉：[22]“惟閻顯、江京近親當伏辜誅，其餘務崇寬貸。”壬申，謁高廟。[23]癸酉，謁光武廟。[24]

［1］【今注】京師：國都。蔡邕《獨斷》卷上：“天子所都曰京師。”

［2］【李賢注】十九人，見《孫程傳》。【今注】中黄門：官名。西漢置。黄門爲宫廷中之禁門，黄門之内即所謂禁中。中黄門居禁中，掌黄門之内諸伺應雜事，持兵器宿衛宫殿，爲服役於宫廷中的低級宦官。名義上隸屬少府，無定員。東漢宦官專權，其職任稍重，位次小黄門。〔參見吕宗力主編《中國歷代官制大辭典》(修訂版)，第159頁〕《漢書·百官公卿表上》：“中書謁者、黄門、鉤盾、尚方、御府、永巷、内者、宦者八官令丞。諸僕射、署長、中黄門皆屬焉。”顏師古曰：“中黄門，奄人居禁中在黄門之内給事者也。”本書《百官志三》：“中黄門，比百石。本注曰：宦者，無員。後增比三百石。掌給事禁中。” 孫程：字稚卿，涿郡新城(今河北保定市徐水區）人。宦官。傳見本書卷七八。

［3］【李賢注】《漢官儀》曰“崇賢門内德陽殿”也。【今

注】德陽殿：東漢洛陽北宫宫殿名。是北宫中非常重要的建築，巍峨壯麗，裝飾華貴，"蓋北宫殿之最尊者"。德陽殿規模較大，可容納萬人，每年正月旦日，在其中舉行百官朝會的盛大典禮。有許多附屬殿室，在北宫中形成一座相對獨立的建築群，故又被稱作"德陽宫"。由於德陽殿是這座建築群的主殿，故又稱"德陽前殿"。（參見宋傑《黄門與禁省——漢代皇帝宫内居住區域考辨》，《南都學壇》2020 年第 5 期）

［4］【今注】尚書：官名。屬少府，秩六百石，爲低級官員，在殿中主發布文書。秦及漢初與尚冠、尚衣、尚食、尚浴、尚席，稱"六尚"。西漢武帝時，選拔尚書、侍中組成"中朝"（或稱"内朝"），成爲實際上的中央決策機關，因係近臣，地位漸高。成帝時設尚書五人，開始分曹辦事，群臣章奏都經尚書；到東漢，尚書成爲協助皇帝處理政務的官員。本書《百官志三》："尚書六人，六百石。本注曰：成帝初署尚書四人，分爲四曹：常侍曹尚書主公卿事，二千石曹尚書主郡國二千石事，民曹尚書主凡吏上書事，客曹尚書主外國夷狄事。"

［5］【今注】輦：本指人力所拉之車，秦漢時專指皇帝或皇后所乘之車。《説文》："輦，輓車也。"段玉裁注："謂人輓以行之車。"　南宫：洛陽城宫殿名。西漢時洛陽已存在南宫，東漢光武帝對南宫進行了擴建，在宫中修建了前殿等建築，又在洛陽南郊興建了郊兆、太學、明堂等設施，還在洛陽城南墻上開闢了平城門，爲從南宫前往南郊提供了通道（參見陳蘇鎮《東漢的南宫和北宫》，《文史》2018 年第 1 輯）。

［6］【今注】雲臺：亦稱"雲臺殿"，東漢洛陽城南宫高臺建築，建築主體爲"高閣四間"。具有特定的政治功能，可用來發布講話，講學，避火，禱雨，亦可接見、賞賜發遣和復徵不起之官（參見王啓敏《東漢洛陽南宫史事考》，《洛陽師範學院學報》2015 年第 6 期）。本書卷二二《馬武傳》："永平中，顯宗追感前世功臣，乃圖畫二十八將於南宫雲臺，其外又有王常、李通、竇融、卓茂，

合三十二人。”

［7］【今注】尚書令：官名。秦、西漢時爲尚書署長官，掌收發文書，隸屬少府。初秩六百石，武帝以後，職權稍重，爲宫廷機要官員，掌傳達記録詔命章奏，並有權審閱宣讀裁决章奏，升秩千石。常以中朝官領、平、視尚書事，居其上。東漢時爲尚書臺長官，兼具宫官、朝官職能，掌决策出令、綜理政務，秩位雖低，實際上總領朝政，無所不統，名義上仍隸少府。朝會時，與御史中丞、司隸校尉皆專席坐，時號“三獨坐”。其上常置録尚書事，以太傅、太尉、大將軍等重臣兼領。〔參見吕宗力主編《中國歷代官制大辭典》（修訂版），第 522 頁〕　劉光：字仲遼，沛國蕭縣（今安徽蕭縣）人。安帝時任尚書令，助順帝繼位。順帝時由太常被任命爲太尉、録尚書事。永建四年（129）因陰陽不和被免職。其侄劉矩在桓帝時擔任太尉。

［8］【今注】陛下：古代臣民對皇帝的尊稱，一般用於向皇帝上書、朝見等場合。“陛”指帝王宫殿前的臺階，“陛下”原指站在臺階下進行戒備的近臣。臣民向天子進言時，不能直呼天子，必呼臺階下的近臣而告之，故“陛下”即成爲對天子的敬稱。蔡邕《獨斷》卷上：“陛下者，陛階也，所由升堂也。天子必有近臣執兵陳於陛側，以戒不虞。謂之陛下者，群臣與天子言，不敢指斥天子，故呼在陛下者而告之，因卑達尊之意也。上書亦如之。及群臣士庶相與言曰殿下、閣下、執事之屬，皆此類也。”

［9］【今注】交搆：離間，搬弄是非。構，紹興本、殿本作“搆”。

［10］【李賢注】從太子廢爲王，故曰龍潛蕃國。

［11］【李賢注】孔，甚也。章，明也。【今注】福祚：福禄，福分。

［12］【今注】踐祚：即位，登基。

［13］【今注】緒：前人遺留下的未竟的事業。

［14］【今注】猒：滿足。

［15］【李賢注】《漢官儀》曰："《書》稱'虎賁三百人'，言其猛怒如虎之奔赴也。孝武建元三年初置期門（元，大德本、殿本作'安'），平帝元始元年更名虎賁郎。"又："武帝太初元年初置建章營騎，後更名羽林。以天有羽林之星，故取名焉。又取從軍死事之子孫養羽林官（事，大德本、殿本作'士'），教以五兵，號曰羽林孤兒。光武中興，以征伐之士勞苦者爲之，故曰羽林士。"【今注】虎賁：又稱"虎賁郎"，秦漢時期皇帝的一種警衛部隊。西漢武帝建元三年（前138）設置期門，平帝元始元年（1）王莽改期門爲虎賁郎，並設虎賁中郎將進行管理。"虎賁"是"衛士"，掌"執兵送從"或"宿衛侍從"，供君主於宮中以至殿上宿衛雜役之用，在皇帝出行時亦擔任警衛和從事雜役。虎賁還兼管省外宮内機關和這些機關工作人員的警衛事務。皇帝常將虎賁賜予諸侯王、大臣，不但賜予活着的諸侯王、大臣，亦賜予死去的諸侯王、大臣。（參見楊鴻年《虎賁羽林》，載《漢魏制度叢考》，武漢大學出版社2005年版，第152—170頁）　羽林：與"虎賁"並爲漢代皇帝的警衛部隊。"羽林"的含義，《漢書·百官公卿表上》顔師古注："羽林亦宿衛之官，言其如羽之疾，如林之多也。一説，羽，所以爲王者羽翼也。"西漢武帝太初元年（前104）設置，又名"巖郎"。羽林多從隴西六郡良家子善騎射者中選取，又有取自從軍死者之子孫（羽林孤兒）和其他來源。羽林的職掌與虎賁近似，均擔任宿衛，但是殿上差使和奉使外出，不見羽林參與，説明羽林與君主關係相較虎賁爲疏遠。（參見楊鴻年《虎賁羽林》，載《漢魏制度叢考》，第152—170頁）《漢書·百官公卿表上》："羽林掌送從，次期門，武帝太初元年初置，名曰建章營騎，後更名羽林騎。又取從軍死事之子孫養羽林，官教以五兵，號曰羽林孤兒。羽林有令丞。宣帝令中郎將、騎都尉監羽林。"本書《百官志二》："羽林中郎將，比二千石。本注曰：主羽林郎。羽林郎，比三百石。

本注曰：無員。掌宿衞侍從。常選漢陽、隴西、安定、北地、上郡、西河凡六郡良家補。本武帝以便馬從獵，還宿殿陛巖下室中，故號巖郎。” 北宫：東漢洛陽城宫名。西漢時期洛陽城有南宫，“南宫”之稱顯然與“北宫”相對，故西漢洛陽城應已經存在“北宫”。東漢明帝繼位後，又大興土木，對北宫及其他官府進行了修繕和擴建。工程浩大，勞民傷財。明帝移居北宫後，北宫成爲政治中心，南宫降爲附屬設施。此後章帝、和帝、安帝、順帝、桓帝、靈帝、少帝、獻帝等均居住過北宫。（參見陳蘇鎮《東漢的南宫和北宫》，《文史》2018 年第 1 輯）

［16］【今注】案，郭，紹興本作“郎”。

［17］【今注】衞尉：官名。戰國秦始置，漢沿置，秩中二千石，列位諸卿。西漢景帝曾改名中大夫令，後元元年（前 143）復故。衞尉、光禄勳與執金吾均執掌宫殿禁衞，執金吾主宫外，光禄勳、衞尉主宫内。衞尉主管宫門屯駐衞士，地位比較重要。（參見楊鴻年《漢魏制度叢考》，第 21—33 頁）本書《百官志二》：“衞尉，卿一人，中二千石。本注曰：掌宫門衞士，宫中徼循事。丞一人，比千石。”

［18］【今注】省：亦稱“省中”“禁中”，秦漢皇宫深處的核心區域，爲皇帝日常燕居之處，類似於“内朝”“燕朝”。蔡邕《獨斷》卷上：“（天子）所居曰禁中，後曰省中……禁中者，門户有禁，非侍御者不得入，故曰禁中。孝元皇后父大司馬陽平侯名禁，當時避之，故曰省中。今宜改，後遂無言之者。”秦漢皇宫由外至内分爲宫、殿、省三個區域，“省”處於最深處，有“禁門”（亦稱“黄門”）出入，防衞最爲嚴密，祇有宦官和少數加“中”的官吏可以進入。“省中”之“省”的含義是“省察”。《漢書》卷七《昭帝紀》：“共養省中。”顔師古注：“省，察也，言入此中皆當察視，不可妄入也。”皇帝出行時的臨時住所和行進途中亦存在“省”。（參見楊鴻年《宫省制度》，載《漢魏制度叢考》，第 1—20 頁；宋傑《黄門與禁省——漢代皇帝宫内居住區域考辨》，《南都

學壇》2020年第5期)

［19］【今注】璽綬：璽是帝王的印章。《説文》："璽，皇帝之印也。""璽"原爲印章的通稱，秦代以後成爲皇帝之印的專稱，有時也用指皇后和諸侯王之印。《漢舊儀》："皇帝六璽，皆白玉螭虎紐，文曰'皇帝行璽''皇帝之璽''皇帝信璽''天子行璽''天子之璽''天子信璽'，凡六璽。以皇帝行璽爲凡雜以皇帝之璽賜諸侯王書；以皇帝信璽發兵；其徵大臣，以天子行璽；策拜外國事，以天子之璽；事天地鬼神，以天子信璽。"今可見"皇帝信璽"封泥，爲傳世品，學者認爲是秦代之物。又有南越國"文帝行璽"金印，1983年出土於廣州南越王墓。又有"皇后之璽"，1968年在陝西咸陽市韓家灣公社出土。綬是繫印章的絲帶。綬的長度、形制、顏色存在區别，印和綬有固定的搭配關係，有金印紫綬、銀印青綬、銅印黑綬、銅印黄綬等，不同等級的官吏佩戴不同的印綬。今天可以見到長沙馬王堆出土辛追印及印綬、江蘇連雲港市海州區雙龍村西漢墓出土淩惠平印及皮綬等印綬實物。

［20］【今注】幸：古稱帝王到達某地爲"幸"。蔡邕《獨斷》卷上："(天子)所至曰'幸'……幸者，宜幸也，世俗謂車駕所至，臣民被其澤以僥倖，故曰幸也……天子車駕所至，見長吏、三老、官屬，親臨軒，作樂。賜食、皂、帛，民爵有級數，或賜田租之半，故謂之'幸'，皆非其所當得而得之。"　嘉德殿：東漢洛陽南宫宫殿名。在九龍門(因門有三銅柱，柱有三龍相糾繞得名)内，東漢中葉偶爾充當皇帝或太后的臨時活動場所(參見宋傑《黄門與禁省——漢代皇帝宫内居住區域考辨》，《南都學壇》2020年第5期)。

［21］【今注】侍御史：官名。西漢時爲御史大夫屬官，由御史中丞統領，入侍禁中蘭臺，給事殿中，故名。員十五人，秩六百石。掌受公卿奏事，舉劾按章，監察文武官員。分令、印、供、尉馬、乘五曹。或供臨時差遣，出監郡國，持節典護大臣喪事，收捕、審訊有罪官吏等。東漢時爲御史臺屬官，於糾彈本職之外，常

奉命出使州郡，巡行風俗，督察軍旅，職權頗重。〔參見吕宗力主編《中國歷代官制大辭典》（修訂版），第564頁〕　節：皇帝的使者執行皇帝命令時所持的信物。竹製，長七八尺，上裝飾旄牛尾，旄尾共有三重。節代表皇帝意志，持節者帶有較大的權限，甚至可以對人進行斬殺。西漢時期，郎中令領導下的皇帝近側侍官，包括中郎將、大夫、謁者等，多充當皇帝使者，故此類職官持節較多，司隸校尉亦可以持節，九卿亦偶爾充當使者持節。東漢的三公和將軍亦可以持節。〔參見［日］大庭脩著，徐世虹等譯《東漢的將軍與將軍假節》，載《秦漢法制史研究》，中西書局2017年版，第290—326頁；楊鴻年《漢魏制度叢考》，第277—283頁〕　城門校尉：官名。西漢武帝征和二年（前91）始置，秩二千石。掌京城長安諸城門警衛，領城門屯兵，屬官有司馬一員及十二城門候。職顯任重，每以重臣監領。《漢書·百官公卿表上》："城門校尉掌京師城門屯兵，有司馬、十二城門候。"東漢時秩比二千石。當時洛陽十二城門，惟北宫門屬衛尉，其餘十一門各設門候，隸城門校尉。多以外戚重臣領之。本書《百官志四》："城門校尉一人，比二千石。本注曰：掌雒陽城門十二所。司馬一人，千石。本注曰：主兵。城門每門候一人，六百石。本注曰：雒陽城十二門，其正南一門曰平城門，北宫門，屬衛尉。其餘上西門，雍門，廣陽門，津門，小苑門，開陽門，秏門，中東門，上東門，穀門，夏門，凡十二門。"　執金吾：官名。西漢武帝太初元年由中尉改名，秩中二千石。職掌京師治安，督捕盜賊，負責宫廷之外、京城之内的警衛，戒備非常水火之事，管理中央武庫，皇帝出行則掌護衛及儀仗隊。《漢書·百官公卿表上》："中尉，秦官，掌徼循京師，有兩丞、候、司馬、千人。武帝太初元年更名執金吾。"

［22］【今注】司隸校尉：官名。西漢武帝置，執掌京師及其周邊地區的監察，秩二千石。《漢書·百官公卿表上》："司隸校尉，周官，武帝征和四年初置。持節，從中都官徒千二百人，捕巫蠱，督大奸猾。後罷其兵。察三輔、三河、弘農。元帝初元四年去節。

成帝元延四年省。綏和二年，哀帝復置，但爲司隸，冠進賢冠，屬大司空，比司直。”

［23］【今注】高廟：漢代祭祀漢高祖劉邦的宗廟。

［24］【今注】光武廟：東漢祭祀光武帝劉秀的宗廟。光武帝駕崩後，明帝緬懷其中興漢室之功，爲光武帝建立起宗廟，命名爲世祖廟。明帝駕崩時，依其遺詔，不立寢廟，而將明帝的神主納入世祖廟的更衣别室之中。章帝之後，各皇帝仿效明帝，不立寢廟而將神主納入世祖廟的更衣别室之中。〔參見［日］金子脩一著，肖聖中等譯《古代中國與皇帝祭祀》，復旦大學出版社 2017 年版，第 85 頁〕

乙亥，詔益州刺史罷子午道，通褒斜路。[1]

［1］【李賢注】子午道，平帝時王莽通之。《三秦記》曰，子午，長安正南。山名秦領谷（領，大德本、殿本作“嶺”），一名樊川。褒斜，漢中谷名（名，殿本作“石”）。南谷名褒，北谷名斜，首尾七百里。【今注】益州：西漢武帝時所置十三刺史部之一。東漢時治雒縣（今四川廣漢市北）。中平中移治綿竹縣（今四川德陽市東北黄滸鎮），初平中復移治雒縣，興平中移治成都縣（今四川成都市）。　刺史：官名。秦設監御史，監督各郡。西漢武帝元封五年（前 106）在全國十三部（州）設刺史，以六條監督郡國。秩六百石，屬官有從事史、假佐等。成帝綏和元年（前 8）改爲州牧，秩二千石。哀帝建平二年（前 5）又改爲刺史，元壽二年（前 1）又改爲州牧。東漢光武帝建武十八年（42）又改爲刺史。　子午道：古代從關中到漢中的南北通道。原自今陝西西鄉縣子午鎮南穿過秦嶺，通往今安康市境。《漢書》卷九九上《王莽傳上》載元始五年（5），“莽以皇后有子孫瑞，通子午道。子午道從杜陵直絶南山，經漢中”。顔師古注：“子，北方也。午，南方也。言通

南北道相當，故謂之子午耳。”　褒斜路：褒斜道，又稱“斜谷道”。秦漢以來往來秦嶺南北的交通要道。因取褒水、斜水兩河谷而得名。自今陝西眉縣沿斜水及其上源石頭河，經今太白縣，循褒水及其上源白雲河至漢中市。長四百七十餘里。《史記·河渠書》：“其後人有上書欲通褒斜道及漕事，下御史大夫張湯。湯問其事，因言：‘抵蜀從故道，故道多阪，回遠。今穿褒斜道，少阪，近四百里’，而褒水通沔，斜水通渭，皆可以行船漕。”《史記》卷一二九《貨殖列傳》載，關中南則巴蜀，“棧道千里，無所不通，惟褒斜綰轂其口”。在褒斜道石門附近有大量歷代石刻，其中東漢石刻有《開通褒斜道石刻》《石門頌》等，現藏漢中博物館。前者記載東漢明帝永平六年（63）漢中太守鄐君受詔承修褒斜道一事；後者全稱爲《漢故司隸校尉犍爲楊君頌》，爲東漢桓帝建和二年（148）漢中太守王升撰文、書佐王戎書寫，歌頌了東漢漢順帝時的司隸校尉、犍爲（今屬四川樂山市）人楊孟文“數上奏請”修復褒斜道的事迹。

己卯，葬少帝以諸王禮。[1]司空劉授免。[2]賜公卿以下錢穀各有差。[3]十二月甲申，以少府河南陶敦爲司空。[4]

[1]【今注】少帝：北鄉侯劉懿。

[2]【李賢注】《東觀記》曰：“以阿附惡逆，辟召非其人，策罷。”【今注】司空：官名。東漢三公之一。西漢時稱“大司空”，成帝改御史大夫置。東漢光武帝建武二十七年（51）去“大”字，改名司空。西漢武帝後，由於中朝尚書的權力逐漸發展，御史大夫的職權和丞相一樣，也轉移於尚書。御史大夫改爲大司空之後，雖號稱三公，但已成虛位。東漢司空的職務已與御史大夫的性質大不相同，本書《百官志一》：“司空，公一人。本注曰：掌水

土事。”這時的司空成爲專管水土之官了。（參見安作璋、熊鐵基《秦漢官制史稿》，齊魯書社2007年版，第52—53頁）　劉授：字孟春，徐州武原（今江蘇邳州市西北）人。東漢安帝延光元年（122）以宗正遷司空。順帝初即位，以阿附閻顯、樊豐等，辟召非人，免官。

［3］【今注】差：等級、等次。

［4］【李賢注】敦字文理，京縣人也。【今注】少府：官名。列位九卿，秩中二千石，職掌皇室財政。其機構之大、屬官之多，在列卿中居首位。《漢書·百官公卿表上》：“少府，秦官，掌山海池澤之税，以給共養，有六丞。”　河南：郡名。一般稱“河南尹”，治都城洛陽縣（今河南洛陽市東）。　陶敦：字文理，河南京縣（今河南滎陽市東南）人。東漢順帝時官至少府和司空。

其令郡國守相視事未滿歲者，[1]一切得舉孝廉吏。[2]

［1］【今注】案，其，王先謙《後漢書集解》引劉攽曰：“案他處上有詔語，則下有‘其令’云云，無有特出‘其’字者，明多此字。”

［2］【李賢注】漢法，視事滿歲乃得舉。今帝新即位，施恩惠，雖未滿歲，得令舉人。【今注】孝廉：漢代察舉科目之一，即孝子廉吏。原爲二科，西漢武帝於元光元年（前134）初令郡國舉孝、廉各一人，其後多連稱而混同爲一科。察舉孝廉爲歲舉，郡國每年向中央推舉一至二人，其所舉人數比茂才爲多，所舉者不限於現任官吏。孝廉的出路多爲郎官。（參見安作璋、熊鐵基《秦漢官制史稿》，第804—807頁）　視事：治事、辦公。

癸卯，尚書奏請下有司，[1]收還延光三年九月丁酉以皇太子爲濟陰王詔書。奏可。

［1］【今注】有司：主管某一具體事務的官吏，負責人。

京師大疫。

辛亥，詔公卿、郡守、國相，[1]舉賢良方正、能直言極諫之士各一人。[2]尚書令以下從輦幸南宫者，皆增秩賜布各有差。

［1］【今注】郡守：太守。官名。秦漢郡級行政長官，職掌一郡之政事。《漢書·百官公卿表上》："郡守，秦官，秩二千石，景帝更名太守。"從秦簡材料可知，秦代郡守即稱"太守"。　國相：諸侯國相。西漢初名"相國"，惠帝元年（前194）更名"丞相"，景帝中元五年（前145）復更名爲"相"，此後至東漢皆稱"相"。秩二千石，爲諸侯國中最高行政長官，統領王國衆官，職如郡守。由天子代置，對諸侯王有監督之責，屬吏有長史等。本書《百官志五》："皇子封王，其郡爲國，每置傅一人，相一人，皆二千石。本注曰：傅主導王以善，禮如師，不臣也。相如太守。其長史，如郡丞。"

［2］【今注】賢良方正：漢代察舉科目之一，賢良指有德之士，方正指正直之士。舉賢良方正，始於文帝二年（前178），自此以後，兩漢諸帝大都頒布過察舉賢良方正的詔令。諸侯王、公卿、郡守均得依詔令察舉。賢良方正常連言直言極諫，其目的主要是廣開直言之路。漢代詔舉賢良方正多在發生災異之後。（參見安作璋、熊鐵基《秦漢官制史稿》，第809頁）　直言極諫：漢代察舉科目之一，常與賢良方正連稱。它們兼有"求言"即徵求吏民之政治意見的目的，往往施行於發生了災異、動亂或其他重大政治問題之時，由皇帝下詔察舉，被舉者以"對策"形式發表政見，然後

分等授官（參見閻步克《察舉制度變遷史稿》，北京師範大學出版社 2021 年版，第 3 頁）。

永建元年春正月甲寅，[1]詔曰："先帝聖德，享祚未永，[2]早棄鴻烈。姦慝緣間，[3]人庶怨讟，[4]上干和氣，疫癘爲災。[5]朕奉承大業，未能寧濟。蓋至理之本，稽弘德惠，蕩滌宿惡，[6]與人更始，[7]其大赦天下。賜男子爵，人二級，爲父後、三老、孝悌、力田三級，[8]流民欲自占者一級；鰥、寡、孤、獨、篤癃、貧不能自存者粟，[9]人五斛；[10]貞婦帛，人三匹。坐法當徙，勿徙；亡徒當傳，勿傳。[11]宗室以罪絶，皆復屬籍。[12]其與閻顯、江京等交通者，[13]悉勿考。[14]勉修厥職，[15]以康我民。"

［1］【今注】永建：東漢順帝劉保年號（126—132）。

［2］【今注】永：長。

［3］【今注】緣間：乘隙。

［4］【今注】怨讟：怨恨誹謗。《説文》："讟，痛怨也。"

［5］【今注】癘：瘟疫。《説文》："癘，惡疾也。"

［6］【今注】蕩滌宿惡：洗滌積久的惡事。宿，久。

［7］【今注】更始：重新開始，除舊布新。

［8］【今注】父後：後子，指繼承父親户主、爵位、財産的兒子。張家山漢簡《二年律令》有《置後律》，對家庭户主、財産、爵位繼承次序作了詳細規定。從律文看，繼承爵位者稱爲"爵後"，繼承户主者稱爲"户後"。其中關於後子繼承爵位的律文有："疾死置後者，徹侯後子爲徹侯，其無嫡子，以孺子子、良人子。關内侯後子爲關内侯，卿後子爲公乘，五大夫後子爲官大夫，公大夫後子

爲大夫，官大夫後子爲不更，大夫後子爲簪裹，不更後子爲上造，簪裹後子爲公士，其無嫡子，以下妻子、偏妻子。”〔參見彭浩、陳偉、［日］工藤元男主編《二年律令與奏讞書——張家山二四七號漢墓出土法律文獻釋讀》，上海古籍出版社 2007 年版，第 235—241 頁〕可見一般的“父後”當指正妻所生的嫡長子。　三老：官名。掌教化。西漢高祖二年（前 205）詔舉民年五十以上，有修行，能帥衆爲善，置以爲三老，鄉一人，擇鄉三老一人爲縣三老。後郡國亦置。三老可免除徭役，就地方政事向縣令丞尉提出各種建議。（參見林甘泉主編《中國歷史大辭典·秦漢史》，上海辭書出版社 1990 年版，第 13 頁）　孝悌力田：又作“孝弟力田”。漢代官府設置的兩類身份，亦爲鄉官之名。“孝悌”指孝敬父母、尊敬兄長，“力田”指努力耕作。《漢書》卷二《惠帝紀》：“（孝惠四年）春正月，舉民孝弟力田者復其身。”是爲漢廷舉“孝弟力田”之始。吕后時期將“孝弟力田”設置爲鄉官。文帝時開始按照户口設置“孝弟力田”的“常員”。終兩漢之世，舉“孝弟力田”成爲一種固定的制度。被推舉出來的“孝弟力田”，或免除徭役，或厚加賞賜，其作用是使其爲民表率。除個别例外，一般都不是到政府去做官，至多和三老相似，做一個鄉官而已。（參見安作璋、熊鐵基《秦漢官制史稿》，第 802 頁）　案，大德本、殿本“三級”前有“人”字。

［9］【今注】鰥：老而無妻。　寡：老而無夫。　孤：幼而無父。　獨：老而無子。　篤癃：病重。

［10］【今注】斛：容量單位。《説文》：“斛，十斗也。”

［11］【李賢注】徒囚逃亡當傳捕者，放之勿捕。【今注】傳：法律術語。指逮捕。

［12］【今注】屬籍：秦漢宗室成員的名册，是確立宗室成員身份及其特權的書面依據。商鞅變法時曾令宗室無軍功者不得列於屬籍。秦漢中央專設宗正，掌宗室屬籍，以序録王國嫡庶之次及諸宗室親屬遠近。郡國每年普查本地宗室名籍，隨計簿上報中央。

《史記》卷六〇《三王世家》："宗正者，主宗室諸劉屬籍。"本書《百官志三》："（宗正）掌序録王國嫡庶之次及諸宗室親屬遠近，郡國歲因計上宗室名籍。"宗室有罪及無德行者會被削除屬籍。根據漢簡材料，漢代"五屬"之外者不具有宗室屬籍。另外，不僅有皇族血統者有宗室屬籍，與皇族有姻親關係者也可有宗室屬籍。（參見劉敏《秦漢户籍中的"宗室屬籍"》，《河北學刊》2007年第6期）

［13］【今注】交通：指暗中交結，從事非法活動。

［14］【今注】考：考案，調查。

［15］【今注】厥：其。

辛未，皇太后閻氏崩。

辛巳，太傅馮石、太尉劉熹、司徒李郃免。[1]

［1］【李賢注】馮石字次初。《東觀記》曰："馮、劉以阿黨權貴，李郃以人多疾疫免。"【今注】太傅：官名。西周始置，爲輔弼君王的大臣，《漢書・百官公卿表》載太傅與太師、太保並號三公，但實際上西周並無此三公之制。西漢太傅位在三公之上，號稱上公，不常置，地位尊崇，但實際上並没有什麽作用。東漢不置太師、太保，唯太傅一人，號稱"上公"，位在三公之上。掌善導天子，以授元老重臣，位尊而無常職。常加録尚書事，主持朝政。〔參見吕宗力主編《中國歷代官制大辭典》（修訂版），第139頁〕本書《百官志一》："太傅，上公一人。本注曰：掌以善導，無常職。世祖以卓茂爲太傅，薨，因省。其後每帝初即位，輒置太傅録尚書事，薨，輒省。"　馮石：字次初，南陽湖陽（今河南唐河縣）人。馮魴孫。襲母獲喜長公主爵，爲獲喜侯。初任侍中，稍遷衛尉，得漢安帝寵。後遷光禄勳、太尉。少帝時進太傅。順帝立，以石阿黨江京、閻顯等，策免。　太尉：官名。秦漢最高軍政長

官。《漢書・百官公卿表上》："太尉，秦官，金印紫綬，掌武事。"西漢太尉是武將的榮譽職務，並無多少實權。不過是皇帝的軍事顧問，很少參與實際軍務。武帝改太尉爲大司馬。東漢光武帝復改大司馬爲太尉，此後太尉的軍權逐漸加重，於軍事顧問之外，並綜理軍政。（參見安作璋、熊鐵基《秦漢官制史稿》，第 74—78 頁） 劉熹：名一作"喜"。字季明，青州長廣（今山東萊陽市東）人。東漢安帝時任光禄勳，遷司徒，改太尉參録尚書事。順帝永建元年（126）以阿附閻顯、江京，免職。 司徒：官名。三公之一。秦及漢初爲丞相，掌人民事，助天子掌管行政，總理萬機。西漢哀帝時改稱大司徒。《漢書・百官公卿表上》："相國、丞相，皆秦官，金印紫綬，掌丞天子助理萬機……哀帝元壽二年更名大司徒。"東漢光武帝建武二十七年（51）去"大"字，改名司徒。 李郃：字孟節，漢中南鄭（今陝西漢中市）人。傳見本書卷八二上。

二月甲申，葬安思皇后。

丙戌，太常桓焉爲太傅；大鴻臚朱寵爲太尉，參録尚書事；長樂少府九江朱倀爲司徒。[1]賜百官隨輦宿衛及拜除者布各有差。

[1]【李賢注】朱寵字仲威，京兆杜陵人。朱倀字孫卿，壽春人也。倀音丑良反。【今注】太常：官名。列卿之一。秦及漢初名奉常，景帝中元六年（前 144）改名太常。主要職掌宗廟祭祀禮儀，兼管選試博士等文化教育活動。秩中二千石。《漢書・百官公卿表上》："奉常，秦官，掌宗廟禮儀，有丞。景帝中六年更名太常。"景帝陽陵出土封泥有"太常之印"，學者考證爲景帝中元六年奉常更名後之物（參見楊武站《漢陽陵出土封泥考》，《考古與文物》2011 年第 4 期）。 桓焉：字叔元，沛郡龍亢（今安徽懷遠縣西北）人。桓郁子。傳見本書卷三七。 大鴻臚：官名。列卿之

一。秦時稱典客，西漢景帝改名“大行令”，武帝太初元年（前104）改爲“大鴻臚”。秩中二千石，掌賓客之事。凡諸侯王、列侯和各屬國的君長，以及外國君主或使臣，都被視爲皇帝的賓客，所以與此有關的事務多由大鴻臚掌管。本書《百官志二》：“大鴻臚，卿一人，中二千石。本注曰：掌諸侯及四方歸義蠻夷。”　朱寵：字仲威，京兆（今陝西西安市）人。歷官潁川太守、大司農等，因東漢安帝末曾上疏追訟鄧騭冤枉，被罷官還鄉。順帝時擢升太尉，録尚書事。　録尚書事：西漢時稱“領尚書事”“平尚書事”“視尚書事”等，即中央高級官吏兼管或主持尚書臺的工作。昭帝初立，大將軍霍光柄政，與金日磾、上官桀共領尚書事，是爲此官之始。東漢永平十八年（75），章帝初即位，以太傅趙憙、太尉牟融並録尚書事，用“録”代“領”始此。後東漢每帝即位，常以三公、大將軍、太傅録尚書事。當時政令、政務總於尚書臺，尚書臺成爲中央政府總樞。太傅、太尉、大將軍等加此名義始得參與樞密，總知國事，綜理政務，成爲真宰相。（參見安作璋、熊鐵基《秦漢官制史稿》，第278—282頁）　長樂少府：官名。皇太后宫官。漢代皇太后居長信、長樂宫，故名。西漢平帝元始四年（4）改長信少府置，秩二千石。掌皇太后宫中事務。東漢因之，不常置，皇太后卒即省，位在大長秋上，其職吏皆宦者。〔參見吕宗力主編《中國歷代官制大辭典》（修訂版），第185頁〕《漢書·百官公卿表上》：“長信詹事掌皇太后宫，景帝中六年更名長信少府，平帝元始四年更名長樂少府。”本書《百官志四》：“長信、長樂宫者，置少府一人，職如長秋，及餘吏皆以宫名爲號，員數秩次如中宫。本注曰：帝祖母稱長信宫，故有長信少府、長樂少府，位在長秋上，及職吏皆宦者，秩次如中宫。長樂又有衛尉，僕爲太僕，皆二千石，在少府上。其崩則省，不常置。”　九江：郡名。治壽春縣（今安徽壽縣）。　朱倀：九江人。東漢安帝時任太中大夫。時江京、樊豐欲害太子劉保，倀佐證太子無罪。順帝即位後，爲太常、長樂少府，後遷司徒。

隴西鍾羌叛，[1]護羌校尉馬賢討破之。[2]

[1]【今注】隴西：郡名。治狄道縣（今甘肅臨洮縣南）。鍾羌：西羌的一支，又稱鍾存羌。居西傾（羌）山地區。東漢安帝永初元年（107），回應西羌大起義，與先零羌别部滇零北上斷隴道，攻漢鄧騭軍於冀（今甘肅天水市）西，殺千餘人。三年，攻占臨洮縣，執隴西南部都尉，給漢陽漢軍以沉重打擊。順帝陽嘉三年（134），鍾人良封、且（旦）昌復起，與漢將馬賢、馬續等戰。次年，良封爲馬賢所殺，鍾人死一千八百，且（旦）昌率諸鍾十餘萬降梁州刺史。東漢末年，仍爲西羌强大部落，擁勝兵十餘萬。

[2]【今注】護羌校尉：官名。西漢武帝時置，持節統領羌族事務。東漢初罷。光武帝建武九年（33），復以牛邯爲護羌校尉。後或省或置。章帝以後遂爲常制。秩比二千石，有長史、司馬二人，多以邊郡太守、都尉轉任。除監護内附羌人各部落外，亦常將羌兵協同作戰，戍衛邊塞。　馬賢：東漢將領，安帝永初七年任騎都尉，鎮壓羌人起事，封都鄉侯。屢遷護羌校尉、征西將軍。後與且凍羌戰，敗死於射姑山。

夏五月丁丑，詔幽、并、涼州刺史，[1]使各實二千石以下至黄綬，[2]年老劣弱不任軍事者，上名。嚴勑障塞，[3]繕設屯備，立秋之後，簡習戎馬。[4]

[1]【今注】幽：幽州。西漢武帝時所置十三刺史部之一。東漢時治薊縣（今北京市西城區南）。　并：并州。西漢武帝時所置十三刺史部之一。東漢時治晉陽縣（今山西太原市西南）。　涼州：西漢武帝時所置十三刺史部之一。東漢時治隴縣（今甘肅張家川回族自治縣）。

[2]【李賢注】實謂驗實之也。二千石，太守也。黄綬，丞、

尉也。《前書》曰“比二百石以上，銅印黄綬”也（紹興本、大德本、殿本無“也”字）。【今注】實：核實。　二千石：漢代官吏秩級之一，低於中二千石，高於比二千石。月俸爲一百二十斛。由於漢代郡守、諸侯國相一般爲二千石，故史籍中的“二千石”一般指郡守和諸侯國相。　黄綬：黄色的印帶。《漢書·百官公卿表上》：“比二百石以上，皆銅印黄綬。”黄綬用來代指俸比六百石以下、比二百石以上的官吏，因爲這一級别的官吏爲銅印黄綬。

［3］【今注】障塞：秦漢時邊防工事。漢代長城稱塞，邊塞上防禦用的城堡稱障。

［4］【今注】簡習：演習、訓練。　戎馬：軍馬。

六月己亥，封濟南王錯子顯爲濟南王。[1]

［1］【今注】濟南王錯：劉錯，濟南安王劉康子，嗣濟南王位。立六年薨，謚號“簡”，子孝王香嗣。事見本書卷四二《濟南安王康傳》。

秋七月庚午，衛尉來歷爲車騎將軍。[1]

［1］【今注】來歷：字伯珍，南陽新野（今河南新野縣）人。來歙曾孫，武安公主劉惠（漢明帝女）之子。傳見本書卷一五。

八月，鮮卑寇代郡，[1]代郡太守李超戰殁。[2]

［1］【今注】鮮卑：古族名。東胡的一支。秦漢時，游牧於今内蒙古西拉木倫河及洮兒河之間，附於匈奴。北匈奴西遷後，進入匈奴故地，併其餘衆，勢力漸盛。東漢桓帝時，首領檀石槐建庭立

制，組成軍事行政聯合體。分爲東、中、西三部，各置大人率領。其後聯合體瓦解，步度根、軻比能等首領各擁其衆，附屬漢魏。傳見本書卷九〇。　代郡：治高柳縣（今山西陽高縣）。

［2］【今注】案，大德本無“代郡”二字。　歿：死。

九月辛亥，初令三公、尚書入奏事。[1]

［1］【今注】三公：職官合稱。東漢時指司徒、司馬、司空。較爲普遍的三公職官理論出現於戰國時期，並被上推古制。班固在《漢書·百官公卿表》中即把太師、太保、太傅，或司徒、司馬、司空視爲三公。然西周和春秋實際上並無三公制，戰國諸國亦未實行三公制。戰國晚期秦國開始把丞相稱爲三公，但是秦代並未將御史大夫、太尉和丞相並稱三公，因此秦代不存在三公制。西漢時期，不晚於景帝時，御史大夫被冠上三公的頭銜，至成帝時太尉也被列爲三公，三公分職開始形成。宣帝時置大司馬，成帝時將御史大夫改稱大司空，哀帝時將丞相改爲大司徒，三公制正式形成。東漢一世基本實行司徒、司馬、司空並稱的三公制。（參見卜憲群《秦漢三公制度淵源論》，《安徽史學》1994年第4期）

冬十月辛巳，詔減死罪以下徙邊；其亡命贖，[1]各有差。

［1］【今注】亡命：指已確定罪而逃亡的罪犯〔參見［日］保科季子《亡命小考——兼論秦漢的確定罪名手續“命”》，《簡帛》第3輯，上海古籍出版社2008年版〕。

丁亥，司空陶敦免。

鮮卑犯邊。庚寅，遣黎陽營兵出屯中山北界。[1]告幽州刺史，其令緣邊郡增置步兵，列屯塞下。調五營弩師，郡舉五人，令教習戰射。[2]

［1］【今注】黎陽：縣名。治所在今河南浚縣東。　中山：國名。治盧奴縣（今河北定州市）。

［2］【李賢注】調，選也。五營，五校也，謂長水、步兵、射聲、胡騎、車騎等五校尉也。【今注】案，王先謙《後漢書集解》引劉攽曰："正文案：調五營弩師，何爲更言'舉'？明此'舉'字是'與'字，一郡與五人教習也。又注案：此五校之名大誤。檢《百官志》，有屯騎、越騎、步兵、長水、射聲，今此誤云胡騎、車騎，當改'胡'作'屯'，'車'作'越'。且二漢有車騎將軍及騎都尉官耳，無車騎校尉也。又胡騎，中興長水矣。所以知非章懷之誤者，《安紀》永初三年注'五校'引用《漢官儀》甚明。"中華本據此將李賢注之"胡騎"改爲"屯騎"，"車騎"改爲"越騎"。

壬寅，廷尉張皓爲司空。[1]

［1］【今注】廷尉：官名。秦漢中央最高司法審判機構長官。秩中二千石，列位九卿。主要審理皇帝交辦的詔獄案件和地方上讞或上請的案件，亦負責修訂、編纂律令等。《漢書·百官公卿表上》："廷尉，秦官，掌刑辟，有正、左右監，秩皆千石。景帝中六年更名大理，武帝建元四年復爲廷尉。宣帝地節三年初置左右平，秩皆六百石。哀帝元壽二年復爲大理。王莽改曰作士。"　張皓：字叔明，犍爲武陽（今四川眉山市彭山區）人。傳見本書卷五六。

甲辰，詔以疫癘水潦，[1]令人半輸今年田租；傷害什四以上，[2]勿收責；[3]不滿者，以實除之。

[1]【今注】潦：古通“澇”。《説文》：“雨水大貌。”

[2]【今注】案，什，紹興本作“十”。

[3]【今注】責：通“債”。大德本作“實”。

十二月辛巳，賜王、主、貴人、公卿以下布各有差。[1]

[1]【今注】主：公主。　貴人：後宫名號。皇帝的妾，始於東漢，位僅次皇后。正嫡稱皇后，其次是貴人。金印紫綬，奉粟數十斛。本書卷一〇上《皇后紀上》：“及光武中興，斲彫爲朴，六宫稱號，唯皇后、貴人。貴人金印紫綬，奉不過粟數十斛。又置美人、宫女、采女三等，並無爵秩，歲時賞賜充給而已。”

二年春正月戊申，樂安王鴻來朝。[1]

[1]【今注】樂安王鴻：劉鴻，樂安夷王劉寵子，嗣樂安王位。子劉纘爲漢質帝，梁太后改封劉鴻爲勃海王。在位二十六年薨，謚號“孝”。事見本書卷五五《千乘貞王伉傳》。

丁卯，常山王章薨。[1]

[1]【今注】常山王章：劉章，淮陽頃王劉昞子。初封防子侯，劉昞死後，東漢和帝永元二年（90），昞少子劉側被立爲常山王，奉昞後，是爲殤王。立十三年薨，父子皆未之國，並葬京師。

側無子，其月立兄防子侯劉章爲常山王。和帝憐章早孤，數加賞賜。殤帝延平元年（106）就國。立二十五年薨，是爲靖王。子頃王儀嗣。事見本書卷五〇《淮陽頃王昞傳》。

二月，鮮卑寇遼東、玄菟。[1]

[1]【今注】遼東：郡名。治襄平縣（今遼寧遼陽市）。　玄菟：郡名。治高句驪縣（今遼寧沈陽市東）。

甲辰，詔稟貸荆、豫、兖、冀四州流冗貧人，[1]所在安業之；疾病致醫藥。

[1]【今注】稟：《説文》："賜穀也。"　荆：州名。西漢武帝時所置十三刺史部之一。東漢時治漢壽縣（今湖南常德市東北）。　豫：州名。西漢武帝時所置十三刺史部之一。東漢時治譙縣（今安徽亳州市）。　兖：州名。西漢武帝時所置十三刺史部之一。東漢時治昌邑縣（今山東巨野縣東南）。　冀：州名。西漢武帝時所置十三刺史部之一。東漢時治高邑縣（今河北柏鄉縣北）。後移治鄴縣（今河北臨漳縣西南）。　流冗：流散，流離失所。

護烏桓校尉耿曄率南單于擊鮮卑，[1]破之。

[1]【今注】護烏桓校尉：官名。西漢武帝始置，掌内附烏桓事務。武帝遣驃騎將軍霍去病擊破匈奴左地後，爲防止烏桓與匈奴交通，因徙其部於上谷、漁陽、右北平、遼西、遼東五郡塞外，置烏桓校尉監之，秩二千石，持節統領之。後不常置。東漢光武帝建武二十五年（49），遼西烏桓朝貢，使居塞内，布於緣邊諸郡，令

招來種人，給其衣食，爲漢偵察，助擊鮮卑、匈奴。復置護烏桓校尉，秩比二千石，屯上谷寧城，並領鮮卑。常將烏桓等部兵與度遼將軍、使匈奴中郎將、護羌校尉等協同作戰，戍衛邊塞。（參見林甘泉主編《中國歷史大辭典·秦漢史》，第216頁）本書《百官志五》："護烏桓校尉一人，比二千石，本注曰：主烏桓胡。" 耿曄：字季遇，扶風茂陵（今陝西興平市東北）人。耿恭孫。東漢順帝初，爲烏桓校尉。鮮卑寇邊，殺代郡太守。曄率兵擊破之，鮮卑數萬人降，威震北方。遷度遼將軍。 南單于：單于爲漢時匈奴對其國君的稱謂。《漢書》卷九四上《匈奴傳上》："單于姓攣鞮氏，其國稱之曰'撑犂孤塗單于'。匈奴謂天爲'撑犂'，謂子爲'孤塗'，單于者，廣大之貌也，言其象天單于然也。"東漢光武帝建武二十三年，匈奴發生王位之争。次年，部領匈奴南邊的薁鞬日逐王比自立爲單于，依附東漢稱臣，史稱"南單于"，自此匈奴分爲南北。

三月，旱，遣使者録囚徒。[1]

[1]【今注】録囚徒：秦漢時期一項省察囚徒、案件，對司法判決進行監督、審查，以平反冤假錯案的制度。

疏勒國遣使奉獻。[1]

[1]【今注】疏勒國：古國名。西域三十六國之一。又作"竭叉""沙勒""佉沙""室利訖栗多底""伽師祇離""乞思合兒""可失哈耳""可失哈里""合失合兒""乞失哈里""哈實哈兒""哈失哈"等。漢時王治疏勒城（今新疆喀什市一帶）。屬西域都護。詳見本書卷八八《西域傳》。 奉獻：進貢。

夏六月乙酉，追尊謚皇妣李氏爲恭愍皇后，[1]葬于恭北陵。[2]

［1］【今注】謚：古代帝王、貴族、大臣死後，依其生前事迹所給予的帶有褒貶意義的稱號。《説文》："行之迹也。"　皇妣：對亡母的尊稱。《禮記·曲禮下》："父曰皇考，母曰皇妣。"

［2］【今注】恭北陵：東漢順帝生母恭愍皇后陵，因處於安帝恭陵之北，故稱恭北陵。位於今河南孟津縣。

西域長史班勇、敦煌太守張朗討焉耆、尉犂、危須三國，[1]破之；並遣子貢獻。

［1］【今注】西域長史：官名。漢置，爲西域都護屬官之長、都護之副，佐都護護西域諸國。東漢章帝建初八年（83）班超爲將兵長史，徐幹爲軍司馬。和帝永元三年（91）班超爲都護，徐幹爲長史。安帝延光二年（123）夏，以班勇（班超少子）爲西域長史，將兵五百人屯柳中。自此，衹置西域長史而不置都護。　班勇：字宜僚，扶風安陵（今陝西咸陽市東北）人。班超少子，有父風。傳見本書卷四七。　敦煌：郡名。治敦煌縣（今甘肅敦煌市西）。　張朗：曾任敦煌太守，有罪。東漢順帝永建二年（127）與西域長史班勇分道討焉耆，先期擊破之。受降還，立功免罪。　焉耆：古國名。又名"烏耆國""烏纏國""烏夷國""阿耆尼國"。漢西域三十六國之一。都城在員渠城（今新疆焉耆回族自治縣）。詳見本書卷八八《西域傳》。　尉犂：古國名。漢西域三十六國之一，屬西域都護府。其都城在今新疆焉耆縣西南紫泥泉。三國時爲焉耆國所併。　危須：漢西域三十六國之一，屬西域都護府。都城在今新疆和碩縣東烏什塔拉回族鄉附近。後併於焉耆。

秋七月甲戌朔，[1]日有食之。

[1]【今注】朔：指每月初一日。

壬午，太尉朱寵、司徒朱倀罷。庚子，太常劉光爲太尉，録尚書事；光禄勳許敬爲司徒。[1]

[1]【李賢注】劉光字仲遼，即太尉劉矩之弟（王先謙《後漢書集解》引錢大昕曰“《劉矩傳》稱叔父劉光，此注誤”；中華本校勘記謂，“張森楷《校勘記》謂疑‘弟’下脱‘子’字”）。許敬字鴻卿，平輿人。【今注】光禄勳：官名。西漢武帝太初元年（前104）改郎中令置。秩中二千石，位列諸卿。職掌宫殿門户宿衛，兼侍從皇帝左右，宫中宿衛、侍從、傳達諸官如大夫、郎官、謁者等皆屬之。兼典期門（虎賁）、羽林諸禁衛軍。新莽改名司中。東漢復舊，職司機構有所變動，以掌宫殿門户宿衛爲主，罷郎中三將，五官、左、右三中郎將署，分領中郎、侍郎、郎中，名義上備宿衛，實爲後備官員儲備之所。虎賁、羽林中郎將、羽林左右監仍領禁軍，掌宿衛侍從。職掌顧問參議的大夫、掌傳達招待的謁者及騎、奉車、駙馬三都尉名義上隸屬之。兩漢郎官爲選拔人才的重要途徑，故光禄勳對簡選官吏負有重要責任。〔參見吕宗力主編《中國歷代官制大辭典》（修訂版），第385頁〕　許敬：字鴻卿，汝南平輿（今河南平輿縣北）人。東漢安帝時爲光禄勳。順帝永建二年（127）爲司徒。永建四年因凌侮使官被免職，以千石俸禄歸養終老。　案，王先謙《後漢書集解》引錢大昕曰：“《劉矩傳》稱叔父劉光，此注誤（《風俗通》劉矩父字叔遼）。”

辛丑，下邳王成薨。[1]

［1］【今注】下邳王成：劉成，下邳惠王劉衍子，嗣王位，在位兩年薨，謚號“貞”。子劉意嗣位。事見本書卷五〇《下邳惠王衍傳》。

三年春正月丙子，京師地震，漢陽地陷裂。[1]甲午，詔實覈傷害者，[2]賜年七歲以上錢，人二千；一家被害，郡縣爲收斂。乙未，詔勿收漢陽今年田租、口賦。[3]

［1］【今注】漢陽：郡名。東漢明帝永平十七年（74）改天水郡置，治冀縣（今甘肅天水市西北）。

［2］【今注】實覈：調查核實。覈，通“核”。

［3］【今注】口賦：漢代税目之一，指人頭税。日本學者加藤繁認爲“口賦”最早是人頭税的通稱，後來專指針對“七至十四歲”兒童徵取的人頭税〔參見［日］加藤繁《關於算賦的小研究》，載《中國經濟史考證》（第一卷），商務印書館 1959 年版，第 129 頁〕。韓連琦則認爲口賦是算賦和口錢的合稱，即兒童和成人的人頭税（參見韓連琪《漢代的田租口賦和徭役》，《文史哲》1956 年第 7 期）。

夏四月癸卯，遣光禄大夫案行漢陽及河内、魏郡、陳留、東郡，[1]稟貸貧人。

［1］【今注】光禄大夫：官名。“大夫”類職官之一。西漢武帝太初元年（前 104）改中大夫置，屬光禄勳，秩比二千石。掌論議，在大夫中地位最爲尊顯，武帝時霍光、金日磾皆曾任此職。西漢晚期，多作爲貴戚重臣的加官。無員限。東漢時，因權臣不復冠

此號，漸成閑散之職，雖仍掌顧問應對，但多用以拜假賵贈之使，及監護諸國嗣喪事。（參見林甘泉主編《中國歷史大辭典·秦漢史》，第162頁） 案行：巡視。 河内：郡名。治懷縣（今河南武陟縣西南）。 魏郡：治鄴縣（今河北臨漳縣西南）。 陳留：郡名。治陳留縣（今河南開封市祥符區東南）。 東郡：治濮陽縣（今河南濮陽市華龍區西南）。

六月，旱。遣使者録囚徒，理輕繫。[1]

[1]【今注】輕繫：輕罪。

甲寅，濟南王顯薨。[1]

[1]【今注】濟南王顯：劉顯，濟南簡王劉錯子。早年受封阜陽侯，東漢順帝永建元年（126）晉封濟南王。在位三年薨，謚號"釐王"。事見本書卷四二《濟南安王康傳》。

秋七月丁酉，茂陵園寢灾，[1]帝縞素避正殿。[2]辛亥，[3]使太常王龔持節告祠茂陵。[4]

[1]【今注】茂陵：西漢武帝劉徹的陵墓，在今陝西興平市東北十九里南位鄉茂林村，爲西漢帝王陵中規模最大的一座。

[2]【李賢注】《尔雅》曰"縞，皓也"，繒之精白者曰縞。【今注】縞素：白衣，指喪服。 避正殿：正殿是位置居中的主殿。國家有災異急難之事，帝王避正殿，以自我貶責，意在消災彌難。

[3]【今注】案，曹金華《後漢書稽疑》認爲"辛亥"前當脱"八月"二字（中華書局2014年版，第123頁）。

［4］【今注】王龔：字伯宗，山陽高平（今山東鄒城市西南）人。傳見本書卷五六。

九月，鮮卑寇漁陽。[1]

［1］【今注】漁陽：郡名。治漁陽縣（今北京市懷柔區北房鎮梨園莊東）。

冬十二月己亥，太傅桓焉免。[1]

［1］【李賢注】《東觀記》曰："無清介辟召，策罷。"

是歲，車騎將軍來歷罷。

四年春正月丙寅，詔曰："朕託王公之上，涉道日寡，政失厥中，陰陽氣隔，寇盜肆暴，庶獄彌繁，憂悴永歎，[1]疢如疾首。[2]《詩》云：'君子如祉，亂庶遄已。'[3]三朝之會，[4]朔旦立春，[5]嘉與海内洗心自新。[6]其赦天下。從甲寅赦令已來復秩屬籍，[7]三年正月已來還贖。其閻顯、江京等知識婚姻禁錮，一原除之。[8]務崇寬和，敬順時令，遵典去苛，以稱朕意。"

［1］【今注】悴：憂愁。《説文》："悴，憂也。"

［2］【今注】疢如疾首：指内心煩熱、頭昏腦脹，形容憂傷成疾。《詩·小雅·小弁》："心之憂矣，疢如疾首。"《説文》："疢，熱病也。"

［3］【李賢注】解見《章紀》。【今注】詩：《詩經》，儒家經

典之一。中國最早的詩歌總集，收集了西周初年至春秋中葉的詩歌，計305篇，稱《詩三百》。傳爲孔子編訂，分爲《風》《雅》《頌》等體裁。漢代有今古文之分，齊魯韓三家詩爲今文，毛詩爲古文。今安徽大學藏戰國竹簡有戰國《詩經》抄本。有《周南》《召南》《秦風》《侯風》《鄘風》《魏風》等篇目，各包含部分詩篇。　君子如祉亂庶遄已：出自《詩·小雅·巧言》，意爲君子如果有福，禍亂或許會快速止息。

［4］【今注】三朝：正月一日。爲歲、月、日之始，故曰三朝。《漢書》卷八一《孔光傳》："歲之朝曰三朝。"顔師古注："歲之朝，月之朝，日之朝，故曰三朝。"

［5］【今注】朔旦：每月初一，亦專指正月初一。

［6］【今注】洗心自新：亦作"灑心自新"，指清洗心中污濁，改過自新。自，大德本作"目"。

［7］【今注】案，已，大德本作"以"。

［8］【李賢注】妻父曰婚，婿父曰姻。一猶皆也。【今注】知識：相識的人，老朋友。　禁錮：又稱"錮""廢錮"。"禁錮"有兩種含義，一種衹針對官吏，指禁止官吏及其後人做官和參與政治活動。本條材料中的"妖惡禁錮"即指此類"禁錮"。另一種針對所有人，張家山漢簡《二年律令·賊律》："賊殺傷父母，牧殺父母，毆詈父母，父母告子不孝，其妻子爲收者，皆錮，令毋得以爵償、免、除及贖。"這裏的"錮"並非禁止做官。學者或認爲指監禁、關押，或認爲指刑具加身，或認爲指"絶不寬貸"，或認爲指固定身份，不得變更〔參見彭浩、陳偉、［日］工藤元男主編《二年律令與奏讞書——張家山二四七號漢墓出土法律文書釋讀》，第206頁；曹旅寧《釋張家山漢簡〈賊律〉中的"錮"》，載《簡牘學研究》第4輯，甘肅人民出版社2004年版，第27—29頁；王博凱《秦漢"禁錮"問題補論》，載《出土文獻》第14輯，中西書局2019年版，第351—363頁〕。　原除：寬恕、赦免。

丙子，帝加元服。[1]賜王、主、貴人、公卿以下金帛各有差。賜男子爵及流民欲占者人一級，爲父後、三老、孝悌、力田人二級；鰥、寡、孤、獨、篤㽵、不能自存帛，[2]一匹。[3]

[1]【李賢注】冠也。【今注】加元服：行冠禮，表示成年。元服，皇帝之冠。《漢書》卷七《昭帝紀》顏師古注："元，首也。冠者，首之所著，故曰元服。"

[2]【今注】案，殿本"不能"前有"貧"字。

[3]【今注】案，大德本、殿本"一匹"前有"人"字。

二月戊戌，詔以民入山鑿石，發洩藏氣，勑有司檢察所當禁絶，如建武、永平故事。[1]

[1]【今注】建武：東漢光武帝劉秀年號（25—56）。　永平：東漢明帝劉莊年號（58—75）。　故事：指舊有的慣例、事例，秦漢時期的一種習慣法，又稱"行事""成事""舊事""舊制"等。"故事"有時指朝廷的典章制度，是"法令""法度""制度"等的同義語，有時指某一時期朝廷關於某一方面的政策、原則和具體做法。故事分爲慣例性故事和事例性故事，慣例性故事是一種習慣法，事例性故事本身没有約束力，而一旦被援引，就有很强的法律效力。（參見閻曉君《兩漢"故事"論考》，《中國史研究》2000年第1期）

夏五月壬辰，詔曰："海内頗有灾異，朝廷修政，太官減膳，[1]珍玩不御。[2]而桂陽太守文礱，[3]不惟竭忠，宣暢本朝，而遠獻大珠，以求幸媚，今封以還之。"

［1］【今注】太官：官名。掌帝王飲食宴會等。屬少府，有令、丞。本書《百官志三》："太官令一人，六百石。本注曰：掌御飲食。左丞、甘丞、湯官丞、果丞各一人。本注曰：左丞主飲食。甘丞主膳具。湯官丞主酒。果丞主果。"

［2］【今注】御：古稱帝王所在之處及所用之物爲"御"。蔡邕《獨斷》卷上："（天子）所進曰御……御者進也，凡衣服加於身，飲食入於口，妃妾接於寢，皆曰御。"《韻會》："凡天子所止曰御。前曰御前，書曰御書，服曰御服，皆取統御四海之意。"

［3］【李賢注】音力公反。【今注】桂陽太守：中華本據《集解》引惠棟説，謂《袁宏紀》作"漢陽都尉"。桂陽，郡名。治郴縣（今湖南郴州市北湖區）。太守，紹興本作"大守"。

五州雨水。秋八月庚子，遣使實覈死亡，收斂稟賜。

丁巳，太尉劉光、司空張皓免。[1]

［1］【李賢注】《東觀記》曰："以陰陽不和，久託病，策罷（罷，大德本作'免'）。"【今注】案，太尉，紹興本作"大尉"。

九月，復安定、北地、上郡歸舊土。[1]

［1］【李賢注】安帝永初五年徙，今復之。【今注】安定：郡名。治高平縣（今寧夏固原市）。　北地：郡名。治馬領縣（今甘肅慶陽市西北）。　上郡：治膚施縣（今陝西榆林市東南）。

癸酉，大鴻臚龐參爲太尉，録尚書事。[1]太常王龔爲司空。

［1］【今注】龐參：字仲達，河南緱氏（今河南偃師市）人。傳見本書卷五一。

冬十一月庚辰，司徒許敬免。[1]

［1］【李賢注】《東觀記》曰："爲陵轢使官策罷（官，中華本據《刊誤》改爲'者'），以千石禄終身（以，殿本作'二'）。"

鮮卑寇朔方。[1]

［1］【今注】朔方：郡名。西漢治朔方縣（今内蒙古杭錦旗東北），東漢治臨戎縣（今内蒙古磴口縣北）。

十二月乙卯，宗正劉崎爲司徒。[1]

［1］【李賢注】崎字叔峻，華陰人也。【今注】宗正：官名。西周至戰國已置，掌君主宗室親族事務。秦、漢時列位諸卿，秩中二千石，例由宗室擔任，管理皇族外戚事務，掌其名籍，分別嫡庶親疏，編纂世系譜牒，參與審理諸侯王犯法案件。凡宗室親貴有罪，須向其先請，方得處治。有丞，屬官有都司空令丞、内官長丞及諸公主官屬。平帝元始四年（4）改名宗伯，新莽時併入秩宗（太常），東漢復舊。（參見林甘泉主編《中國歷史大辭典·秦漢史》，第289頁）《漢書·百官公卿表上》："宗正，秦官，掌親屬，

有丞。平帝元始四年更名宗伯。屬官有都司空令丞，内官長丞。又諸公主家令、門尉皆屬焉。王莽并其官於秩宗。”本書《百官志三》：“宗正，卿一人，中二千石。本注曰：掌序録王國嫡庶之次及諸宗室親屬遠近，郡國歲因計上宗室名籍。若有犯法當髡以上，先上諸宗正，宗正以聞，乃報決。丞一人，比千石。” 劉崎：字叔峻，弘農華陰（今陝西潼關縣）人。西漢高祖第十四世孫、太尉劉寬父。東漢安帝、順帝時任九卿，後任司徒，順帝陽嘉四年（135）卒。

是歲，分會稽爲吴郡。[1]拘彌國遣使貢獻。[2]

[1]【今注】會稽：郡名。治吴縣（今江蘇蘇州市）。 吴郡：東漢順帝永建四年（129）分會稽郡置，治吴縣（今江蘇蘇州市姑蘇區）。

[2]【今注】拘彌國：國都在寧彌城（今新疆于田縣北克里雅河東岸）。詳見本書卷八八《西域傳》。

五年春正月，疏勒王遣侍子，及大宛、莎車王皆奉使貢獻。[1]

[1]【今注】大宛（yuān）：西域古國名。又作“破洛那”“拔汗那”“判汗”“跋賀那”等。位於今中亞費爾干納盆地一帶。王治貴山城（今烏兹别克卡散賽）。國王之下設副王、輔國王各一人。所屬大小城邑七十餘。居民主要從事農業，種植稻麥。盛産葡萄酒、苜蓿、名馬（汗血馬）。商業發達，人皆精於商道。種族屬歐羅巴種，皆深目高鼻多鬚。西漢武帝時有衆三十萬，兵六萬。初，武帝以其拒絶貿易汗血馬，殺戮漢使，遣貳師將軍李廣利率兵伐之，斬其王毋寡，另立昧蔡爲王，取馬而歸。後大宛貴人殺昧

蔡，立毋寡昆弟蟬封爲王，並遣子入侍，爲質於漢。自此雙方經濟文化交流頻繁，苜蓿、葡萄傳入内地。東漢時曾役屬於莎車。　莎車：古國名。漢西域三十六國之一。都城在莎車城（今新疆莎車縣）。詳見本書卷八八《西域傳》。

夏四月，京師旱。辛巳，詔郡國貧人被灾者，勿收責今年過更。[1]京師及郡國十二蝗。

[1]【今注】過更：亦稱“更賦”。漢代稅目之一，由代役金演變而來。“更”指秦漢戍役中戍卒輪流服役。卒更即輪流服役，踐更指親自服役，過更指雇人服役。過更本指是向官府交納代役金，由官府雇人行役。由於大多數人並不親自服役，而是繳納代役金，故這筆錢就成爲一種賦稅，稱作“過更”或“更賦”。〔參見林甘泉主編《中國經濟通史·秦漢經濟卷（下）》，中國社會科學出版社 2007 年版，第 443—444 頁〕

冬十月丙辰，[1]詔郡國中都官死罪繫囚皆減罪一等，[2]詣北地、上郡、安定戍。

[1]【今注】案，曹金華《後漢書稽疑》指出，丙辰，《後漢紀》卷一八作“丙寅”（第 124 頁）。

[2]【今注】中都官：官署合稱。《漢書》卷八《宣帝紀》顏師古注：“中都官，謂在京師諸官也。”宋傑認爲，中都官即在京的中央機構，具體指朝廷列卿所屬的諸官署。中都官附設監獄，稱“中都官獄”。西漢國内的行政組織基本上分爲三大系統，即中都官、三輔和郡國，代表中央各官署、首都特别行政區和地方行政部門，它們各有自己的司法機構，分别管轄屬下的監獄和囚犯，而中都官獄“或是泛指中央機構囚禁犯人的各種監獄，或是代表武帝以

降設立的二十六所兼有司法審判職能的‘詔獄’”。（參見宋傑《西漢的中都官獄》，載《漢代監獄制度研究》，中華書局 2013 年版，第 60—97 頁）　繫囚：羈押的罪犯。

乙亥，定遠侯班始坐殺其妻陰城公主，腰斬，[1]同産皆棄市。[2]

［1］【李賢注】始，班超孫也，尚順帝姑陰城公主。《東觀記》曰：“陰城公主名賢得（賢得，王先謙《後漢書集解》引惠棟曰：‘《續志》作堅得’）。”【今注】班始：班超孫，班雄子。娶清河孝王女陰城公主，拔刃殺主，被腰斬。本書卷四七《班超傳》：“（班始）尚清河孝王女陰城公主。主順帝之姑，貴驕淫亂，與嬖人居帷中，而召始入，使伏牀下。始積怒，永建五年，遂拔刃殺主。帝大怒，腰斬始，同産皆棄市。”　陰城公主：名賢得（一作“堅得”），清河孝王劉慶之女，漢順帝姑母，嫁班超之孫、班雄之子班始。爲班始所殺。　腰斬：古代死刑的一種，行刑方式是命罪犯解衣伏鑕，以斧鉞斬腰。鑕又作“質”，或稱椹質，是一種墊板。《春秋公羊傳》昭公二十五年：“君不忍加之以鈇鑕。”何休注：“鈇鑕，要斬之罪。”《戰國策·秦策三》：“今臣之胸不足以當椹質，要不足以待斧鉞。”沈家本謂，腰斬是“胸伏於椹質之上，而以斧鉞斬其要也”（參見沈家本《歷代刑法考》，中華書局 2006 年版，第 115—118 頁）。

［2］【今注】同産：秦漢時指同父所生之兄弟。前人對“同産”有兩種解釋，或曰同父所生兄弟，或曰同母所生兄弟。在先秦文獻中，“同産”指同母所生，而在秦漢文獻中，“同産”都是指同父所生，並不限於同母。張家山漢簡《二年律令·置後律》：“同産相爲後，先以同居，毋（無）同居乃以不同居，皆先以長者。其或異母，雖長，先以同母者。”〔參見彭浩、陳偉、［日］工藤元男

主編《二年律令與奏讞書——張家山二四七號漢墓出土法律文獻釋讀》，第238頁〕“同産”有同母、異母之分，正説明當時法律概念中的“同産”是指同父所生（參見田煒《説“同生”　“同産”》，《中國語文》2017年第4期）。　棄市：秦漢死刑之一種，爲死刑中最輕者。《漢書》卷五《景帝紀》：“改磔曰棄市，勿復磔。”顔師古注：“棄市，殺之於市也。謂之棄市者，取刑人於市，與衆棄之也。”對於棄市采用何種行刑方式，學界存在争議，或認爲指斬首，或認爲指絞殺。近年湖南益陽兔子山九號井第三·二號木牘有：“益陽守起、丞章、史完論刑殺尊市，即棄死（尸）市，盈十日，令徒徙棄冢間。”學者指出，“刑殺尊市，即棄尸市”展示了棄市的具體過程，即斬殺頭部並棄尸於市（參見何有祖《再論秦漢“棄市”的行刑方式》，《社會科學》2018年第11期）。

六年春二月庚午，河間王開薨。[1]

[1]【今注】河間王開：劉開，東漢章帝子。傳見本書卷五五。

三月辛亥，復伊吾屯田，[1]復置伊吾司馬一人。[2]

[1]【李賢注】章帝建初二年罷也。【今注】伊吾：地名。亦稱“伊吾盧”。在今新疆哈密市西北四堡。爲匈奴呼衍王庭。　屯田：爲取得軍隊給養或税糧，由政府利用戍卒等墾殖荒地，並直接經營土地的一種農業集體耕作制度。

[2]【今注】伊吾司馬：官名。東漢置，掌伊吾盧屯田。明帝永平十六年（73），留兵屯伊吾盧城，置宜禾都尉屯田。後時置時廢。至順帝永建六年（131）三月復置伊吾司馬一人，掌屯田事。

秋九月辛巳，繕起太學。[1]

[1]【今注】太學：中國古代國立最高學府。商代甲骨文即記載“大學”，西周亦有“大學”，是爲後世太學之濫觴。西漢武帝時采納董仲舒建議設立太學。王莽時太學零落。東漢建武五年（29）十月，光武帝起營太學，訪雅儒，采求經典闕文，四方學士雲會京師洛陽，於是立五經博士。太學與郊兆、明堂、辟雍等均位於東漢洛陽城南郊。

護烏桓校尉耿曄遣兵擊鮮卑，破之。

丁酉，于闐王遣侍子貢獻。[1]

[1]【今注】于闐：又作“于寘國”。漢西域三十六國之一，屬西域都護府。都城在西城（今新疆和田市西二十里約特幹遺址）。唐置毗沙都督府。詳見本書卷八八《西域傳》。

冬十一月辛亥，[1]詔曰：“連年灾潦，冀部尤甚。比蠲除實傷，[2]贍恤窮匱，而百姓猶有棄業，流亡不絶。疑郡縣用心怠惰，恩澤不宣。《易》美‘損上益下’，《書》稱‘安民則惠’。[3]其令冀部勿收今年田租、芻稾。”[4]

[1]【今注】案，曹金華《後漢書稽疑》疑“十一月”衍“一”字（第124頁）。

[2]【今注】比：近來。　蠲除：除去。

[3]【李賢注】《易·益卦》曰：“損上益下，人悦無彊（悦，殿本作‘説’；彊，紹興本、殿本作‘疆’）。”惠，愛也。《尚

書》曰："安人則惠，黎人懷之。"【今注】易：《周易》，儒家經典之一。本爲古代卜筮之書，包括六十四卦和三百八十四爻，卦和爻各有卦辭和爻辭。《易》又有《傳》，《傳》包含解釋卦辭和爻辭的七種文辭共十篇，統稱《十翼》，傳爲孔子所撰，實際上當爲戰國儒家的作品。　損上益下：出自《周易·益卦·象》："益，損上益下，民説無疆。"意爲減少君上的權利以施惠下民。　書：《尚書》，儒家經典之一，分爲典、謨、誥、命、誓等體裁。有今古文之分，西漢伏生口述的二十八篇《尚書》爲今文《尚書》。出現於漢代，用先秦文字寫就的《尚書》爲古文《尚書》。今天見到的古文《尚書》並非漢代古文《尚書》，而是由東晉梅賾僞造。清華大學藏戰國竹簡中出現多篇"書"，其中數篇見於今文《尚書》，另有數篇與今天見到的僞古文《尚書》内容不同。　安民則惠：出自《尚書·臯陶謨》："安民則惠，黎民懷之。"意爲君主安撫民衆就要給民衆恩惠，這樣黎民百姓都會愛戴君主。

［4］【今注】芻稾：芻稾税，秦漢税目之一。芻是餵馬的糧草，稾是農作物的莖秆，芻稾税是徵收農作物莖秆的實物税收。據簡牘材料可知，秦漢時期國家徵收芻稾分爲兩種，一種是按户徵收，稱爲"户芻"，屬於秦漢"户賦"的一種徵收方式，每户徵收固定數量的芻稾；另一種是按土地徵收，稱爲"田芻"，其按照土地面積徵收，而無論是否耕種土地〔參見楊振紅《秦漢時期的芻稾税》，載《出土簡牘與秦漢社會》（續編），廣西師範大學出版社2015年版，第142—155頁〕。

十二月，日南徼外葉調國、撣國遣使貢獻。[1]

［1］【李賢注】《東觀記》曰："葉調國王遣使師會詣闕貢獻，以師會爲漢歸義葉調邑君，賜其君紫綬，及撣國王雍由亦賜金印紫綬（撣，紹興本、殿本作'擇'；由，紹興本作'田'。雍由，

王先謙《後漢書集解》引錢大昭曰：‘《西南夷傳》作“雍由調”’）。”樿音檀（樿，紹興本、殿本作“撣”；檀，殿本作“擅”）。【今注】日南：郡名。治西捲縣（今越南廣治省東河市）。徼：邊塞。　葉調國：古國名。在今印尼爪哇、蘇門答臘二島。樿國：古國名。據本書卷八六《西南夷傳》，永元九年（97），其國王雍由調遣使貢獻，漢和帝賜金印紫綬。安帝永寧元年（120），又遣使朝賀，獻樂及大秦幻人。幻人能變化吐火，自支解，易牛馬頭，又善跳丸。次年元會，安帝封雍由調爲漢大都尉，賜印綬、金銀、彩繒等。該國西南通大秦，一般認爲在今緬甸東北境。案，樿，紹興本、殿本作“撣”。

壬申，客星出牽牛。[1]

[1]【今注】客星：没有固定軌道和周期、突然出現的亮星，主要指新星和彗星。

于闐王遣侍子詣闕貢獻。[1]

[1]【今注】詣闕：“詣”指至、前往，“闕”亦稱“闕門”，指前有高臺建築“闕”的皇宫宫門。古代吏民上書及四方貢獻，皆前往皇宫闕門，稱爲“詣闕”。由守衛闕門的公車司馬令上呈。本書《百官志二》：“公車司馬令一人，六百石。本注曰：掌宫南闕門，凡吏民上章，四方貢獻，及徵詣公車者。”

陽嘉元年春正月乙巳，[1]立皇后梁氏。[2]賜爵，人二級，三老、孝悌、力田三級，爵過公乘，[3]得移與子若同産、同産子，[4]民無名數及流民欲占著者人一級；[5]鰥、寡、孤、獨、篤癃、貧不能自存者粟，人五斛。[6]

［1］【今注】陽嘉：東漢順帝劉保年號（132—135）。

［2］【今注】梁氏：梁妠，安定烏氏（今寧夏固原市東南）人。大將軍梁商女，東漢順帝后。紀見本書卷一〇下。

［3］【今注】公乘：爵位名。二十等爵中的第八級。漢代的二十等爵以第八級爵公乘和第九級爵五大夫之間作爲分界。公乘以下之爵，可授與一般庶民和秩級未達六百石之官吏；五大夫以上，則是秩六百石以上之官吏方可受之爵。由於向平民賜爵不得超過公乘，故因賜爵而爵位超出公乘者，必須移授其子或兄弟、兄弟子。〔參見［日］西嶋定生著，武尚清譯《中國古代帝國的形成與結構——二十等爵制研究》，中華書局 2004 年版，第 87—88 頁〕

［4］【今注】若：或，或者。

［5］【今注】名數：户籍。《漢書》卷四六《石奮傳》："元封四年，關東流民二百萬口，無名數者四十萬，公卿議欲請徙流民於邊以適之。"顔師古注："名數，若今户籍。"　占著：登記户口。

［6］【今注】案，曹金華《後漢書稽疑》指出，"人五斛"，《後漢紀》卷一八作"人三斛"（第 124 頁）。

二月，海賊曾旌等寇會稽，[1]殺句章、鄞、鄮三縣長，[2]攻會稽東部都尉。[3]詔緣海縣各屯兵戍。

［1］【今注】海賊：漢代反政府的海上武裝集團。東漢時代的文獻中明確出現"海賊"稱謂。"海賊"活動對"緣海"地方行政秩序形成威脅。"海賊""引兵入海"之衆至於"萬數"，推想已經形成船隻數量可觀的艦隊。"海賊"在海濱作戰的機動能力甚强，往往"乘船浮海，深入遠島"，常避走海上、海中，以海島作爲基

本依託，漢王朝軍隊以爲“攻之不易”。居延漢簡中有關於購賞“臨淮海賊”的文書，其時代至晚在東漢明帝之前，與居延漢簡中的其他捕格文書比，其購賞海賊“渠帥”的賞金比普通盜賊渠帥高出幾倍，説明“海賊”活動對當時行政秩序危害之嚴重。（參見王子今、李禹階《漢代的“海賊”》，《中國史研究》2010 年第 1 期；王子今《居延簡文“臨淮海賊”考》，《考古》2011 年第 1 期）案，曾旌，王先謙《後漢書集解》引錢大昕曰：“《天文志》作曾於，古書旌或作旍，於當是旍之譌。”

［2］【李賢注】三縣皆屬會稽郡。鄮縣今越州縣也。句章故城在今鄮縣西。鄞故城在鄮縣東南。鄞音銀。鄮音茂。【今注】句章：縣名。治所在今浙江餘姚市東南。　鄞：縣名。治所在今浙江奉化市東北。　鄮：縣名。治所在今浙江寧波市東。

［3］【今注】東部都尉：官名。漢代在邊郡往往分部設置都尉，一郡之中有二部或三部都尉。部都尉掌地方駐軍，維護地方治安，防禁外來侵略。東漢見於文獻的有金城西部都尉、遼東西部都尉、蜀郡西部都尉等。（參見安作璋、熊鐵基《秦漢官制史稿》，第 579—580 頁）

丁巳，皇后謁高廟、光武廟，詔稟甘陵貧人，[1]大小口各有差。

［1］【今注】甘陵：縣名。爲清河國治，東漢安帝改厝縣置，治所在今山東臨清市東北。

京師旱。庚申，勑郡國二千石各禱名山岳瀆，[1]遣大夫、謁者詣嵩高、首陽山，并祠河、洛，請雨。[2]戊辰，雩。[3]

［1］【今注】瀆：河川。

［2］【李賢注】首陽山在洛陽東北也（殿本無“也”字）。【今注】大夫：職官類名。光禄勳屬官，有光禄大夫、太中大夫、中大夫、諫大夫等。掌顧問應對、參謀議政，秩級有比二千石、比千石不等。《漢書·百官公卿表上》：“大夫掌論議，有太中大夫、中大夫、諫大夫，皆無員，多至數十人。武帝元狩五年初置諫大夫，秩比八百石，太初元年更名中大夫爲光禄大夫，秩比二千石，太中大夫秩比千石如故。”　謁者：官名。春秋戰國即有此官。秦漢時爲郎中令（光禄勳）屬官，設謁者僕射統領。西漢時員七十人，秩比六百石。選孝廉、郎官年不滿五十，儀容威嚴能大聲贊導者充任。本職爲侍從皇帝，擔任賓禮司儀，亦常充任皇帝使者，出使諸侯王國、少數民族，巡視地方，派往災區宣慰存問、發放賑貸，或收捕、考案貴戚、大臣，主持水利工程等。擔任謁者一定期限後，可以拜任其他官職，如縣令、長史等。東漢又有常侍謁者、給事謁者、灌謁者等類别。東漢謁者爲外臺，與尚書中臺、御史憲臺並稱三臺，三臺到東漢末年掌握着實際朝政。　詣：前往。　嵩高：嵩山。　河：黄河。　洛：洛河。

［3］【今注】雩：古代一種爲求雨而舉行的祭祀。《爾雅·釋訓》：“舞號，雩也。”郭璞注：“雩之祭，舞者吁嗟而請雨。”邢昺疏引孫炎云：“雩之祭有舞有號。”《禮記·月令》：“大雩帝，用盛樂。”鄭玄注：“雩，吁嗟求雨之祭也。”可見雩當包括奏樂、跳舞和發出呼號等儀式。甲骨文中即記載有“舞雨”等求雨儀式，有學者認爲即雩祭。

以冀部比年水潦，[1]民食不贍，[2]詔案行稟貸，勸農功，[3]賑乏絶。

［1］【今注】比年：連年。

[2]【今注】贍：供給。《説文》："贍，給也。"

[3]【今注】勸：勉勵。

甲戌，詔曰："政失厥和，陰陽隔并，冬鮮宿雪，[1]春無澍雨。[2]分禱祈請，靡神不禜。[3]深恐在所慢違'如在'之義，[4]今遣侍中王輔等，[5]持節分詣岱山、東海、滎陽、河、洛，盡心祈焉。"[6]

[1]【今注】鮮：少。　宿雪：積留過冬的雪。

[2]【今注】澍雨：及時雨。《説文》："澍，時雨也。所以樹生萬物者也。"

[3]【李賢注】《説文》曰："禜，設緜蕝爲營，以祈水旱。"禜音詠。《詩》曰："靡神不舉。"【今注】靡神不禜：無神不進行禜祭。《詩·大雅·雲漢》："天降喪亂，饑饉薦臻。靡神不舉，靡愛斯牲。"靡，無。禜，古代一種祭祀日月星辰山川，以禳除自然災害的祭祀。《説文·示部》："禜，設緜蕝爲營，以禳風雨雪霜、水旱癘疫於日月星辰山川也。從示，營省聲。一曰：禜衞使災不生。"《左傳》昭公元年："山川之神，則水旱疫癘之災，於是乎禜之。日月星辰之神，則雪霜風雨之不時，於是乎禜之。""禜"與"營"爲同源祠，"禜"指製作營域而進行祭祀。

[4]【李賢注】《論語》曰："祭神如神在。"【今注】在所：所在地。　慢違：輕慢違背。　如在：《論語·八佾》："祭如在，祭神如神在。子曰：'吾不與祭，如不祭。'"意爲祭奠死者時，宛如死者就在眼前。形容祭奠時非常真誠。

[5]【今注】侍中：官名。爲省内之官。秦時爲丞相屬官，因往來殿中，入侍天子，故稱"侍中"。漢時爲列侯至郎中的加官，無員限，多至數十人；侍皇帝左右，出入宫廷，皇帝有事令侍中外宣，百官有事由侍中傳達，爲溝通君主與百官的橋梁，地位日顯，

權重於宰相。《漢書·百官公卿表上》："侍中、左右曹諸吏、散騎、中常侍，皆加官，所加或列侯、將軍、卿大夫、將、都尉、尚書、太醫、太官令至郎中，亡員，多至數十人。侍中、中常侍得入禁中，諸曹受尚書事，諸吏得舉法，散騎騎並乘輿車。"本書《百官志三》："侍中，比二千石。本注曰：無員。掌侍左右，贊導衆事，顧問應對。法駕出，則多識者一人參乘，餘皆騎在乘輿車後。本有僕射一人，中興轉爲祭酒，或置或否。"

[6]【李賢注】濟水，四瀆之一，至河南溢爲滎澤（大德本無"至"字），故於滎陽祠焉。【今注】岱山：泰山。　滎陽：縣名。治所在今河南滎陽市東北。

三月，楊州六郡妖賊章河等寇四十九縣，[1]殺傷長吏。[2]

[1]【今注】楊州：西漢武帝時所置十三刺史部之一。東漢時治歷陽縣（今安徽和縣），末年移治壽春縣（今安徽壽縣）、合肥縣（今安徽合肥市西北）。案，殿本作"揚州"。　妖賊：指以妖言惑衆倡亂的人，即通過宗教、巫術、讖緯等發動起義的人。案，章河，王先謙《後漢書集解》引錢大昕曰："《續志》作章何。"

[2]【今注】長吏：與"少吏"相對，秦漢時期對一類職官的通稱。《漢書·百官公卿表上》："縣令、長，皆秦官，掌治其縣。萬户以上爲令，秩千石至六百石。減萬户爲長，秩五百石至三百石。皆有丞、尉，秩四百石至二百石，是爲長吏。百石以下有斗食、佐史之秩，是爲少吏。"有學者認爲，長吏主要用作從中央到地方機構主要負責人的一種代稱（參見張欣《秦漢長吏再考》，《中國史研究》2010年第3期）。

庚寅，[1]帝臨辟雍饗射，[2]大赦天下，改元陽嘉。詔宗室絶屬籍者，一切復籍；稟冀州尤貧民，勿收今年更、租、口賦。

［1］【今注】案，曹金華《後漢書稽疑》指出，庚寅，《後漢紀》卷一八作"三月庚辰"（第125頁）。

［2］【今注】辟雍：環繞明堂的圓形水池。辟，通"璧"，取四周有水，形如璧環爲名；雍，同"邕"，指水池環繞的高地及其建築。辟雍是較大的水面，並附有苑囿等區域，有魚鳥集居。西周麥尊等金文材料記載有"辟雍"，辟雍中可以行舟、舉行射禮、進行漁獵等。辟雍亦承擔教育功能，是最早的學校之一。（參見楊寬《西周史》，上海人民出版社2003年版，第666—674頁）　饗射：舉行饗禮和射禮。《周禮·春官·司服》："享先公饗射，則鷩冕。"鄭玄注："饗射，饗食賓客，與諸侯射也。"饗禮爲宴飲之禮，射禮是射箭之禮。射禮包括比耦和三番射等環節，與田獵有關，帶有軍事訓練的性質，亦承擔選拔人才的功用。古代射禮多於辟雍舉行。辟雍中蓄養有動物，射禮多爲國君乘舟於辟雍大池中射獵。（參見楊寬《西周史》，第716—741頁）

夏五月戊寅，阜陵王恢薨。[1]

［1］【今注】阜陵王恢：劉恢，劉魴子，襲爵阜陵王，在位十年薨，謚號"懷"。子劉代嗣位。事見本書卷四二《阜陵質王延傳》。

秋七月，史官始作候風地動銅儀。[1]

［1］【李賢注】時張衡爲大史令（大，殿本作“太”），作之。【今注】史官：古代職掌起草、宣讀、保存文書，發布政令以及天文、星曆、歷史等事務的職官。商代甲骨文即記載有“史”（多數爲武官），西周有太史僚和大史、小史、内史、外史（亦作“左史”“右史”）等各類史官。西漢置太史，隸屬太常，掌管編寫史書和天文曆法。東漢置太史令，秩僅六百石，職掌範圍亦縮小，衹掌管天文、曆法，記録祥瑞、災異等。本書《百官志二》：“太史令一人，六百石。本注曰：掌天時、星曆。凡歲將終，奏新年曆。凡國祭祀、喪、娶之事，掌奏良日及時節禁忌。凡國有瑞應、災異，掌記之。”　候風地動銅儀：史稱“候風地動儀”，世界上最早的測定地震方位的儀器。東漢天文學家張衡於東漢順帝陽嘉元年（132）發明，用精銅製成。圓徑八尺，形似酒尊，中有都柱，繞都柱按八個方向（八道）安置機關。外有八龍，各口銜銅丸，下有蟾蜍，張口向上。如有地動，都柱（慣性擺）傾倒，觸發機關，龍口張開，銅丸落入蟾蜍口中，鏗鏘作響，丸落方向即地震方向。永和三年（138），此儀測出隴西地區（今甘肅東南部）的一次地震，證明了其準確性和可靠性。它利用慣性原理測得地震波的主衝方向，開創了人類使用科學儀器觀測地震的歷史，比西方同類儀器出現早一千七百多年。詳見本書卷五九《張衡傳》。

丙辰，[1]以太學新成，試明經下第者補弟子，[2]增甲、乙科員各十人。[3]除郡國耆儒九十人補郎、舍人。[4]

［1］【今注】案，丙辰，曹金華《後漢書稽疑》指出，陽嘉元年（132）七月丙子朔，是月無“丙辰”，“丙辰”前疑脱“八月”二字（第125頁）。

［2］【今注】明經：漢代察舉科目之一，指通曉經學。明經屬

於特舉科目，西漢明經一科尚未限定郡國按人口貢舉，東漢起方按人口察舉（參見安作璋、熊鐵基《秦漢官制史稿》，第812頁）。

［3］【李賢注】《前書音義》曰："甲科謂作簡策難問，列置案上，在試者意投射取而答之（在，殿本作'任'），謂之射策。上者爲甲，次爲乙（大德本、殿本'次'後有'者'字）。若録政化得失，顯而問之，謂之對策也。"【今注】甲乙科：漢代考試用語。漢代選官考試分爲射策和對策，射策類似於一種抽簽考試，對策類似於一種命題考試。射策，又稱"設科射策"。《漢書》卷七八《蕭望之傳》："望之以射策甲科爲郎。"顔師古注："射策者，謂爲難問疑義書之於策，量其大小署爲甲乙之科，列而置之，不使彰顯。有欲射者，隨其所取得而釋之，以知優劣。射之，言投射也。"射策的方法是將問答試題書於簡策，按難易分爲甲、乙兩科，或甲、乙、丙三科，列而置之，不使彰顯。應試者任意取策，不得更换。主考者依其答案評定優劣。主要行於太學，歲試博士弟子；其次行於太常察舉之諸科。兩類射策均由博士職掌。朝廷依成績優劣，分别授與相應官職。魏、晉、南北朝沿之。與對策並用。時薦舉之孝廉、秀才、明經，或入學之國子生、諸等館生等，皆有經射策而被選拔入仕者。

［4］【今注】耆儒：年高德劭的儒者。　郎：職官類名。西漢有郎中、中郎、外郎、侍郎、議郎等，無定員，多至千餘人，皆隸屬郎中令（光禄勳）。諸侯王國亦置。職掌守衛皇宫殿廊門户、出充車騎扈從、備顧問應對、守衛陵園廟等。因與皇帝關係密切，任職滿一定期限即可遷補内外官職，爲重要選官途徑。《漢書·百官公卿表上》："郎掌守門户，出充車騎，有議郎、中郎、侍郎、郎中，皆無員，多至千人。議郎、中郎秩比六百石，侍郎比四百石，郎中比三百石。中郎有五官、左、右三將，秩皆比二千石。郎中有車、户、騎三將，秩皆比千石。"東漢於光禄勳下設五官、左、右中郎將，主管中郎、侍郎、郎中，實爲官吏儲備人才的機構，其郎

官多達二千餘人。〔參見吕宗力主編《中國歷代官制大辭典》（修訂版），第605頁〕　舍人：戰國、秦時貴戚官僚屬員，類似侍從賓客，至漢代演變爲正式職官。漢代有太子舍人，掌宿衛，類似於皇帝身邊的郎官。故此處將“郎”與“舍人”並列。皇后、公主的屬官也有舍人，爲親近左右侍從。《漢書·百官公卿表上》：“太子太傅、少傅，古官。屬官有太子門大夫、庶子、先馬、舍人。”本書《百官志四》：“太子舍人，二百石。本注曰：無員，更直宿衛，如三署郎中。”

九月，詔郡國中都官繫囚皆減死一等，亡命者贖，各有差。

鮮卑寇遼東。

冬十一月甲申，望都、蒲陰狼殺女子九十七人，[1]詔賜狼所殺者錢，人三千。

［1］【李賢注】望都，縣名，屬中山國，今定州縣也。章帝改曲逆爲蒲陰，亦屬中山，與望都相近，故城在今定州北。《東觀記》亦作“蒲”，本多作“满”。“满”字者，誤也。《東觀》又云：“爲不祠北岳所致。詔曰‘政失厥中，狼灾爲應，至乃殘食孤幼。博訪其故，山岳尊靈，國所望秩，而比不奉祠，淫刑放濫，害加孕婦’也。”【今注】望都：縣名。治所在今河北望都縣西北。蒲陰：縣名。東漢章帝元和三年（86）改曲逆縣置，治所在今河北順平縣東南。　案，女子，中華本校勘記謂，“《集解》引惠棟説，謂‘女子’《續志》作‘兒童’”。

辛卯，初令郡國舉孝廉，限年四十以上，諸生通章句，[1]文吏能牋奏，[2]乃得應選；其有茂才異行，[3]

若顏淵、子奇，不拘年齒。[4]

[1]【今注】章句：剖章析句，經學家解説經義的一種方式。

[2]【今注】文吏：亦稱“文法吏”“刀筆吏”，多與“儒生”相對，指那些經過專門培訓，精通文書簿計的書寫和法律條文的運用，嚴格執行國家法令，依照能力、功績和年勞任職升遷的職業化官僚（參見閻步克《士大夫政治演生史稿》，北京大學出版社 2015 年版，第 15—19 頁）。案，吏，殿本作“史”。 牋：通“箋”。《説文·竹部》：“箋，表識書也。”

[3]【今注】茂才：漢代察舉科目之一。西漢時稱“秀才”，東漢避光武帝劉秀諱，改爲“茂才”，或作“茂材”，指才能卓著者。察舉茂才，始於漢武帝。西漢茂才皆從現任官吏中察舉，且屬於特舉。東漢茂才成爲歲舉，常與孝廉並稱，不過孝廉屬於郡舉，茂才屬於州舉。茂才的數量較孝廉爲少。茂才的出路多爲地方縣令。漢代被察舉爲孝廉、茂才者，一般都是先舉孝廉，後舉茂才，可見茂才比孝廉爲高。（參見安作璋、熊鐵基《秦漢官制史稿》，第 808—809 頁）

[4]【李賢注】《史記》曰：“顏回，魯人，好學，年二十九髮盡白，早死。”《新序》曰：“子奇年十八，齊君使之化阿。至阿，鑄其庫兵以爲耕器，出倉廩以賑貧窮，阿縣大化。”【今注】顏淵：顏回，字子淵，魯國人。孔子弟子。小孔子三十歲，爲孔門較爲傑出的學生，孔子對其稱贊較多，年二十九，髮盡白，早死。 子奇：相傳爲春秋時齊國人。十六歲（一説十八歲）時治理阿縣，阿縣大治。後用以稱年少有才華的人。 年齒：年齡。

十二月丁未，東平王敞薨。[1]

[1]【今注】東平王敞：劉敞，東平懷王劉忠子，嗣位東平

王。立四十八年薨，諡號“孝”，子頃王端嗣。事見本書卷四二《東平憲王蒼傳》。

庚戌，復置玄菟郡屯田六郡。[1]

[1]【今注】案，王先謙《後漢書集解》引陳景雲曰：“六郡當作六部。玄菟屬縣六，每縣置屯田一部也。”錢大昭曰：“《東夷傳》作六部。”中華本據此改“六郡”爲“六部”。

閏月丁亥，令諸以詔除爲郎，年四十以上課試如孝廉科者，得參廉選，歲舉一人。

戊子，客星出天苑。[1]

[1]【今注】天苑：星官名，屬於二十八宿中的昴宿。

辛卯，詔曰：“間者以來，[1]吏政不勤，故灾咎屢臻，[2]盜賊多有。退省所由，皆以選舉不實，[3]官非其人，是以天心未得，人情多怨。《書》歌股肱，《詩》刺三事。[4]今刺史、二千石之選，歸任三司。[5]其簡序先後，精覈高下，[6]歲月之次，[7]文武之宜，務存厥衷。”

[1]【今注】間者：近來。

[2]【今注】臻：至。

[3]【今注】選舉不實：秦漢罪名之一。指官吏在選拔人才過程中不根據實際情況，徇私舞弊，導致所選人才不當其位的行爲。

[4]【李賢注】《尚書·益稷篇》帝作歌曰：“元首明哉！股

肱良哉!"《詩·小雅》曰"三事大夫，莫肯夙夜。邦君諸侯，莫肯朝夕"也。【今注】書歌股肱：《尚書·皋陶謨》："乃賡作歌曰：'元首明哉，股肱良哉，庶事康哉！'"股肱指腿和胳膊，比喻君主得力的輔弼大臣。　詩刺三事：《詩·小雅·雨無正》："三事大夫，莫肯夙夜。邦君諸侯，莫肯朝夕。"三事指治民、理政、執法三件事，三事大夫是分負三類事務的官吏。

[5]【李賢注】三司，三公也，即太尉、司空、司徒也。歸猶委任也。

[6]【今注】精覈：精細校核。案，精，大德本、殿本作"情"。

[7]【今注】歲月之次：指任官時間的長短。

庚子，恭陵百丈廡災。[1]

[1]【李賢注】恭陵，安帝陵也。廡，廊屋也。《說文》曰"堂下周屋曰廡"也。【今注】恭陵：東漢安帝劉祜陵，在今河南洛陽市東北漢魏故城西北三十里鋪一帶。　廡：古代正房對面和兩側的屋子。

是歲，起西苑，[1]修飾宮殿。

[1]【今注】西苑：東漢雒陽苑囿，在今河南洛陽市東北漢魏故城西。西苑周三千三百步，在宣平門外。因在北宮之西，故而得名。

二年春二月甲申，詔以吴郡、會稽飢荒，貸人種糧。

三月，使匈奴中郎將王稠率左骨都侯等擊鮮卑，[1]破之。

[1]【今注】使匈奴中郎將：官名。西漢時常遣中郎將使匈奴，稱“匈奴中郎將”。元帝以後雖遣使頻繁，身份仍爲使節，事迄即罷。東漢光武帝建武二十六年（50）遣中郎將段郴等使南匈奴，授南單于璽綬，令入居雲中，始置使匈奴中郎將以監護之，因設官府、從事、掾史。後徙至西河，又令西河長史歲將騎二千、弛刑五百人，助中郎將衞護單于，冬屯夏罷。自後遂爲常制。本書《百官志五》：“使匈奴中郎將一人，比二千石。本注曰：主護南單于。置從事二人，有事隨事增之，掾隨事爲員。”除監護南匈奴諸部落外，也常將南匈奴騎兵征伐烏桓、西羌等。（參見林甘泉主編《中國歷史大辭典·秦漢史》，第278頁）　骨都侯：匈奴官號。《史記》卷一一〇《匈奴列傳》：“（匈奴）置左右賢王，左右谷蠡王，左右大將，左右大都尉，左右大當户，左右骨都侯。”《集解》：“骨都，異姓大臣。”東漢時有韓氏、當於氏、呼衍氏、郎氏、栗籍氏五骨都侯。光武帝建武二十四年（48），南北匈奴分裂後，五骨都侯隸屬北匈奴。後歸南庭，受南單于命。韓氏骨都侯屯北地，當於骨都侯屯五原，呼衍骨都侯屯雲中，郎氏骨都侯屯定襄，栗籍骨都侯屯代郡，領部衆助漢戍邊。詳見本書卷八九《南匈奴傳》。

辛酉，除京師耆儒年六十以上四十八人補郎、舍人及諸王國郎。[1]

[1]【今注】王國郎：亦稱“王家郎”，官名。即諸侯王國之郎官。《漢書·百官公卿表上》：“（諸侯王）有太傅輔王，内史治國民，中尉掌武職，丞相統衆官，群卿大夫都官如漢朝。景帝中五

年……省御史大夫、廷尉、少府、宗正、博士官，大夫、謁者、郎諸官長丞皆損其員。”漢朝諸侯國設置職官皆如漢朝廷，故設置亦有“郎”。西漢景帝降省諸侯國職官後，郎官僅損其員，並未省併。根據文獻記載，漢諸侯王國有郎中令，其屬官有郎官或郎吏，和漢朝廷一樣，諸侯王國郎官有郎、郎中、中郎、侍郎等，侍從王之左右，多以文學之士充任。如《漢書》卷五一《枚乘傳》記枚乘“爲吴王濞郎中”，《漢書》卷四五《伍被傳》載伍被爲“淮南中郎”等。（參見安作璋、熊鐵基《秦漢官制史稿》，第745—747頁）

夏四月，復置隴西南部都尉官。[1]

[1]【李賢注】武帝元朔四年，初置南部都尉於隴西臨洮縣，中興以來廢，至此復置之也。

己亥，京師地震。五月庚子，詔曰：“朕以不德，統奉鴻業，無以奉順乾坤，協序陰陽，灾眚屢見，咎徵仍臻。[1]地動之異，發自京師，矜矜祇畏，[2]不知所裁。[3]群公卿士將何以匡輔不逮，[4]奉答戒異？異不空設，必有所應，其各悉心直言厥咎，靡有所諱。”[5]

[1]【今注】徵：徵兆。　仍：頻繁。

[2]【今注】矜矜：戒懼；小心謹慎。　祇畏：敬畏。祇，紹興本作“祗”。

[3]【今注】裁：裁斷。

[4]【今注】匡：糾正。

[5]【今注】靡：無。

戊午，司空王龔免。六月辛未，大常魯國孔扶爲司空。[1]

[1]【李賢注】扶字仲淵。【今注】案，大常，紹興本、大德本、殿本作"太常"。　魯國：國名。治魯縣（今山東曲阜市）。　孔扶：字仲淵，魯國人，孔子十九世孫，東漢順帝時先後擔任過太常和司空。王先謙《後漢書集解》引惠棟曰："扶爲孔子十九世孫，見闕里《祖庭記》。"傳世有《司空孔扶碑》，載《隸續》卷一一（參見洪适《隸續》，中華書局1986年版，第392頁）。

疏勒國獻師子、封牛。[1]

[1]【李賢注】《東觀記》曰："疏勒王盤遣使文時詣闕。"師子似虎，正黄，有頯耏，尾端井毛大如斗（井，紹興本、大德本、殿本作"茸"，底本誤；斗，大德本作"牛"）。封牛，其領上肉隆起若封然，因以名之，即今之峰牛。【今注】封牛：一種頸上有肉隆起的牛。也叫"峰牛""犎牛"。

丁丑，洛陽地陷。是月，旱。

秋七月己未，太尉龐參免。八月己巳，大鴻臚沛國施延爲太尉。[1]

[1]【李賢注】延字君宇（宇，紹興本、大德本、殿本作"子"），蘄縣人也。【今注】沛國：國名。治相縣（今安徽濉溪縣西北）。　施延：字君子，沛國蘄縣（今安徽宿州市東南）人。少爲諸生，明於五經，兼通星官風角。家貧母老，傭賃以養。東漢安帝親政之初，舉有道高第，拜侍中。順帝時位至太尉。卒年七

十六。

鮮卑寇代郡。

冬十月庚午，行禮辟雍，奏應鍾，始復黄鍾，作樂器隨月律。[1]

[1]【李賢注】子爲黄鍾，律長九寸，聲有輕重長短，度量皆出黄鍾。隨月律謂《月令》“正月律中太蔟，二月律中火鍾（火，紹興本、大德本、殿本作‘夾’，底本誤），三月律中沽洗（沽，紹興本、大德本、殿本作‘姑’），四月律中仲吕，五月律中苑賓（苑，紹興本、大德本、殿本作‘蕤’），六月律中林鍾，七月律中夷則，八月律中南吕，九月律中無射，十月律中應鍾，十一月律中黄鍾，十二月律中大吕”。《東觀記》曰：“元和以來，音戾不調，修復如舊典（修復，大德本、殿本作‘復修’，底本或誤）。”蔟音湊。【今注】應鍾：古樂律名。十二律之一。 黄鍾：古樂律名。十二律之一。

三年春二月己丑，詔以久旱，京師諸獄無輕重皆旦勿考音，[1]須得澍雨。[2]

[1]【今注】考音：音，紹興本、大德本、殿本作“竟”，底本誤。考竟，法律術語，指將案件事實考問、考實窮竟。舊説以爲考竟指“拷問而死”。《釋名·釋喪制》：“獄死曰考竟。考得其情，竟其命於獄也。”然程樹德謂：“考竟者，乃考實以竟其事，非謂竟其命於獄中也。”（參見程樹德《九朝律考》，中華書局2006年版，第139頁）

[2]【今注】須：等待。

三月庚戌，益州盜賊劫質令長，[1]殺列侯。[2]

［1］【今注】劫質：挾持人以爲人質。

［2］【今注】列侯：爵位名。是二十等爵中的最高爵，又稱“徹侯”“通侯”。《漢書・百官公卿表上》：“徹侯，金印紫綬，避武帝諱，曰通侯，或曰列侯，改所食國令長名相，又有家丞、門大夫、庶子。”從秦琅邪刻石和文獻記載看，秦代即存在“列侯”“通侯”。里耶秦簡更名方有“徹侯爲列侯”，可見秦代即將徹侯更名爲列侯，並非漢武帝所改。“列侯”具有封國和食邑權，其所食之邑的數量從幾百到數千不等，東漢列侯按照食邑數量又分爲縣侯、鄉侯、亭侯等。列侯有封國，侯國自有紀年，列侯之子也稱“太子”。侯國有置吏權，除侯國令長由中央任命外，其餘諸官吏均由侯國自置。根據尹灣漢簡，侯國職官有侯國相、丞、尉等行政官吏，大致與縣級行政系統平行，又有家丞、庶子、僕、行人、門大夫、洗馬等家吏。（參見柳春藩《秦漢封國食邑賜爵制》，遼寧人民出版社 1984 年版，第 77—79 頁；秦鐵柱《兩漢列侯問題研究》，博士學位論文，南開大學，2014 年）

夏四月丙寅，車師後部司馬率後部王加特奴等掩擊匈奴，[1]大破之，獲其季母。[2]

［1］【今注】車師後部司馬：漢朝駐車師屯護軍的司馬，屬戊己校尉，掌護衛車師後部等國。戊己校尉爲漢朝掌管護衛車師和屯田事務的武官，西漢元帝初元元年（前 48）始置，新莽至東漢初或置或省。東漢明帝永平十七年（74）復置二員，一屯車師後王部金蒲城，一屯車師前王部柳中城。《漢書・百官公卿表上》：“戊己校尉，元帝初元元年置，有丞、司馬各一人，候五人，秩比六百石。”　加特奴：漢西域車師後部王。車師後部王農奇子。東漢順

帝永建元年（126），因隨漢長史班勇擊匈奴呼衍王有功，被立爲王。陽嘉三年（134）夏，偕後部司馬等率一千五百人掩擊北匈奴於閶吾陸谷（今新疆博格達山），壞其廬落，執單于母及季母等數百人，擄其牛羊十餘萬頭、車千餘輛及兵器等物。次年，被匈奴呼衍王襲殺。詳見本書卷八八《西域傳》。

［2］【今注】季母：叔母，嬸母。

五月戊戌，制詔曰："昔我太宗，[1]丕顯之德，[2]假于上下，[3]儉以恤民，政致康乂。[4]朕秉事不明，政失厥道，天地譴怒，大變仍見。春夏連旱，寇賊彌繁，元元被害，[5]朕甚愍之。[6]嘉與海内洗心更始。[7]其大赦天下，自殊死以下謀反大逆諸犯不當得赦者，[8]皆赦除之。賜民年八十以上，米一斛，[9]肉二十斤，酒五斗；九十以上加賜帛，人二匹，絮三斤。"

［1］【今注】太宗：西漢文帝劉恒，公元前180年至前157年在位。廟號太宗，謚號孝文。紀見《史記》卷一〇、《漢書》卷四。

［2］【今注】丕顯：古代習語。用於贊頌偉大的人物或美德等。《尚書・洛誥》："公明保予沖子，公稱丕顯德，以予小子揚文武烈，奉答天命，和恒四方民，居師。"《逸周書・祭公》："公稱丕顯之德。"丕顯，亦作"不顯"，《詩・周頌・烈文》："不顯維德，百辟其刑之。"前人多將"丕顯"訓爲"大明"。《孟子・滕文公下》："《書》曰：'丕顯哉！文王謨。丕承哉！武王烈。佑啓我後人，咸以正無缺。"趙岐注："丕，大；顯，明。"然清代學者王引之認爲，"丕顯"之"丕"，或寫作"不""否"，爲助詞，表示"發聲"，無實際含義。"丕顯""不顯"即"顯"（參見王引之撰，

李花蕾校點《經傳釋詞》，上海古籍出版社 2014 年版，第 216—225 頁）。

［3］【今注】假于上下：至於上下。亦作“格于上下”，《尚書·堯典》：“曰若稽古帝堯，曰放勳，欽明文思安安，允恭克讓，光被四表，格于上下。”

［4］【今注】康入：入，紹興本、大德本、殿本作“乂”，底本誤。康乂，安治。《尚書·康誥》：“若保赤子，惟民其康乂。”孔傳：“惟民其皆安治。”孫星衍謂：“康乂者，《釋詁》云：‘康，安也。’‘乂，治也。’”

［5］【今注】元元：黎民百姓。

［6］【今注】愍：同“憫”。憐憫。

［7］【今注】更始：除舊布新。

［8］【今注】殊死：漢代一類嚴重死罪的統稱。以往學者將“殊死”之“殊”理解爲絶、斷，將“殊死”理解爲一種行刑方式，即斬首。宋傑指出，“殊死”之“殊”不應訓爲“斷”，而應訓爲“絶”和“異”，具有“區别”和“特殊”的含義，“殊死”常與一般的“死罪”區别，既是刑名也是罪名，指謀反、大逆等特殊、尤重的死罪，其處決方式主要是腰斬、梟首等，平常很少被赦除，並連坐父母妻子（參見宋傑《漢代“棄市”與“殊死”辨析》，《中國史研究》2015 年第 3 期）。　謀反：罪名。古代重罪之一，指圖謀推翻皇帝統治的行爲，後世歸入“十惡”。謀反者皆處以腰斬和夷三族之刑。長沙尚德街東漢簡牘第 254 簡正面有“謀反者，要斬”的律文（參見長沙市文物考古研究所編《長沙尚德街東漢簡牘》，岳麓書社 2016 年版，第 224 頁）。沈家本認爲，“謀反、大逆本是一事，一則已謀，一則已行耳”（參見沈家本《歷代刑法考》，第 1414 頁）。即謀反是謀議行爲，大逆是實行行爲。但兩者在量刑上似乎並無差别。　大逆：亦稱“大逆無道”，罪名。秦漢重罪之一。指以下犯上、違背君臣之倫的犯罪，具體指顛覆、危害、反對君主統治的行爲，文獻中常以“背叛宗廟”“危宗廟”

"危社稷"等描述之。"大逆"爲秦漢"不道"罪的種類之一，後世歸入"十惡"。〔參見［日］大庭脩著，徐世虹等譯《秦漢法制史研究》，第87—95頁〕《漢書》卷五《景帝紀》如淳注："律，大逆不道，父母、妻子、同産皆棄市。"根據律條規定，犯此罪者多本人腰斬，父母、妻子、同産連坐棄市。

［9］【今注】案，殿本"一斛"前有"人"字。

秋七月庚戌，鍾羌寇隴西、漢陽。冬十月，護羌校尉馬續擊破之。[1]

［1］【今注】馬續：字季則，扶風茂陵（今陝西興平市東北）人。馬援侄孫，馬嚴第七子，馬融之弟。事見本書卷二四《馬援傳》。

十一月壬寅，司徒劉崎、司空孔扶免。[1]乙巳，大司農南郡黄尚爲司徒，光禄勳河東王卓爲司空。[2]

［1］【今注】案，崎，中華本校勘記謂《袁紀》作"愷"。王先謙《後漢書集解》引惠棟曰："《魯國先賢傳》云：'孔氏仲淵爲司空，以地震免。'案《紀》《志》三年無地震事，或史闕文也。"

［2］【李賢注】黄尚字伯河，南郡邔人也。王卓字仲遼，河東解人也。邔音求紀反。【今注】大司農：官名。西漢武帝太初元年（前104）改大農令置。秩中二千石，列位諸卿。掌全國租賦收入和國家財政開支，凡百官俸禄、軍費、各級政府機構經費等由其支付，管理各地倉儲、水利，官府農業、手工業、商業的經營，調運貨物，管制物價等。（參見林甘泉主編《中國歷史大辭典·秦漢史》，第20頁）《漢書·百官公卿表上》："治粟内史，秦官，掌穀

貨，有兩丞。景帝後元年更名大農令，武帝太初元年更名大司農。”　南郡：治江陵縣（今湖北荆州市荆州城西北）。　黄尚：字伯河，南郡邔（今湖北宜城市北）人。東漢順帝陽嘉三年（134）任大司農，永和元年（136）任司徒，以政事稱於時。三年春免。　河東：郡名。治安邑縣（今山西夏縣西北）。

丙午，武都塞上屯羌及外羌攻破屯官，[1]驅略人畜。

[1]【今注】武都：郡名。治武都縣（今甘肅禮縣南）。

四年春二月丙子，初聽中官得以養子爲後，[1]世襲封爵。

[1]【今注】中官：職官合稱，即宦官類職官，以給事於禁中，故名。《漢書》卷三《高后紀》：“諸中官、宦者令丞皆賜爵關内侯、食邑。”顔師古注：“諸中官，凡閹人給事於中者皆是也。”漢代宦官可以封爵，此條材料規定，宦官可以收養兒子並作爲後子繼承封爵。

自去冬旱，至于是月。

謁者馬賢擊鍾羌，大破之。

夏四月甲子，太尉施延免。[1]戊寅，執金吾梁商爲大將軍，[2]前太尉龎參爲太尉。

[1]【李賢注】《東觀記》曰“以選舉貪污策罷”也。

[2]【今注】梁商：字伯夏，安定烏氏（今寧夏固原市東南）

人。東漢外戚、大臣，女爲順帝皇后。傳見本書卷三四。　大將軍：將軍名。在諸將軍中地位最高。秦及漢初即有此職，其地位甚高，與丞相相當，實際的優寵和權力都在丞相之上。西漢武帝以後，大將軍常冠大司馬之號，秩萬石，領尚書事，執掌朝政，成爲中朝官最高領袖。東漢復置一員，秩萬石，不冠大司馬，成爲獨立官職，多授予貴戚，常兼録尚書事，與太傅、太尉等共同主持政務。本書《百官志一》："將軍，不常置。本注曰：掌征伐背叛。比公者四：第一大將軍，次驃騎將軍，次車騎將軍，次衛將軍。又有前、後、左、右將軍。"

六月己未，梁王匡薨。[1]秋七月己亥，濟北王登薨。[2]

[1]【今注】梁王匡：劉匡，梁王劉堅子，襲爵梁王，在位十一年薨，謚號"懷"。死後無子，東漢順帝封劉匡弟劉成爲梁王。事見本書卷五〇《梁節王暢傳》。

[2]【今注】濟北王登：劉登，濟北惠王劉壽子，襲爵濟北王，在位十五年薨，謚號"節"。子劉多嗣位。事見本書卷五五《濟北惠王壽傳》。

閏月丁亥朔，日有食之。

冬十月，烏桓寇雲中。十一月，圍度遼將軍耿曄於蘭池，[1]發諸郡兵救之，烏桓退走。

[1]【李賢注】《續漢志》曰："雲中郡沙南縣有蘭池城。"【今注】案，桓，紹興本作"淵聖御名"。　雲中：郡名。治雲中縣（今内蒙古托克托縣東北）。　度遼將軍：官名。西漢置。昭帝

元鳳三年（前 78），遼東烏桓起事，以中郎將范明友爲此，率騎擊之，因須度遼水，故以爲官號。宣帝時罷。東漢明帝永平八年（65），爲防止南、北匈奴交通，乃置度遼營兵，以中郎將吴棠行度遼將軍事領之，駐屯五原曼柏，與使匈奴中郎將、護羌校尉、護烏桓校尉等同掌西北邊防及匈奴、鮮卑、烏桓、西羌諸部事。安帝永初元年（107）置真，遂爲常守。秩二千石，下設有長史、司馬等僚屬。東漢末，曾分置左、右度遼將軍。

十二月甲寅，京師地震。

永和元年春正月，[1]夫餘王來朝。[2]

［1］【今注】永和：東漢順帝劉保年號（136—141）。

［2］【今注】夫餘：古族名。亦作“扶餘”“鳧餘”“不與”“符婁”。西漢時亦稱其所建政權爲夫餘。在今松花江中游平原上，以今吉林農安縣爲中心，南至遼寧北境，北達松花江中游，東至吉林市，西與鮮卑接。西漢時隸玄菟郡，東漢末改屬遼東郡。詳見本書卷八五《東夷傳》。

乙卯，詔曰：“朕秉政不明，灾眚屢臻。[1]典籍所忌，震食爲重。[2]今日變方遠，地摇京師，[3]咎徵不虚，必有所應。群公百僚其各上封事，[4]指陳得失，靡有所諱。”

［1］【今注】灾眚：災害。

［2］【今注】震食：地震和日食、月食。

［3］【李賢注】《東觀記》曰：“陽嘉四年詔曰‘朕以不德，讁見于天，零陵言日食，京師不覺’。”故此言日變方遠。【今注】

案，方遠，中華本校勘記據《刊誤》謂當作“遠方”。注同。

［4］【今注】封事：上呈皇帝的秘密奏章。漢代的普通奏章，先經尚書之文書作業，再送呈皇帝；封事則直接上呈皇帝，由皇帝本人或皇帝所指定的人開閱（參見廖伯源《漢“封事”雜考》，載《秦漢史論叢》，中華書局2008年版，第195頁）。

己巳，宗祀明堂，[1]登靈臺，[2]改元永和，大赦天下。

［1］【今注】明堂：古代最隆重的建築之一，與辟雍、靈臺合稱“三雍”，是國君進行祭祀、朝會諸侯、發布政令之所。其建築結構，一般認爲包括“太室”和堂、室等，並“以茅蓋屋，上圓下方，外水曰辟雍”。

［2］【今注】案，靈臺，大德本、殿本作“雲臺”。王先謙《後漢書集解》引何焯曰：“此靈臺也。緣近下避火雲臺而誤。”靈臺，古代一種觀測天象的高臺，亦與明堂、辟雍結合，成爲進行祭祀、朝聘之所。《詩·大雅·靈臺》：“經始靈臺，經之營之。庶民攻之，不日成之。”據此，周文王時即建造有“靈臺”。漢代的靈臺當包含多層的高臺及其之上的附屬建築，並成爲“靈臺”機構的辦公場所。

秋七月，偃師蝗。[1]

［1］【今注】偃師：縣名。治所在今河南偃師市東。

冬十月丁亥，[1]承福殿火，[2]帝避御雲臺。

[1]【今注】案，王先謙《後漢書集解》引洪亮吉曰："《續志》作'丁未'，以下云'十一月丙子'推之，《志》爲是。"

[2]【今注】承福殿：東漢洛陽城南宮殿名。位於宣室殿之後。有學者推測其具有祭祀、祈福的功能。

十一月丙子，太尉龐參罷。

十二月，象林蠻夷叛。[1]

[1]【今注】象林：縣名。治所在今越南廣南省維川縣一帶。

乙巳，以前司空王龔爲太尉。

二年春正月，武陵蠻叛，[1]圍充縣，又寇夷道。[2]

[1]【今注】武陵蠻：漢時分布在武陵郡的少數民族。相傳爲槃瓠之後，有民族語言，稱首領爲"精夫"，彼此互呼"姎徒"。漢初設武陵郡，歲徵大人布一匹，小口二丈，是謂賨布。東漢時勢力轉盛。東漢光武帝建武二十三年（47），首領相單程率衆據險，攻襲郡縣，次年占領臨沅（今湖南常德市西）。後在東漢大軍圍攻下，飢困投降。詳見本書卷八六《南蠻傳》。

[2]【李賢注】充縣屬武陵郡，故城在澧州崇義縣東北。充音衝。夷道屬南郡也（殿本無"也"字）。【今注】充縣：縣名。治所在今湖南桑植縣。　夷道：縣名。治所在今湖北宜都市。

二月，廣漢屬國都尉擊破白馬羌。[1]

[1]【今注】廣漢：郡名。治梓潼縣（今四川梓潼縣）。　屬國都尉：官名。屬國是秦漢時期用於安置歸附的匈奴、羌、夷等少

數民族的特別行政區。西漢武帝元狩三年（前120）置五屬國於西北邊郡，安置内附匈奴。宣帝以後，屬國或增置，或廢罷，兼安置羌族。東漢西北、東北、西南等邊境地區皆置。屬國設屬國都尉主之。《漢書·百官公卿表上》："典屬國，秦官，掌蠻夷降者。武帝元狩三年昆邪王降，復增屬國，置都尉、丞、候，千人。"屬國都尉掌民政軍事，兼負戍衛邊塞之責，秩比二千石。地位與諸郡守略同。屬國的官僚機構由兩部分組成。一部分是漢人組成的流官，除屬國都尉、丞、候、騎千人等之外，還有見於肩水金關漢簡的"屬國左騎千人令史"等少吏。屬國都尉下還設置曹，置掾、屬。另一部分是少數民族組成的外族官，包括歸義侯、率衆侯、千長、百長、且渠等。（參見黎明釗、唐俊峰《秦至西漢屬國的職官制度與安置模式》，《中國史研究》2018年第3期）　白馬羌：西羌的一支。又稱"廣漢白馬羌"。原居河湟地區。秦獻公初立，欲復穆公之迹，兵臨渭首（今甘肅渭源縣），諸羌畏秦之威，相率外遷，該部徙居廣漢地區，與夷、氐雜處，故有"六夷、七羌、九氐"之説。東漢光武帝建武十一年（35），其首領樓登等率五千餘户内屬，漢封其爲歸義君長。安帝永初元年（107），西羌大起義時，其部遥相呼應，攻破官軍。順帝永和二年（137），爲廣漢屬國都尉與護羌校尉鎮壓。桓帝建和二年（148），起兵攻廣漢屬國都尉，殺長吏，被益州刺史率板楯蠻平息。

武陵太守李進擊叛蠻，[1]破之。

[1]【今注】武陵：郡名。治義陵縣（今湖南溆浦縣南）。東漢時移治臨沅縣（今湖南常德市武陵區）

二月辛亥，[1]北海王翼薨。[2]

［1］【今注】案，二月，紹興本、殿本作“三月”。

［2］【今注】北海王翼：劉翼，北海頃王劉普子，嗣位北海王，在位十四年薨，謚號“恭”。事見本書卷一四《北海靖王興傳》。

乙卯，司空王卓薨。丁丑，[1]光禄勳馮翊郭虔爲司空。[2]

［1］【今注】案，丁丑，大德本作“乙丑”。

［2］【李賢注】虔字君賢（虔，王先謙《後漢書集解》引惠棟曰：“《袁宏紀》作乾”），池陽人（大德本、殿本句末有“也”字）。【今注】馮翊：左馮翊。西漢時期在京畿地區設置的政區，爲三輔之一。武帝太初元年（前104）改左内史置，轄區相當於一郡，因地屬畿輔，故不稱郡。東漢定都洛陽，但長安的三輔設置仍舊。西漢時治長安城（今陝西西安市西北）。東漢時移治高陵縣（今陝西西安市高陵區）。

夏四月丙申，[1]京師地震。

［1］【今注】案，王先謙《後漢書集解》引錢大昭曰：“《續志》作‘四月庚申’。”

五月，日南叛蠻攻郡府。

秋七月，九真、交阯二郡兵反。[1]

［1］【今注】九真：郡名。治胥浦縣（今越南清化省清化市西北）。　交阯：郡名。治龍編縣（今越南北寧省北寧市）。

八月庚子，熒惑犯南斗。[1]

[1]【李賢注】熒惑，火星也。南斗，北方之宿也。《前書音義》曰："犯謂七寸内光芒相及。"【今注】熒惑：星名。即火星。 南斗：又作斗宿，有星六顆，二十八宿之一，北方玄武七宿第一宿。本書《天文志中》："八月庚子，熒惑犯南斗。斗爲吴。明年五月，吴郡太守行丞事羊珍與越兵弟葉、吏民吴銅等二百餘人起兵反，殺吏民，燒官亭民舍，攻太守府。太守王衡距守，吏兵格殺珍等。又九江賊蔡伯流等數百人攻廣陵、九江，燒城郭，殺江都長。"

江夏盜賊殺邾長。[1]

[1]【李賢注】邾，縣，屬江夏郡，故城在今復州竟陵縣東。邾音朱。【今注】江夏：郡名。治西陵縣（今湖北武漢市新洲區西）。 邾：縣名。治所在今湖北黄岡市北。

冬十月甲申，行幸長安，[1]所過鰥、寡、孤、獨、貧不能自存者賜粟，人五斛。庚子，幸未央宫，[2]會三輔郡守、都尉及官屬，[3]勞賜作樂。[4]十一月丙午，祠高廟。丁未，遂有事十一陵。[5]丁卯，京師地震。十二月乙亥，至自長安。

[1]【今注】長安：縣名。爲京兆尹治，治所在今陝西西安市西北。

[2]【今注】未央宫：漢長安城内的主要宫殿之一。西漢高祖七年（前200）由丞相蕭何主持建成。由承明、清涼、宣室等四十多個宫殿臺閣組成，宏偉壯麗。新莽末被毁。東漢末董卓劫獻帝至

長安，復修未央宫。現在遺留在地面上的有未央宫前殿以及相傳爲石渠閣、天禄閣等高臺遺址。這里常出土“長樂未央”“長生無極”等瓦當以及漢空心磚、水道等。1986年至1987年，對未央宫第三號建築遺址進行發掘，出土了建築材料、陶器、鐵器、銅器和大量刻有文字的骨簽。根據骨簽上的文字内容，未央宫第三號建築遺址當是西漢時期中央政府或皇室管轄各地郡國工官的官署。

［3］【今注】三輔：西漢武帝至東漢末年治理長安京畿地區的三位官員，即京兆尹、左馮翊、右扶風，亦指三位官員管轄的三個地區。秦設“内史”，掌管京畿地區。西漢景帝二年（前155）分内史爲左、右内史，與主爵中尉（不久改爲主爵都尉）同治長安城中，所轄皆京畿之地，故合稱“三輔”。武帝太初元年（前104）改左、右内史、主爵都尉爲左馮翊、京兆尹、右扶風。東漢沿置。都尉：官名。即郡尉。秦漢郡級軍事長官，佐助郡守職掌武事。《漢書·百官公卿表上》：“郡尉，秦官，掌佐守典武職甲卒，秩比二千石。有丞，秩皆六百石。景帝中二年更名都尉。”都尉雖言佐助郡守，但實際地位和郡守接近，有單獨的治所和屬官。（參見安作璋、熊鐵基《秦漢官制史稿》，第574—584頁）　官屬：機構的屬吏。

［4］【今注】勞賜：增加郡縣官吏的勞績。

［5］【今注】有事：祭祀。　十一陵：西漢皇帝的十一座陵墓，即漢高祖長陵、惠帝安陵、文帝霸陵、景帝陽陵、武帝茂陵、昭帝平陵、宣帝杜陵、元帝渭陵、成帝延陵、哀帝義陵、平帝康陵。

三年春二月乙亥，京師及金城、隴西地震，[1]二郡山岸崩，地陷。戊子，太白犯熒惑。[2]

［1］【今注】金城：郡名。治允吾縣（今甘肅永靖縣西北）。

[2]【今注】太白：星名。即金星。本書《天文志中》："三年二月辛巳，太白晝見，戊子，在熒惑西南，光芒相犯……太白者，將軍之官，又爲西州。晝見，陰盛，與君争明。熒惑與太白相犯，爲兵喪。"

夏四月，九江賊蔡伯流寇郡界，及廣陵，[1]殺江都長。[2]

[1]【今注】廣陵：郡名。治廣陵縣（今江蘇揚州市西北）。
[2]【今注】江都：縣名。治所在今江蘇揚州市邗江區西南。

戊戌，遣光禄大夫案行金城、隴西，賜壓死者年七歲以上錢，人二千；一家皆被害，爲收斂之。除今年田租，尤甚者勿收口賦。

閏月，蔡伯流等率衆詣徐州刺史應志降。[1]

[1]【李賢注】《續漢書》曰："志字仲節，汝南南頓人也。曾祖父順。"【今注】徐州：西漢武帝時所置十三刺史部之一。東漢時治郯縣（今山東郯城縣）。

己酉，京師地震。

五月，吴郡丞羊珍反，攻郡府，太守王衡破斬之。[1]

[1]【今注】郡丞：官名。郡守的副貳。《漢書·百官公卿表上》："（郡守）有丞，邊郡又有長史，掌兵馬，秩皆六百石。"秦及西漢在内郡設郡丞，在邊郡既設郡丞又設長史，二者分佐太守治民

政和軍事。東漢時邊郡僅設長史，本書《百官志五》："郡當邊戍者，丞爲長史。"注引《古今注》云："（建武）十四年，罷邊郡太守丞，長史領丞職。"東漢長史兼領丞的職務。兩漢郡丞和長史不僅要佐助郡守理事，而且還具有代太守行事的權力。（安作璋、熊鐵基《秦漢官制史稿》，第569—574頁）

六月辛丑，琅邪王遵薨。[1]

[1]【今注】琅邪王遵：劉遵，琅邪恭王劉壽子，嗣琅邪王位，在位十八年薨，謚號"貞"，子劉據嗣位。事見本書卷四二《琅邪孝王京傳》。

九真太守祝良、交阯刺史張喬慰誘日南叛蠻，降之，嶺外平。[1]

[1]【李賢注】《續漢書》曰："祝良字邵卿，長沙臨湘人。"【今注】交阯：州名。亦作"交趾"。西漢武帝時所置十三刺史部之一。無定治。一説治蒼梧郡廣信縣（今廣西梧州市）。辛德勇認爲，東漢建武十八年（42），光武帝在全國設立十二州，但未在嶺南地區設州，而是代之以地位略低於諸州的交趾刺史部，總計十三個大的行政區域（參見辛德勇《兩漢州治新考》，《文史》2007年第1輯）。

秋七月丙戌，濟北王多薨。[1]

[1]【今注】濟北王多：劉多，濟北節王劉登子。襲爵濟北王，在位三年薨，謚號"哀"。因其死後無子，改封其兄弟劉安國

爲濟北王。事見本書卷五五《濟北惠王壽傳》。

八月己未，司徒黄尚免。九月己酉，[1]光禄勳長沙劉壽爲司徒。[2]

［1］【今注】案，曹金華《後漢書稽疑》認爲，“己酉”當是“癸酉”之訛（第128頁）。

［2］【李賢注】壽字伯長，臨湘人也。【今注】長沙：郡名。治臨湘縣（今湖南長沙市嶽麓區）。　劉壽：字伯長，長沙臨湘（今湖南長沙市）人。官至光禄勳。東漢順帝永和三年（138）九月，擢升爲司徒。漢安元年（142）十月，因爲災異被免官。

丙戌，令大將軍、三公各舉故刺史、二千石及見令、長、郎、謁者、四府掾屬剛毅武猛有謀謨任將帥者各二人，[1]特進、卿、校尉各一人。[2]

［1］【今注】見：現有。　四府掾屬：四府的掾屬，四府指大將軍府、太尉府、司徒府、司空府。　謀謨：謀略。《爾雅·釋詁》：“謨，謀也。”

［2］【今注】特進：官名。始設於西漢末年，授予列侯中有特殊地位的人，位在三公下。東漢至南北朝時僅爲加官，無實職。校尉：職官合稱。指漢代中央的“校尉”類武官。西漢中央稱“校尉”的武官包括掌宿衛兵的中壘、屯騎、步兵、越騎、長水、胡騎、射聲、虎賁等八校尉和管理京師門衛的城門校尉（司隸校尉一般不納入）。東漢省中壘、胡騎、虎賁三校尉，故此處的“校尉”當指東漢的五校尉和城門校尉。

冬十月，燒當羌寇金城，[1]護羌校尉馬賢擊破之，羌遂相招而叛。

[1]【今注】燒當羌：漢時西羌的一支。無弋爰劍的後裔，因部落首領燒當而得名。西漢武帝時，受先零羌排擠，居黄河北大允谷（今青海貴德縣北）。東漢初，首領滇良會集附落，擊敗先零羌，奪取大榆谷（今青海貴德縣一帶）沃地，發展農牧業，又擅西海（今青海湖）魚鹽之利，勢力强盛。明帝時，屢攻漢隴西塞，爲漢將竇固等擊敗，徙其部於三輔、隴西、漢陽、安定等地。詳見本書卷八七《西羌傳》。

十二月戊戌朔，日有食之。

四年春正月庚辰，中常侍張逵、蘧政、楊定等有罪誅，[1]連及弘農太守張鳳、安平相楊皓，[2]下獄死。

[1]【李賢注】事見《梁商傳》也。【今注】案，本書卷三四《梁商傳》："永和四年，中常侍張逵、蘧政，内者令石光，尚方令傅福，冗從僕射杜永連謀，共譖商及中常侍曹騰、孟賁，云欲徵諸王子，圖議廢立，請收商等案罪。帝曰：'大將軍父子我所親，騰、賁我所愛，必無是，但汝曹共妒之耳。'逵等知言不用，懼迫，遂出矯詔收縛騰、賁於省中。帝聞震怒，敕宦者李歙急呼騰、賁釋之，收逵等，悉伏誅。"

[2]【今注】弘農：郡名。治弘農縣（今河南靈寶市東北）。安平：國名。治信都縣（今河北衡水市冀州區）。

三月乙亥，京師地震。

夏四月癸卯，護羌校尉馬賢討燒當羌，大破之。

戊午，大赦天下。賜民爵及粟帛各有差。

五月戊辰，[1]封故濟北惠王壽子安爲濟北王。[2]

[1]【今注】案，大德本無“五月”二字。

[2]【今注】濟北王安：本書卷五五《濟北惠王壽傳》作“安國”，濟北節王劉登子，濟北哀王劉多兄弟。本爲戰鄉侯，因劉多無子，被晉封爲濟北王。立七年薨，謚號爲“鳌”，子孝王次嗣。王先謙《後漢書集解》引惠棟曰：“《傳》作安國。”曹金華《後漢書稽疑》謂：“《章帝八王傳》二作‘安國’，《質帝紀》作‘濟北王安薨’，未詳孰是。”（第128頁）

秋八月，太原郡旱，[1]民庶流冗。癸丑，遣光禄大夫案行稟貸，除更賦。

[1]【今注】太原郡：治晉陽縣（今山西太原市西南）。

冬十月戊午，校獵上林苑，[1]歷函谷關而還。[2]十一月丙寅，幸廣成苑。[3]

[1]【今注】校獵：打獵。《漢書》卷一〇《成帝紀》：“冬，行幸長楊宫，從胡客大校獵。”顔師古注：“校，謂以木自相貫穿爲闌校耳……校獵者，大爲闌校以遮禽獸而獵取也。” 上林苑：苑名。秦都咸陽時置，在今陝西西安市西渭水以南、終南山以北。秦惠文王時即開始興建。至秦始皇時，先後在上林苑中修建了朝宫和宏偉壯麗的阿房宫前殿，還修建了大量的離宫别館。西漢初荒廢。武帝時復加拓展，周圍擴至二百餘里。

[2]【今注】函谷關：關名。戰國秦置，在今河南靈寶市東北

三十里。西漢武帝元鼎三年（前114）徙函谷關於新安（今河南澠池縣東），以故關爲弘農縣。現僅存關門。

[3]【今注】廣成苑：亦作“廣城苑”，西漢置。在今河南汝州市西。

五年春二月戊申，京師地震。

夏四月庚子，中山王弘薨。[1]

[1]【今注】中山王弘：劉弘，中山夷王劉憲子，嗣中山王，在位二十二年薨（本傳誤作“二十八年”），謚號“孝”。事見本書卷四二《中山簡王焉傳》。

南匈奴左部句龍大人吾斯、車紐等叛，[1]圍美稷。[2]

[1]【今注】左部句龍大人：匈奴官號。亦稱“左部大人句龍”“左部句龍王”等，掌領其部人衆兵馬。　吾斯：東漢時南匈奴左部句龍大人。順帝永和五年（140），與句龍貴族車紐舉兵反漢，率三千騎攻西河，招誘右賢王，合兵七八千，圍美稷，殺朔方、代郡長史。五月，爲漢度遼將軍馬續及烏桓、鮮卑、羌胡兵所敗。九月，擁車紐爲單于，繼東引烏桓，西收羌、戎諸胡數萬人，破京兆虎牙營，殺上郡都尉及軍司馬，掠并、涼、幽、冀四州。十一月，爲漢使匈奴中郎將張耽敗於馬邑，車紐歸降，吾斯繼率所部攻擾漢邊。漢安元年（142），復與薁鞬臺耆、且渠伯德等掠并州。二年，被漢使匈奴中郎將馬寔遣人刺殺。詳見本書卷八九《南匈奴傳》。　車紐：東漢時南匈奴貴族。原爲左部句龍大人，順帝永和五年與吾斯等叛漢，侵擾西河，圍美稷，殺朔方、代郡長史。順帝遣使責讓單于，令相招降，單于被迫自殺。遂被吾斯等擁立爲單

于，聯絡烏桓、羌、胡等，攻破京兆虎牙營，侵擾并、涼、幽、冀四州。同年冬，爲東漢中郎將張耽所破，乃乞降。詳見本書《南匈奴傳》。

[2]【李賢注】美稷，縣，屬西河郡也。【今注】美稷：縣名。治所在今内蒙古准格爾旗西北。

五月，度遼將軍馬續討吾斯、車紐，破之，使匈奴中郎將陳龜迫殺南單于。[1]

[1]【今注】陳龜：字叔珍，上黨泫氏（今山西高平市）人。傳見本書卷五一。

己丑晦，日有食之。[1]

[1]【今注】案，食，殿本作“蝕”。

且凍羌寇三輔，殺令長。[1]

[1]【李賢注】且音子余反。【今注】且凍羌：西羌的一支。本書卷八七《西羌傳》：“五年夏，且凍、傅難種羌等遂反叛，攻金城，與西塞及湟中雜種羌胡大寇三輔，殺害長吏。”

丁丑，令死罪以下及亡命贖，各有差。

九月，令扶風、漢陽築隴道塢三百所，[1]置屯兵。

[1]【今注】扶風：右扶風。西漢在京畿地區設置的政區，爲三輔之一。武帝太初元年（前 104）改主爵都尉置，分右内史西半

部爲轄區，因地屬畿輔，故不稱郡。治長安縣（今陝西西安市西北）。東漢沿置，移治槐里縣（今陝西興平市東南）。　隴道：隴即隴山，位於今陝西、甘肅交界處，隴道當即隴山中的道路。　塢：土堡，小城。

辛未，太尉王龔罷。

且凍羌寇武都，燒隴關。[1]

[1]【李賢注】隴山之關也，今名大震關，在今隴州汧源縣西也。【今注】隴關：關隘名。即大震關。在今甘肅清水縣東北小隴山。漢於此置關。

壬午，太常桓焉爲太尉。

丁亥，徙西河郡居離石，[1]上郡居夏陽，[2]朔方居五原。[3]

[1]【李賢注】離石，縣名，在郡南五百九里，西河本都平定縣，至此徙於離石。【今注】西河：郡名。治平定縣（今内蒙古准格爾旗西南），東漢順帝永和五年（140）徙治離石（今山西吕梁市離石區）。　離石：縣名。爲西河郡治，治所在今山西吕梁市離石區。

[2]【今注】夏陽：縣名。治所在今陝西韓城市西南。

[3]【今注】五原：郡名。治九原縣（今内蒙古包頭市西）。

句龍吾斯等東引烏桓，西收羌胡，寇上郡，立車紐爲單于。冬十一月辛巳，遣使匈奴中郎將張耽擊破之，車紐降。

六年春正月丙子，征西將軍馬賢與且凍羌戰于射姑山，[1]賢軍敗没，安定太守郭璜下獄死。

[1]【今注】射姑山：古地名。王先謙《後漢書集解》引惠棟曰："《續志》射姑山在北地。"

詔貸王、侯國租一歲。

閏月，鞏唐羌寇隴西，[1]遂及三輔。

[1]【今注】鞏唐羌：西羌的一支。東漢順帝永和六年(141)，羌民起義軍在射姑山痛擊漢征西將軍馬賢後，其部三千餘騎進攻隴西（治所在今甘肅臨洮縣），入關中，燒漢皇室園林，殺郃陽縣令。後遭武威太守趙沖將河西四郡兵追擊，死四百餘人，失畜一萬八千餘頭，羌衆兩千餘人歸降。

二月丁巳，有星孛于營室。[1]

[1]【今注】星孛：光芒四射的彗星。孛，彗星之别稱。古以彗星爲不祥，預兵戎之災。　營室：星宿名。即室宿，亦作"定星"，二十八宿之一，屬北方玄武七宿。本書《天文志中》："六年二月丁巳，彗星見東方，長六七尺，色青白，西南指營室及墳墓星……營室者，天子常宫。墳墓主死。彗星起而在營室、墳墓，不出五年，天下有大喪。後四年，孝順帝崩。"

三月，武都太守趙中討鞏唐羌，[1]破之。

[1]【今注】案，中，紹興本、大德本、殿本作"沖"。王先

謙《後漢書集解》引惠棟曰："《應奉》及《西羌傳》皆作'武威'。胡三省云，詔沖督河西四部兵，爲節度。則'武威太守'爲是。武都西北接漢陽，東北接扶風，南接漢中，無緣遠督河西四郡兵也。"中華本據此將"武都"改爲"武威"。趙沖，東漢將領。順帝永和六年（141）爲武威太守。時鞏唐羌内侵，沖破之。順帝命其擔任護羌校尉。漢安二年（143），與漢陽太守張貢一起討伐燒何羌人，並在參縣之戰中擊破燒何羌。後來趙沖負責節制督率河西四郡的地方軍隊。開始，趙沖在戰爭中曾多次獲勝，但在沖帝建康元年（144）春，在建威鸇陰河一次戰役中遭到叛羌的伏擊，陣亡。

庚子，司空郭虔免。
丁巳，[1]河間王政薨。[2]

[1]【今注】案，丁巳，中華本改爲"乙巳"，校勘記謂"據張森楷《校勘記》改。按：是年三月乙酉朔，以下云'丙午'推之，當作'乙巳'"。

[2]【今注】河間王政：劉政，河間孝王劉開子，嗣河間王。立十年薨，謚號"惠"，子貞王建嗣。詳見本書卷五五《河間孝王開傳》。

丙午，太僕趙戒爲司空。[1]

[1]【李賢注】戒字志伯，蜀郡成都人也。【今注】案，太，紹興本作"大"。　趙戒：字志伯，蜀郡成都（今四川成都市武侯區）人。博學明經，舉孝廉，遷荆州刺史。梁商弟讓爲南陽太守，恃椒房之寵，不奉法，爲戒劾奏。東漢順帝永和六年（141），累官至太尉。質帝卒，懾於梁冀權勢，定策立桓帝，封厨亭侯。

夏五月庚子，齊王無忌薨。[1]

[1]【今注】齊王無忌：劉無忌，齊煬王劉石孫，蕪湖侯劉晃子，永元二年（90）東漢和帝復封劉無忌爲齊王，在位五十二年薨，謚號“惠王”。事見本書卷一四《齊武王縯傳》。

使匈奴中郎將張耽大破烏桓、羌胡於天山。[1]

[1]【李賢注】《東觀記》曰：“耽將吏兵，繩索相懸，上通天山。”

鞏唐羌寇北地。[1]

[1]【今注】案，鞏唐羌，王先謙《後漢書集解》引惠棟曰：“《考異》云《西羌傳》作罕種羌。”

秋七月甲午，詔假民有貲者户錢一千。[1]

[1]【今注】貲：財産。

八月丙辰，大將軍梁商薨；壬戌，河南尹梁冀爲大將軍。[1]

[1]【今注】河南尹：官名。東漢光武帝建武十五年（39）置，爲京都雒陽所在之河南郡長官，二千石，有丞一員，爲其副貳。主掌京都事務。春行屬縣，勸農桑，振乏絶。秋冬案訊囚徒，平其罪法。歲終遣吏上計。並舉孝廉，典禁兵。　梁冀：字伯卓，

梁統玄孫。東漢權臣。傳見本書卷三四。

九月，諸種羌寇武威。[1]

［1］【今注】武威：郡名。治姑臧縣（今甘肅武威市西北）。

辛亥晦，[1]日有食之。[2]

［1］【今注】晦：每月最後一天。

［2］【今注】案，食，大德本、殿本作“蝕”。

冬十月癸丑，徙安定居扶風，北地居馮翊。

十一月庚子，以執金吾張喬行車騎將軍事，[1]將兵屯三輔。

［1］【今注】行：漢代官吏兼任術語。又稱“兼行”。常在兼官名下加“事”。“行某官事”指某官臨時代行某官的事務。所代行之官，多爲雖有本官，但本官多因休假、出差等，不在署辦公，故由他官臨時代爲處理其事務。〔參見［日］大庭脩著，徐世虹等譯《漢代官吏的兼任》，載《秦漢法制史研究》，第382—385頁〕

漢安元年春正月癸巳，[1]宗祀明堂，大赦天下，改元漢安。

［1］【今注】漢安：東漢順帝劉保年號（142—144）。

二月丙辰，[1]詔大將軍、公、卿舉賢良方正、能探賾索隱者各一人。[2]

[1]【今注】案，二月，大德本作“一月”。
[2]【李賢注】賾，幽深也。索，求也。

秋七月，始置承華廄。[1]

[1]【李賢注】《東觀記》曰：“時以遠近獻馬衆多，園廄充滿，始置承華廄令，秩六百石。”【今注】承華廄：漢代養馬機構，其長官稱令，也稱承華廄令，掌養護馬匹。西漢即存在承華廄。《漢書·百官公卿表上》：“（太僕）又龍馬、閑駒、橐泉、騊駼、承華五監長丞。”

八月，南匈奴左部大人句龍吾斯與薁鞬臺耆等反叛。[1]

[1]【李賢注】薁音於六反。鞬音居言反。

丁卯，遣侍中杜喬、光禄大夫周舉、守光禄大夫郭遵、馮羡、欒巴、張綱、周栩、劉班等八人分行州郡，[1]班宣風化，舉實臧否。[2]

[1]【今注】杜喬：字叔榮，河内林慮（今河南林州市）人。傳見本書卷六三。　周舉：字宣光，汝南汝陽（今河南商水縣西北）人。陳留太守周防之子。傳見本書卷六一。　案，曹金華《後漢書稽疑》謂，《周舉傳》載時舉爲諫議大夫，及詔遣八使巡行風

俗，乃拜侍中，此作“光禄大夫”異也。又《崔駰傳》作“光禄大夫杜喬爲八使”，《种暠傳》作“時所遣八使光禄大夫杜喬、周舉等”，似杜喬爲光禄大夫。《集解》引洪亮吉説，謂“光禄大夫周舉”由舉後所歷官言，其説應是。（第129頁）　守：有多種含義。第一種爲試守，即類似於今之“試用”，一般是試守一歲，即試用期一年，稱職者即可爲“真”。文獻中有“入守某官，滿歲稱職爲真”的記載。（參見安作璋、熊鐵基《秦漢官制史稿》，第854—855頁）第二種是代理，即代理某官。由於本官不在而代理之，代理者是一人兼自身所任本官以及所代理之官二官〔參見［日］大庭脩著，徐世虹等譯《漢代官吏的兼任》，載《秦漢法制史研究》，第371—385頁〕。第三種是守官。睡虎地秦簡《秦律十八種·置吏律》：“官嗇夫節（即）不存，令君子毋（無）害者若令史守官，毋令官佐、史守。”《内史雜》：“苑嗇夫不存，縣爲置守，如廄律。”（參見睡虎地秦墓竹簡整理小組《睡虎地秦墓竹簡》，文物出版社1990年版，第56、62頁）學者認爲，“守官”之“守”的含義是居守。守官是某機構長官在職不在署時，臨時居守於某機構。〔參見王偉《秦守官、假官制度綜考——以秦漢簡牘資料爲中心》，《簡帛研究（二〇一六秋冬卷）》〕里耶秦簡9—50簡有：“廿四年二月丙辰朔乙亥，貳春鄉守平敢言之：廷令平代鄉兹，守貳春鄉……今兹繇使未歸。”説明“守”是指某機構長吏因出差等原因不在官署時，由他吏臨時代理其居守於官府，處理其相關事務。　郭遵：太原晉陽（今山西太原市）人，曾任兖州刺史。東漢順帝漢安元年（142）與侍中周舉、杜喬及欒巴、張綱等八人同拜守光禄大夫，分赴天下，巡行風俗，時人號曰“八俊”。　馮羡：曾任青州刺史、守光禄大夫，爲八俊之一。　欒巴：字叔元，魏郡内黄（今河南内黄縣西北）人。傳見本書卷五七。　張綱：字文紀，犍爲武陽（今四川眉山市彭山區）人，張皓子。傳見本書卷五六。

［2］【今注】臧否：善惡、得失。

九月，[1]廣陵盜賊張嬰等寇郡縣。[2]

[1]【今注】案，紹興本、殿本“九月”後有“庚寅”。

[2]【今注】張嬰：廣陵人。本書卷五六《張綱傳》：“時廣陵賊張嬰等衆數萬人，殺刺史、二千石，寇亂揚徐間，積十餘年，朝廷不能討。”

冬十月辛未，太尉桓焉、司徒劉壽免。甲戌，行車騎將軍張喬罷。十一月壬午，司隸校尉趙峻爲太尉，大司農胡廣爲司徒。[1]

[1]【李賢注】峻字伯師，下邳徐人也。【今注】趙峻：字伯師，下邳徐（今江蘇泗洪縣南）人。以才器稱。東漢順帝末以司隸校尉遷太尉。沖帝即位遷太傅，掌朝政。 胡廣：字伯始，南郡華容（今湖北潛江市）人。傳見本書卷四四。

癸卯，詔大將軍、三公選武猛試用有效驗任爲將校者各一人。

是歲，廣陵賊張嬰等詣太守張綱降。[1]

[1]【今注】案，關於張綱招降張嬰事，亦見本書卷五六《張綱傳》。

二年春二月丙辰，鄯善國遣使貢獻。[1]

[1]【今注】鄯善國：古國名。漢西域三十六國之一。本名“樓蘭”。西漢昭帝元鳳四年（前77）改名“鄯善”。都城在扜泥城

（今新疆若羌縣東北羅布泊西岸）。

夏四月庚戌，護羌校尉趙沖與漢陽太守張貢擊燒當羌於參䜌，破之。[1]

［1］【李賢注】參䜌，縣，屬安定郡。䜌音力全反。【今注】案，王先謙《後漢書集解》引胡三省曰："'當'當作'何'，燒當、燒何，羌兩種也。"中華本據此將"燒當"改爲"燒何"。參䜌：縣名。本屬安定郡，東漢順帝永建四年（129）安定、北地回歸時别隸北地郡，治所在今甘肅環縣南部一代（參見周振鶴、李曉傑、張莉《中國行政區劃通史·秦漢卷》，復旦大學出版社2017年版，第890—891頁）。

六月乙丑，熒惑犯鎮星。[1]

［1］【今注】鎮星：星名。即今土星。古代以爲土星每二十八年運行一周天，好像每年坐鎮二十八宿中的一宿，故名。本書《天文志中》："六月乙丑，熒惑光芒犯鎮星……熒惑犯鎮星爲大人忌。"相關徵驗爲順帝、沖帝連續駕崩。

丙寅，立南匈奴守義王兜樓儲爲南單于。[1]

［1］【今注】案，王先謙《後漢書集解》引惠棟曰："《袁宏紀》在元年六月。"曹金華《後漢書稽疑》指出，守義王，《後漢紀》卷一九作"立義王"，又謂漢安元年六月立於京師，而《南匈奴傳》同本紀，作"漢安二年"（第129頁）。 兜樓儲：呼蘭若尸逐就單于兜樓儲，亦稱"南匈奴守義王""南匈奴單于"。休利

死後，南匈奴各部對東漢朝廷或降或叛，東漢順帝於京師立其爲單于，並派軍送還南庭。立五年卒。詳見本書卷八九《南匈奴傳》。

冬十月辛丑，令郡國中都官繫囚殊死以下出縑贖，[1]各有差；其不能入贖者，遣詣臨羌縣居作二歲。[2]

［1］【今注】縑：一種雙絲的細絹。《説文·系部》："縑，並絲繒也。"《漢書》卷九七上《外戚傳上》："媪爲翁須作縑單衣，送仲卿家。" 顔師古注："縑即今之絹也，音兼。"

［2］【今注】臨羌縣：縣名。治所在今青海湟源縣東南。　居作：刑罰名。即在官府從事勞役，以抵償與官府發生的債務。出土文獻中多稱爲"居"，如睡虎地秦簡《秦律十八種·金布律》："及隸臣妾有亡公器、畜生者，以其日月減其衣食，毋過三分取一，其所亡衆，計之，終歲衣食不足以稍賞（償），令居之，其弗令居之，其人死亡，令其官嗇夫及吏主者代賞（償）之。"（參見睡虎地秦墓竹簡整理小組《睡虎地秦墓竹簡》，第38頁）張家山漢簡《二年律令·田律》："貧弗能償者，令居縣官。"〔參見彭浩、陳偉、［日］工藤元男主編《二年律令與奏讞書——張家山二四七號漢墓出土法律文獻釋讀》，第192頁〕前人多認爲"居作"與"罰作"近似，是一種法律直接判決的輕度勞役刑。然有學者認爲，"居作"之"居"當訓爲"賣"，"居作"即通過出賣勞動力來攢錢償還債務，具體來説，就是用勞役或戍邊來抵償債務、贖罪錢、罰款（參見安忠義《秦漢簡牘中的作刑》，《魯東大學學報》2010年第6期）。案，出土簡牘中的"居"，一般稱爲"居貲、贖、債"，貲是罰款，贖是贖金，債是債務，這是民衆與官府之間産生的三種主要債務關係，當民衆無法償還時，官府即命令其通過居作來抵償。故居作並非法律直接判處的刑罰，而是一種替代性的懲罰措施。

甲辰，減百官奉。丙午，禁沽酒，[1]又貸王、侯國租一歲。

[1]【今注】沽酒：賣酒。

閏月，趙沖擊燒當羌於阿陽，破之。[1]

[1]【李賢注】阿陽，縣，屬天水郡，故城在今秦州隴城縣西北（州隴城，大德本作"川龍成"）。【今注】阿陽：縣名。治所在今甘肅静寧縣西南。　案，王先謙《後漢書集解》："阿陽，官本作河陽，注作河陽縣，屬天水郡，故城在今秦州隴城縣西北。錢大昭曰：'阿陽，監本作河陽，誤。官本蓋沿監本之失。而《西羌傳》仍作阿陽，注亦仍作屬漢陽郡，不誤也。惟此本《西羌傳》文、注阿又皆作河，彼此互歧。考明帝永平十七年已改天水爲漢陽，不應注仍稱天水，此自官本之誤。唐隴城縣自屬隴右道秦州，而作秦川，又此本之誤，或刻本字殘缺耳。《前志》天水，《續志》漢陽，均止有阿陽，則二本作河陽者皆誤。觀《通鑑》亦作阿陽，胡注引章懷此注亦作秦州，足以訂二本之誤矣。'"

十一月，使匈奴中郎將馬寔遣人刺殺句龍吾斯。

十二月，楊、徐盜賊攻燒城寺，[1]殺略吏民。[2]

[1]【今注】案，楊，大德本、殿本作"揚"。　寺：官署。《説文·寸部》："寺，廷也。有法度者也。從寸之聲。"《漢書》卷九《元帝紀》："（初元二年）乃二月戊午，地震于隴西郡，毀落太上皇廟殿壁木飾，壞敗獂道縣城郭官寺及民室屋，壓殺人衆。"顔師古注："凡府庭所在皆謂之寺。"

[2]【今注】殺略：亦作"殺掠"，殺戮擄掠。

是歲，涼州地百八十震。

建康元年春正月辛丑，[1]詔曰："隴西、漢陽、張掖、北地、武威、武都，[2]自去年九月已來，地百八十震，山谷坼裂，壞敗城寺，殺害民庶。夷狄叛逆，賦役重數，内外怨曠，[3]惟咎歎息。其遣光禄大夫案行，宣暢恩澤，惠此下民，勿爲煩擾。"

[1]【今注】建康：東漢順帝劉保年號（144）。
[2]【今注】張掖：郡名。治觻得縣（今甘肅張掖市西北）。
[3]【今注】怨曠：長期别離。

三月庚子，沛王廣薨。[1]

[1]【今注】沛王廣：劉廣，沛節王劉正子，嗣沛王位，在位三十五年薨，謚號"孝"。事見本書卷四二《沛獻王輔傳》。

領護羌校尉衛瑶追討叛羌，破之。[1]

[1]【李賢注】瑶音居。【今注】領：指兼領，即已有主官主職，又領他官他職而不居其位者。東漢的領又有暫守之意。（參見安作璋、熊鐵基《秦漢官制史稿》，第857—859頁）　案，曹金華《後漢書稽疑》指出，"衛瑶"，《西羌傳》作"衛瑶"（第130頁）。

南郡、江夏盜賊寇掠城邑，州郡討平之。

夏四月，使匈奴中郎將馬寔擊南匈奴左部，破之，於是胡羌、烏桓悉詣寔降。

辛巳，立皇子炳爲皇太子，[1]改年建康，大赦天下。賜人爵各有差。

[1]【今注】皇子炳：劉炳，東漢沖帝，公元144年至145年在位。紀見本書卷六。

秋七月丙午，[1]清河王延平薨。[2]

[1]【今注】案，七，紹興本作“十”。

[2]【今注】清河王延平：樂安夷王劉寵子。東漢安帝永初三年（109），清河湣王劉虎威去世，因無子。鄧太后復立劉延平爲清河王，是爲清河恭王。在位三十五年薨，子劉蒜嗣位。事見本書卷五五《清河孝王慶傳》。

八月，楊、徐盜賊范容、周生等寇掠城邑，[1]遣御史中丞馮赦督州郡兵討之。[2]

[1]【今注】案，楊，殿本作“揚”。

[2]【今注】御史中丞：官名。西漢始置，爲御史大夫副貳，秩千石。居宫中蘭臺，爲宫掖近臣。其主要職掌爲監察、執法，掌管蘭臺所藏圖籍秘書、文書檔案。外督諸監郡御史（武帝以後爲諸州刺史），監察考核郡國行政；内領侍御史十五員，監督殿庭、典禮威儀，受公卿奏事，關通中外朝；考核四方文書計簿，劾按公卿章奏，監察、糾劾百官；参治刑獄，收捕罪犯等。漢初百官奏議先呈御史大夫，經由中丞，始得上呈；皇帝詔命經中丞傳達御史大

夫，始得轉達丞相執行，故比御史大夫更接近皇帝。武帝以後，章奏詔命出納之職移歸尚書、中書，又增丞相司直、司隸校尉監察京師百官，然仍以中丞爲最尊。成帝改御史大夫爲大司空後，中丞曾改名“大司空長史”“御史長史”，實爲諸御史之長。東漢時獨立爲御史臺長官，秩千石。名義上隸少府，專掌監察、執法，領治書侍御史、侍御史，常受命領兵，出督軍旅。與司隸校尉、尚書令並號“三獨坐”，爲京師顯官，職權甚重。〔參見吕宗力主編《中國歷代官制大辭典》（修訂版），第858頁〕《漢書·百官公卿表上》：“（御史大夫）有兩丞，秩千石。一曰中丞，在殿中蘭臺，掌圖籍秘書，外督部刺史，内領侍御史員十五人，受公卿奏事，舉劾按章。” 案，王先謙《後漢書集解》引惠棟説，認爲“馮赦”當爲“馮緄”，《袁宏紀》作“馮放”，亦誤。

庚午，帝崩于玉堂前殿，[1]時年三十。遺詔無起寢廟，斂以故服，珠玉玩好皆不得下。

［1］【今注】玉堂前殿：玉堂殿，洛陽南宫宫殿名。“玉堂”即以白色玉石爲材料建築的殿堂，西漢未央宫和建章宫中皆有。東漢洛陽南宫玉堂殿分爲前、後兩殿，部門爲玉堂署，設有署長一人，爲宦官。東漢順帝、沖帝、質帝均居住於玉堂殿，玉堂殿爲禁省。（參見宋傑《黄門與禁省——漢代皇帝宫内居住區域考辨》，《南都學壇》2020年第5期）

論曰：古之人君，離幽放而反國祚者有矣，莫不矯鑒前違，[1]審識情僞，[2]無忘在外之憂，[3]故能中興其業。[4]觀夫順朝之政，殆不然乎？何其儆僻之多與？[5]

［1］【今注】違：過失。

［2］【今注】情僞：真假。

［3］【李賢注】離，遭也。矯，正也。《左傳》曰："晉侯在外十九年矣，險阻艱難備嘗之矣，人之情僞盡知之矣。"

［4］【今注】中興：指國家由衰退而復興。

［5］【李賢注】殆，近也。言順帝傚前之僻，不能改正也。【今注】傚僻：指仿效以前的邪僻。

孝沖皇帝諱炳，[1]順帝之子也。母曰虞貴人。[2]

［1］【李賢注】《謚法》曰："幼少在位曰沖。"司馬彪曰："沖幼早夭，故謚曰沖。"伏侯《古今注》曰："炳之字曰明。"

［2］【今注】虞貴人：一般稱"虞美人"，東漢順帝時以良家子年十三選入掖庭，生沖帝，又生女舞陽長公主。順帝時既未加美人爵號，而沖帝早夭，梁冀專政，受到壓抑，未有爵號，祇稱"大家"。詳見本書卷一〇下《皇后紀下》。

建康元年立爲皇太子，其年八月庚午，即皇帝位，年二歲。尊皇后曰皇太后。太后臨朝。

丁丑，以太尉趙峻爲太傅；大司農李固爲太尉，[1]參録尚書事。

［1］【今注】李固：字子堅，漢中南鄭（今陝西漢中市）人。傳見本書卷六三。

九月丙午，葬孝順皇帝于憲陵，[1]廟曰敬宗。

［1］【李賢注】在洛陽西十五里，陵高八丈四尺，周三百步。【今注】憲陵：東漢順帝劉保的陵墓。在今河南洛陽市東北漢魏故城西北三十里鋪一帶。

是日，京師及太原、鴈門地震，[1]三郡水涌土裂。

［1］【今注】鴈門：郡名。治善無縣（今山西右玉縣西北）。

庚戌，詔三公、特進、侯、卿、校尉，舉賢良方正、幽逸修道之士各一人，百僚皆上封事。

己未，九江太守丘騰有罪，下獄死。[1]

［1］【李賢注】《東觀記》曰"騰知罪法深大，懷挾姦巧，稽留道路，下獄死"也（大德本、殿本無"也"字）。

楊州刺史尹耀、九江太守鄧顯討賊范容等於歷陽，[1]軍敗，耀、顯爲賊所殁。

［1］【今注】案，楊，殿本作"揚"。　歷陽：縣名。治所在今安徽和縣西。

冬十月，日南蠻夷攻燒城邑，交阯刺史夏方招誘降之。[1]

［1］【今注】夏方：九江人。曾任交阯刺史，東漢順帝建康元年（144），日南蠻夷攻燒城邑，夏方招誘降之。鄧太后美其功，遷

爲桂陽太守。桓帝延熹三年（160），九真郡反，朝廷復命夏方爲交阯刺史，叛軍二萬餘人投降夏方。本書卷八六《南蠻傳》："建康元年，日南蠻夷千餘人復攻燒縣邑，遂扇動九真，與相連結。交阯刺史九江夏方開恩招誘，賊皆降服。時梁太后臨朝，美方之功，遷爲桂陽太守。"

壬申，常山王儀薨。[1]

[1]【今注】常山王儀：劉儀，常山靖王劉章子。襲爵常山王，在位十七年薨，謚號"頃"。子劉豹嗣位。事見本書卷五〇《淮陽頃王昞傳》。

己卯，零陵太守劉康坐殺無辜，[1]下獄死。

[1]【今注】零陵：郡名。治泉陵縣（今湖南永州市零陵區）。殺無辜：秦漢罪名。一般指審理案件不公，將無罪者處以死罪的行爲。

十一月，九江盜賊徐鳳、馬勉等稱"無上將軍"，攻燒城邑。

己酉，令郡國中都官繫囚減死一等，徙邊；謀反大逆，不用此令。

十二月，九江賊黄虎等攻合肥。[1]

[1]【今注】合肥：縣名。治所在今安徽合肥市蜀山區。

是歲，群盜發憲陵。護羌校尉趙沖追擊叛羌於鸇陰河，戰歿。[1]

[1]【李賢注】涼州姑臧縣東南有鸇陰縣故城（臧，大德本作“藏”），因水以爲名。【今注】鸇陰河：河段名。指今甘肅景泰、靖遠二縣間之黄河河段。漢、魏時，爲鸇陰縣所轄，因以爲名。　案，歿，大德本作“死”。

永嘉元年春正月戊戌，[1]帝崩于王堂前殿，[2]年三歲。清河王蒜徵至京師。[3]

[1]【今注】永嘉：東漢沖帝劉炳年號（145）。沖帝年號有“永嘉”“元嘉”“永憙”“永熹”四説。“永嘉”在正史傳抄諸本中最爲常見，“元嘉”衹見於袁宏《後漢紀》。南宋淳熙年間曾出土書有“永憙”年號的石刻，學者史勤齋據此認爲“永嘉”乃“永憙”（或“永熹”）之誤，後有清一代有五位學者贊同此説，此説遂爲人們普遍接受。然有學者指出，“永憙”説所依據的石刻資料和傳世文獻證據皆存在問題，漢沖帝年號仍當以“永嘉”爲正。（參見劉浦江《漢沖帝永嘉年號辨》，《古籍整理研究學刊》1992年第4期）案，嘉，大德本作“喜”。

[2]【今注】案，王，紹興本、大德本、殿本作“玉”，底本誤。

[3]【今注】清河王蒜：劉蒜，清河恭王劉延平子，嗣清河王位。東漢永嘉元年（145）沖帝去世，太尉李固欲立劉蒜爲帝，徵蒜詣京師。但大將軍梁冀與梁太后共立質帝，劉蒜衹得返回封國。桓帝建和元年（147）甘陵人劉文與南郡人劉鮪勾結，欲立劉蒜爲帝。事情敗露，朝廷誅殺二人。劉蒜受到牽連，被貶爵爲尉氏侯，流放桂陽。劉蒜於是自殺而死。立三年，國絶。事見本書卷五五《清河孝王慶傳》。

孝質皇帝諱纘，[1]肅宗玄孫。[2]曾祖父千乘貞王伉，[3]祖父樂安夷王寵，[4]父勃海孝王鴻，母陳夫人。[5]沖帝不豫，[6]大將軍梁冀徵帝到洛陽都亭。[7]及沖帝崩，皇太后與冀定策禁中，[8]丙辰，使冀持節，以王青蓋車迎帝入南宫。[9]下巳，[10]封爲建平侯，其日即皇帝位，年八歲。

[1]【李賢注】《謚法》："忠正無邪曰質。"《古今注》曰："纘之字曰繼。"

[2]【今注】肅宗：東漢章帝劉炟，公元75年至88年在位。紀見本書卷三。　玄孫：即孫之孫，四世孫。

[3]【今注】千乘貞王伉：劉伉，東漢章帝長子。傳見本書卷五五。

[4]【今注】樂安夷王寵：劉寵，東漢章帝孫，千乘貞王劉伉子。和帝永元五年（93）劉伉去世，襲封千乘王。永元七年改國名樂安國，爲樂安王。在位二十八年薨，謚號爲"夷"。事見本書卷五五《千乘貞王伉傳》。

[5]【今注】陳夫人：魏郡（今河北臨漳縣）人。少以聲伎入孝王宫，得幸，生質帝，因梁太后、梁冀專政，未有封號。詳見本書卷一〇下《皇后紀下》。

[6]【今注】不豫：不舒服。表示天子有疾的專有名詞。豫，安樂。《尚書·金滕》："王有疾，弗豫。"清華大學藏戰國竹簡《保訓》有"惟王五十年，不豫"。

[7]【今注】都亭：秦漢"亭"之一種，與"鄉亭"相對，指城中之亭。"都亭"爲國都、郡縣治所及封國治所所在都會及城市里的亭的總稱。一個城市包括多個"都亭"，如洛陽城内有十二條街，每街有一個都亭。都亭所在，置有"建鼓"，爲"召集號令"之所，又有亭舍，可供往來官吏及其家屬住宿之用。都亭又有比較

牢固的建築，可駐軍，表明其地位衝要和面積寬廣，是軍事上的必爭之地。都亭的周圍還有一片可供耕作的國有土地。（參見高敏《秦漢“都亭”考略》，《學術研究》1985 年第 5 期）

[8]【今注】定策：漢代皇帝不能按正常程序承繼時，由大臣參與議立，將此事寫在簡策上，告於宗廟，即稱定策（參見林甘泉主編《中國歷史大辭典·秦漢史》，第 287 頁）。 禁中：漢代皇宮中的特定區域，一般指帝王所居的深宫、中宫，有“禁門”出入。蔡邕《獨斷》卷上：“禁中者，門户有禁，非侍御者不得入，故曰禁中。”陳蘇鎮認爲，東漢的“禁中”是“殿中”深處禁衞等級更高的另一個區域，衹有極少的侍從類宦官纔能進入禁中（參見陳蘇鎮《東漢的“殿中”和“禁中”》，《中華文史論叢》2018 年第 1 期）。蔡邕《獨斷》卷上：“漢天子正號曰皇帝……所居曰禁中，後曰省中。”然陳蘇鎮認爲“省中”與“禁中”是皇宮中的不同區域。

[9]【今注】青蓋車：東漢皇太子、皇子所乘之車。本書《輿服志上》：“皇太子、皇子皆安車，朱班輪，青蓋，金華蚤，黑櫎文，畫轓文輈，金塗五末。皇子爲王，錫以乘之，故曰王青蓋車。”

[10]【今注】案，下，紹興本、大德本、殿本作“丁”，底本誤。

己未，葬孝沖皇帝于懷陵。[1]

[1]【李賢注】在洛陽西北十五里，伏侯《古今注》曰：“高四丈六尺，周百八十三步。”【今注】懷陵：東漢沖帝劉炳陵，在今河南洛陽市東北漢魏故城西北三十里鋪一帶。

廣陵賊張嬰等復反，攻殺堂邑、江都長。[1]九江賊徐鳳等攻殺曲陽、東城長。[2]

［1］【李賢注】堂邑，縣，屬廣陵郡，今楊州六合縣也（楊，大德本、殿本作“揚”）。【今注】堂邑：縣名。治所在今江蘇南京市六合區西北。王先謙《後漢書集解》引錢大昭曰：“堂邑當稱令，《費鳳碑》《鐘離意傳》並云堂邑令。”

［2］【李賢注】曲陽，縣，屬九江郡，在淮曲之陽（曲，大德本作“西”），故城在今豪州定遠縣西北。東城，縣，故城在定遠縣東南也。【今注】曲陽：縣名。亦稱“西曲陽”，治所在今安徽淮南市東。曹金華《後漢書稽疑》認爲，據《郡國志》載，下邳國有曲陽縣，九江郡有西曲陽縣，而正文作“殺曲陽、東城長”，東城也屬下邳國，故曲陽非九江郡之西曲陽也，而是下邳國之曲陽縣（第131頁）。案，下邳國之曲陽縣，在今江蘇沭陽縣東南。　東城：縣名。亦作“東成”。治所在今安徽定遠縣東南。

甲申，謁高廟，乙酉，謁光武廟。

二月，豫章太守虞續坐贓，[1]下獄死。

［1］【今注】豫章：郡名。治南昌縣（今江西南昌市東湖區）。　坐贓：秦漢類罪名。贓指贓罪，一般指貪污賄賂類犯罪。

乙酉，大赦天下，賜人爵及粟帛各有差。還王侯所削户邑。

彭城王道薨。[1]

［1］【今注】彭城王道：劉道，彭城靖王劉恭子，襲父爵爲彭城王，在位二十八年薨，謚號“孝”，子劉定繼位。事見本書卷五〇《彭城靖王恭傳》。

叛羌詣左馮翊梁並降。

三月，九江賊馬勉稱“黄帝”。[1]九江都尉滕撫討馬勉、范容、周生，大破斬之。[2]

[1]【今注】案，九江，中華本校勘記按：“《袁紀》‘九江’作‘揚州’。”黄帝，大德本、殿本作“皇帝”。

[2]【李賢注】《東觀記》曰：“傳勉頭及所帶玉印、鹿皮冠、黄衣詣洛陽，詔懸夏城門外，章示百姓。”【今注】滕撫：字叔輔，北海劇（今山東昌樂縣西北）人。傳見本書卷三八。

夏四月壬申，雩。

庚辰，濟北王安薨。

丹陽賊陸宫等圍城，[1]燒亭寺，丹陽太守江漢擊破之。

[1]【今注】丹陽：郡名。亦作“丹揚”，治宛陵縣（今安徽宣城市宣州區）。

五月甲午，詔曰：“朕以不德，託母天下，布政不明，每失厥中。自春涉夏，大旱炎赫，[1]憂心京京，[2]故得禱祈明祀，[3]冀蒙潤澤。[4]前雖得雨，而宿麥頗傷；比日陰雲，[5]還復開霽。[6]寤寐永歎，重懷慘結。[7]將二千石、令長不崇寬和，暴刻之爲乎？其令中都官繫囚罪非殊死考未竟者，一切任出，以須立秋。[8]郡國有名山大澤能興雲雨者，二千石長吏各絜齊請禱，[9]謁誠盡禮。又兵役連年，死亡流離，或支骸不斂，[10]或停棺莫收，朕甚愍焉。昔文王葬枯骨，人賴其德。[11]今遣使者案行，若無家屬及貧無資者，隨宜賜邺，以慰孤魂。”

［1］【今注】炎赫：熾熱。

［2］【李賢注】《爾雅》曰：“京京，憂也。”

［3］【今注】案，王先謙《後漢書集解》引劉攽曰：“案文云‘得’，無理，當是‘復’字。”

［4］【今注】冀：希望。

［5］【今注】比日：連日。

［6］【今注】霽：雨止。

［7］【李賢注】寤，覺也。寐，卧也（卧，大德本作“思”）。《詩》曰：“寤寐永歎，唯憂用老。”【今注】寤寐永歎：今本《詩·小雅·小弁》有“假寐永歎，維憂用老”與李賢注不同。

［8］【李賢注】任，保也。【今注】任出：秦漢司法程序，即經擔保而臨時釋放，類似今天的取保候審。通過長沙五一廣場東漢簡牘，可以見到東漢時期在羈押待審階段存在“任”或“保任”的司法程序，即通過擔保來臨時釋放在押罪犯。“保任”需要提供擔保文書，稱爲“具任”，擔保文書需要個人手書或以印章爲信，文書的内容是擔保被擔保人“不逃亡”而“徵召可得”。（參見李均明《東漢時期的候審擔保——五一廣場東漢簡牘“保任”解》，《湖南大學學報》2017年第5期）　案，須，紹興本作“湏”。

［9］【今注】絜齊：齊，大德本、殿本作“齋”，是。絜齋，潔浄齋戒，即祭祀前沐浴素食，潔浄身心以示莊敬。

［10］【今注】支骸：肢體骸骨。謂尸體。

［11］【李賢注】《吕氏春秋》曰：“周文王使人掘地，得死人骸。文王曰：‘更葬之。’吏曰：‘此無主。’文王曰：‘有天下者，

天下之主，今我非其主邪?’遂令吏以衣棺葬之。天下聞之，曰：‘文王賢矣。澤及枯骨，又況人乎!’”

是月，下邳人謝安應募擊徐鳳等，[1]斬之。

[1]【今注】下邳：國名。治下邳縣（今江蘇邳州市南）。應募：募的含義是“廣求”。漢代存在募兵制，募求對象爲作戰勇敢或具有特殊技能者，募兵出於自願，且提供報酬。此外，漢代還招募人員從事其他事項。“應募”即響應官府招募而參加軍隊或從事其他特殊任務（參見楊鴻年《募》，載《漢魏制度叢考》，第266—276頁）。

丙辰，詔曰：“孝殤皇帝雖不永休祚，[1]而即位踰年，[2]君臣禮成。孝安皇帝承襲統業，而前世遂令恭陵在康陵之上，[3]先後相踰，失其次序，非所以奉宗廟之重，垂無窮之制。昔定公追正順祀，《春秋》善之。[4]其令恭陵次康陵，憲陵次恭陵，以序親秩，爲萬世法。”

[1]【今注】孝殤皇帝：東漢殤帝劉隆，公元105年至106年在位。紀見本書卷四。　永：長。　祚：帝位。

[2]【今注】踰：越過，超過。

[3]【今注】康陵：東漢殤帝劉隆陵。在今河南洛陽市東北漢魏故城南。

[4]【李賢注】魯閔公立二年而薨，次僖公立，僖雖是閔庶兄，然嘗爲閔臣（嘗，殿本作“常”），位次當在閔下。後文公即位，乃進僖公神位居閔之上，《左傳》曰：“躋僖公，逆祀也。”

定公八年《經》書“從祀先公”。從，順也。順祀謂退僖神位於閔下。《穀梁》曰：“從祀先公，貴正也。”【今注】春秋：亦稱《春秋經》，儒家經典之一，傳爲孔子編定。魯國史書，記述自魯隱公元年（前722）至魯哀公十四年（前481）的史事，記事極簡短。西漢以後被列爲五經之一。

六月，鮮卑寇代郡。

秋七月庚寅，阜陵王代薨。[1]

[1]【今注】阜陵王代：劉代，阜陵懷王劉恢子，嗣王位，在位十四年薨，謚號“節”。死後無子，國絶。事見本書卷四二《阜陵質王延傳》。

廬江盜賊攻尋陽，[1]又攻盱台，[2]滕撫遣司馬王章擊破之。[3]

[1]【今注】尋陽：縣名。治所在今湖北武穴市東北。

[2]【李賢注】音吁夷，今楚州縣也。【今注】盱台：縣名。治所在今江蘇盱眙縣東北。

[3]【今注】司馬：官名。此處當指郡司馬。秦漢有郡司馬，秦封泥有“東郡司馬”“臨淄司馬”“琅邪司馬”“南陽司馬”等，里耶秦簡“更名方”有“邦司馬爲郡司馬”。張家山漢簡《二年律令·秩律》：“中司馬，郡司馬，騎司馬，中輕車司馬，備盜賊，關中司馬□□關司□。”彭浩、陳偉、［日］工藤元男等認爲：“《漢舊儀》：‘邊郡……置部都尉、千人、司馬、候、農都尉，皆不治民。’秦郡設有司馬。秦封泥有‘東郡司馬’‘臨淄司馬’‘琅邪司馬’‘瑯邪候印’，秦印有‘南郡候印’，則秦司馬不獨爲邊郡所

有。居延漢簡所見太守府下有郡司馬，都尉府下有候、千人、司馬，城尉轄下也有司馬。陳直云：‘西漢時，郡有司馬，内郡、邊郡都有，其系統屬於太守，其調遷屬於都尉。’則言‘郡司馬’，當爲郡守屬吏。”〔參見彭浩、陳偉、［日］工藤元男主編《二年律令與奏讞書——張家山二四七號漢墓出土法律文獻釋讀》，第291—292頁〕據此，秦漢郡有郡司馬，統屬於郡太守，都尉可以調遣之。此處滕撫爲九江都尉，其調遣司馬王章擊盜賊，説明此處的司馬當爲郡司馬。

九月庚戌，太傅趙峻薨。[1]

[1]【今注】案，太傅，大德本作“大傅”。

冬十一月己丑，南陽太守韓昭坐贓下獄死。[1]

[1]【李賢注】《東觀記》曰：“强賦一億五千萬，檻車徵下獄。”【今注】南陽：郡名。治宛縣（今河南南陽市卧龍區）。

丙午，中郎將滕撫擊廣陵賊張嬰，[1]破之。

[1]【今注】中郎將：官名。秦和西漢時本爲中郎長官，秩比二千石，隸屬郎中令（光禄勳）。職掌宫禁宿衛，隨行護駕，亦常奉詔出使，職位清要。後又設五官、左、右中郎將分領中郎、常侍侍郎、謁者。期門（虎賁）、羽林郎等亦專設中郎將統領。東漢以後，中郎將的名號被割據勢力廣泛加於武官，成爲一個大致介於將軍和校尉之間的階層，統兵將領亦多用此名，其上再加稱號，如使匈奴中郎將等。

丁未，中郎將趙序坐事棄市。[1]

[1]【李賢注】《東觀記》曰："取錢縑三百七十五萬。"

歷陽賊華孟自稱"黑帝"，[1]攻殺九江太守楊岑，滕撫率諸將擊孟等，大破斬之。

[1]【今注】案，曹金華《後漢書稽疑》指出，此載十一月，《後漢紀》卷一二作"十二月"（第133頁）。

本初元年春正月丙申，[1]詔曰："昔堯命四子，以欽天道，[2]《鴻範》九疇，休咎有象。[3]夫瑞以和降，異因逆感，禁微應大，前聖所重。[4]頃者，[5]州郡輕慢憲防，競逞殘暴，造設科條，[6]陷入無罪。[7]或以喜怒驅逐長吏，恩阿所私，罰枉仇隙，至令守闕訴訟，[8]前後不絶。送故迎新，人離其害，怨氣傷和，以致灾眚。《書》云：'明德慎罰。'[9]方春東作，育微敬始。其勑有司，罪非殊死，且勿案驗，以崇在寬。"[10]

[1]【今注】本初：東漢質帝劉纘年號（146）。

[2]【李賢注】四子謂羲仲、羲叔、和仲、和叔也。《尚書》曰（大德本、殿本無"尚"字）："乃命羲、和，欽若昊天。"【今注】堯命四子：《尚書·堯典》："乃命羲和，欽若昊天，曆象日月星辰，敬授人時。" 欽：敬。

[3]【李賢注】《尚書》曰："天乃錫禹《洪範》九疇。"孔安國注云："洪，大也。範，法也。疇，類也。言天與禹，洛出書，

神龜負文而出，列於背，有數至于九，禹遂因而第之，以成九類。"其八曰庶徵，有休徵、咎徵之應。休，美也。咎，惡也。徵，驗也。人君行善政，則百穀用成，家用平康，是休徵也。政有乖失，則百穀用不成，家用不寧，是咎徵也。休之與咎，皆象人君之政，故言"休咎有象"也。"象"或作"家"。【今注】鴻範九疇：指治理國家必須遵循的九類大法。《尚書·洪範》："箕子乃言曰：'我聞在昔，鯀陻洪水，汨陳其五行。帝乃震怒，不畀洪範九疇，彝倫攸斁。鯀則殛死，禹乃嗣興。天乃錫禹洪範九疇，彝倫攸叙。'"鴻，通"洪"，意爲大。範，法。疇，類。

[4]【李賢注】言君政純和則瑞氣降，若逆時令則災異感。所禁雖微，其應乃大。前聖所重，即謂唐堯欽若昊天，箕子休咎之應。

[5]【今注】頃者：近來。

[6]【今注】科條：指法律條文。

[7]【今注】案，入，紹興本、殿本作"人"，底本或誤。

[8]【今注】守闕："闕"即"闕門"，指古代皇宫前有"闕"這類高臺建築的宫門。"闕門"處於皇宫最外側，由公車司馬令把守。吏、民向皇帝上書、言事、申冤等，即守候於闕門，或前往闕門，稱爲守闕、詣闕。《漢書》卷九九上《王莽傳上》："庶民、諸生、郎吏以上守闕上書者日千餘人。"吏民上書由守衛闕門的公車司馬令上呈。本書《百官志二》："公車司馬令一人，六百石。本注曰：掌宫南闕門，凡吏民上章，四方貢獻，及徵詣公車者。"

[9]【李賢注】眚，過也。"明德慎罰"，《尚書·康誥》之言。【今注】案，云，殿本作"曰"。

[10]【李賢注】言東作之時，須育養細微，敬事之始。《禮記·月令》："孟春之月，無殺蟲胎夭飛鳥（中華本據今本《禮記·月令》在'蟲'前補'孩'字），無麛無卵。慶賜遂行，無有不當。"《書》曰："敬敷五教，五教在寬（大德本、殿本無

‘五教’二字）。”

壬子，廣陵太守王喜坐討賊逗留，[1]下獄死。

［1］【今注】逗留：罪名。指行軍作戰和緝捕盜賊過程中停留拖延，多與“畏愞”並稱。《漢書》卷九四上《匈奴傳上》：“上以虎牙將軍不至期，詐增鹵獲，而祁連知虜在前，逗遛不進，皆下吏自殺。”孟康曰：“律語也，謂軍行頓止，稽留不進也。”《漢書》卷六《武帝紀》：“匈奴入雁門，太守坐畏愞棄市。”如淳曰：“軍法，行逗留畏懦者要斬。”張家山漢簡《二年律令・捕律》：“與盜賊遇而去北，及力足以追逮捕之而官□□□□□□逗留畏耎弗敢就，奪其將爵一級，免之，毋爵者戍邊二歲；而罰其所將吏徒以卒戍邊各一歲。”〔參見彭浩、陳偉、［日］工藤元男主編《二年律令與奏讞書——張家山二四七號漢墓出土法律文獻釋讀》，第149頁〕案，留，大德本、殿本作“遛”。

二月庚辰，[1]詔曰：“九江、廣陵二郡數離寇害，殘夷最甚。[2]生者失其資業，死者委尸原野。昔之爲政，一物不得其所，若己爲之，[3]況我元元，嬰此困毒。[4]方春戒節，賑濟乏厄，掩骼埋胔之時。[5]其調比郡見穀，[6]出稟窮弱，收葬枯骸，務加理卹，以稱朕意。”

［1］【今注】案，曹金華《後漢書稽疑》指出，二月庚辰，《後漢紀》卷二〇作“三月庚申”（第133頁）。

［2］【李賢注】謂比年張嬰寇廣陵，華孟寇九江也。【今注】殘夷：猶殘殺。

［3］【李賢注】《尚書》曰（大德本、殿本無“曰”字）：“一夫弗獲，則曰時予之辜。”

［4］【今注】嬰：遭受。

［5］【李賢注】《月令》：“孟春之月，行慶施惠，下及兆人（人，大德本、殿本作‘民’）。”又曰：“掩骼埋胔。”鄭玄注曰：“爲死氣逆生氣也。”骨枯曰骼，肉腐曰胔。

［6］【今注】比郡：鄰郡。

夏四月庚辰，令郡國舉明經，年五十以上、七十以下詣太學。自大將軍至六百石，[1]皆遣子受業，歲滿課試，以高弟五人補郎中，[2]次五人太子舍人。[3]又千石、六百石、四府掾屬、三署郎、四姓小侯先能通經者，各令隨家法，[4]其高第者上名牒，[5]當以次賞進。

［1］【今注】六百石：官秩等級。秦漢中央政府所屬機構令、長及郡國長吏如郡丞、縣令、長等多爲六百石。銅印黑綬，月俸七十斛。

［2］【今注】案，弟，紹興本、大德本、殿本作“第”。　郎中：官名。郎官之一種。春秋戰國時爲郎官通稱，侍從君主左右，參與謀議，執兵宿衛，亦奉命出使。秦時一分爲三，郎中給事禁中者爲中郎，給事宫中者仍爲郎中，給事宫外者爲外郎，形成三郎體制。其中郎中掌執戟殿下，宿衛皇宫。漢武帝時，郎官組織擴大，郎中一官分爲車郎、户郎、騎郎，分隸郎中令（光禄勳）所轄郎中車、户、騎將。其初多由功臣充任，地位親近尊顯，後稍減，位次中郎、侍郎，秩比三百石。任滿一定期限，選補内外官職。東漢劉秀改組郎制，精簡郎職，省郎中三將，除中郎、侍郎兩官，將郎中分隸五官、左、右中郎將三署，故曰“三署郎”。名義上備宿衛，實爲後備官吏人材（參見王克奇《論秦漢郎官制度》，載安作璋、

熊鐵基《秦漢官制史稿》，第344—408頁）。

［3］【今注】太子舍人：官名。漢代太子官之一，掌太子宿衛，類似於皇帝身邊的郎官。《漢書·百官公卿表上》："太子太傅、少傅，古官。屬官有太子門大夫、庶子、先馬、舍人。"本書《百官志四》："太子舍人，二百石。本注曰：無員，更直宿衛，如三署郎中。"

［4］【李賢注】四府掾屬謂大將軍府掾屬二十九人（謂，殿本作"諸"），大尉府掾屬二十四人（大，紹興本、大德本、殿本作"太"），司徒府三十一人（三，紹興本作"二"），司空府二十九人。《漢官》："左、右中郎將，皆秦官也，比二千石，三署郎皆屬焉。"三署謂五官署，左、右署也。儒生爲《詩》者謂之《詩》家，《禮》者謂之《禮》家，故言各隨家法也。四姓小侯，解見《明紀》也。【今注】三署郎：光禄勳（郎中令）屬官五官中郎將和左、右中郎將三署所屬的郎官，包括中郎、議郎、侍郎、郎中等。　四姓小侯：小侯指有侯爵的外戚子弟，或將承襲侯爵的外戚子弟。因非正式封侯，故號"小侯"。四姓小侯指外戚樊氏、郭氏、陰氏、馬氏諸子弟。

［5］【今注】名牒：書寫名單的簡札。王先謙《後漢書集解》引《資治通鑑》胡三省注："名牒者，書名于牒，上之。"惠棟曰："名牒蓋官簿之屬。"

五月庚寅，徙樂安王爲勃海王。[1]

［1］【今注】案，勃，大德本作"渤"。

海水溢。戊申，使謁者案行，收葬樂安、北海人爲水所漂没死者，[1]又稟給貧羸。

［1］【今注】樂安：郡名。東漢和帝永元七年（95）改千乘國爲樂安國，質帝本初元年（146）徙樂安王爲勃海王，樂安國除爲郡。治臨濟縣（今山東高唐縣東南）。　北海：國名。治營陵縣（今山東昌樂縣東南）。

庚戌，大白犯熒惑。[1]

［1］【今注】案，大白，紹興本、大德本、殿本作"太白"。據本書《天文志》太白犯熒惑爲逆謀，故下文言質帝被梁冀鴆殺。

六月丁巳，大赦天下，賜民爵及粟帛各有差。

閏月甲申，大將軍梁冀潛行鴆弒，[1]帝崩于玉堂前殿，年九歲。

［1］【今注】潛：暗中。　鴆：毒。《説文》："鴆，毒鳥也。"　弒：指子殺父，臣殺君。《釋名》："下殺上曰弒。"

丁亥，太尉李固免。戊子，司徒胡廣爲太尉，司空趙戒爲司徒，與梁冀參録尚書事。太僕袁湯爲司空。[1]

［1］【今注】袁湯：字仲河，汝南汝陽（今河南商水縣）人。司徒袁安孫，袁京子。傳家學，習《孟氏易》。東漢質帝本初元年（146）遷司空。桓帝時封安國亭侯。累遷司徒、太尉，以災異策免。卒年八十六，謚康。

贊曰：孝順初立，時髦允集。[1]匪砥匪革，終淪嬖習。[2]保阿傳土，后家世及。[3]沖夭未識，質弒以聰。[4]陵折在運，天緒三終。[5]

［1］【李賢注】《爾雅》曰："髦，俊也。"郭璞注曰（曰，殿本作"云"）："士中之俊，猶毛中之髦。"時張皓、王龔、龐参、張衡、李郃、李固、黄瓊之儔也。

［2］【李賢注】砥，礪也。革，改也。淪，没也。言順帝初升天位，又群賢總集，不能因兹自礪，改革前非，而終溺於私嬖近習也。謂封孫程等十九人爲侯，又詔中官養子，聽襲封爵之類（大德本、殿本句尾有"也"字）。【今注】嬖：寵幸。　習：近習。

［3］【李賢注】保，安也。阿，倚也。言可依倚以取安，傅姆之類也。傳土謂阿母山陽君宋娥更相貨賂，求增邑土也。后家謂拜后父梁商爲大將軍，商薨，仍拜子冀爲大將軍，弟不疑爲河南尹。

［4］【今注】沖夭未識質弒以聰：意爲沖帝尚蒙昧無知即早亡，質帝聰慧而被鴆殺。

［5］【李賢注】言陵遲夭折，在於時運，所以天之胤緒，頻致三終也。【今注】三終：指順帝、沖帝、質帝相繼駕崩。

後漢書　卷七

帝紀第七

孝桓皇帝

孝桓皇帝諱志，[1]肅宗曾孫也。[2]祖父河間孝王開，[3]父蠡吾侯翼，[4]母匽氏。[5]翼卒，帝襲爵爲侯。

［1］【李賢注】《謚法》曰："克敵服遠曰桓。"志之字曰意。【今注】案，桓，紹興本作"淵聖御名"。

［2］【今注】肅宗：東漢章帝劉炟，公元75年至88年在位。紀見本書卷三。

［3］【今注】河間孝王開：劉開，東漢章帝子。和帝永元二年（90）封河間王，卒後謚孝王。傳見本書卷五五。

［4］【李賢注】順帝時，開上書，願分蠡吾縣以封翼，帝許之。蠡吾故城在今瀛州博野縣西。蠡音禮。【今注】蠡吾：縣名。屬河間國，治所在今河北博野縣西南。東漢永建五年（130），順帝封河間王開子翼於蠡吾縣，置蠡吾侯國。　翼：劉翼。史稱孝崇皇，河間孝王劉開子，桓帝父。東漢安帝永寧元年（120）鄧太后封其爲平原王，以奉懷王勝祀。後被誣陷，貶爲都鄉侯。順帝永建

五年（130）父開上書，願分蠡吾縣以封翼，順帝從之。詳見本書卷五五《章帝八王傳》。

［5］【李賢注】諱明，本蠡吾侯之媵妾（媵，大德本作“勝”）。《史記》曰，匽姓，咎繇之後也（咎，大德本作“各”）。匽音偃（偃，大德本作“郾”）。【今注】匽氏：史稱孝崇匽皇后，名明，爲蠡吾侯劉翼媵妾，生桓帝。桓帝即位，尊后爲博園貴人。桓帝和平元年（150）尊爲孝崇皇后。紀見本書卷一〇下。

本初元年，[1]梁太后徵帝到夏門亭，[2]將妻以女弟。[3]會質帝崩，[4]太后遂與兄大將軍冀定策禁中，[5]閏月庚寅，使冀持節，[6]以王青蓋車[7]迎帝入南宮，[8]其日即皇帝位，時年十五。太后猶臨朝政。[9]

［1］【今注】本初：東漢質帝劉纘年號（146）。

［2］【李賢注】洛陽城北面西頭門也，門外有萬壽亭。【今注】梁太后：東漢順帝皇后，名梁妠，安定烏氏（今寧夏固原市東南）人，大將軍梁商之女。紀見本書卷一〇下。　徵：召。　夏門：東漢洛陽十二座城門之一，爲北門之西門。門外有萬壽亭。

［3］【李賢注】妻音七計反。

［4］【今注】會：恰巧、適逢。　質帝：東漢質帝劉纘，公元145年至146年在位。紀見本書卷六。　崩：古代稱天子死爲崩，秦漢用於皇帝、太后等死亡的代稱。《禮記·曲禮下》：“天子死曰崩，諸侯死曰薨，大夫曰卒，士曰不禄，庶人曰死。”《説文》：“崩，山壞也。”段玉裁注：“引申之，天子死曰崩。”

［5］【今注】大將軍：將軍名。在諸將軍中地位最高。秦及漢初即有此職，其地位甚高，與丞相相當，實際的優寵和權力都在丞相之上。西漢武帝以後，大將軍常冠大司馬之號，秩萬石，領尚書

事，執掌朝政，成爲中朝官最高領袖。東漢復置一員，秩萬石，不冠大司馬，成爲獨立官職，多授予貴戚，常兼録尚書事，與太傅、太尉等共同主持政務。（參見安作璋、熊鐵基《秦漢官制史稿》，齊魯書社 2007 年版，第 235—240 頁）本書《百官志一》："將軍，不常置。本注曰：掌征伐背叛。比公者四：第一大將軍，次驃騎將軍，次車騎將軍，次衛將軍。又有前、後、左、右將軍。" 冀：梁冀，字伯卓，東漢外戚、權臣。梁統玄孫，梁商子，兩妹梁妠、梁女瑩爲順帝、桓帝皇后。傳見本書卷三四。 定策：漢代皇帝不能按正常程序承繼時，由大臣參與議立，將此事寫在簡策上，告於宗廟，即稱定策（參見林甘泉主編《中國歷史大辭典·秦漢史卷》，上海辭書出版社 1990 年版，第 287 頁）。 禁中：漢代皇宫中的特定區域，一般指帝王所居的深宫、中宫，有"禁門"出入。蔡邕《獨斷》卷上："禁中者，門户有禁，非侍御者不得入，故曰禁中。"陳蘇鎮認爲，東漢的"禁中"是"殿中"深處禁衛等級更高的另一個區域，祇有極少的侍從類宦官纔能進入禁中。蔡邕《獨斷》卷上："漢天子正號曰皇帝……所居曰禁中，後曰省中。"然陳蘇鎮認爲"省中"與"禁中"是皇宫中的不同區域（參見陳蘇鎮《東漢的"殿中"和"禁中"》，《中華文史論叢》2018 年第 1 期）。

［6］【今注】節：皇帝的使者執行皇帝命令時所持的信物。竹製，長七八尺，上裝飾旄牛尾，旄尾共有三重。節代表皇帝意志，持節者具有較大的權限，甚至可以對人進行斬殺。西漢時期，郎中令領導下的皇帝近側侍官，包括中郎將、大夫、謁者等，多充當皇帝使者，故此類職官持節較多，司隸校尉亦可以持節，九卿亦偶爾充當使者持節。東漢的三公和將軍亦可以持節。（參見［日］大庭脩著，徐世虹等譯《東漢的將軍與將軍假節》，載《秦漢法制史研究》，中西書局 2017 年版，第 290—326 頁；楊鴻年《漢魏制度叢考》，武漢大學出版社 2005 年版，第 277—283 頁）

［7］【李賢注】《續漢志》曰："皇太子、皇子皆安車，朱班

輪，青蓋，金華蚤。”故曰王青蓋車也。【今注】青蓋車：東漢皇太子、皇子所乘之車。本書《輿服志上》：“皇太子、皇子皆安車，朱班輪，青蓋，金華蚤，黑櫖文，畫轓文輈，金塗五末。皇子爲王，錫以乘之，故曰王青蓋車。”

［8］【今注】南宮：洛陽城宮殿名。西漢時洛陽已存在南宮，東漢光武帝對南宮進行了擴建，在宮中修建了前殿等建築，又在洛陽南郊興建了郊兆、太學、明堂等設施，還在洛陽城南墻上開闢了平城門，爲從南宮前往南郊提供了通道。（参見陳蘇鎮《東漢的南宮和北宮》，《文史》2018 年第 1 輯）

［9］【李賢注】《東觀記》曰：“太后御卻非殿（太，紹興本作‘大’）。”

秋七月乙卯，葬孝質皇帝于静陵。[1]

［1］【李賢注】在洛陽東南三十里，陵高五丈五尺，周百三十八步。【今注】静陵：東漢質帝劉纘陵。在今河南洛陽市東北漢魏故城南。

齊王喜薨。[1]

［1］【今注】齊王喜：劉喜。齊惠王無忌子，嗣王位，立五年薨，謚號“頃”，子承嗣。詳見本書卷一四《宗室四王三侯傳》。薨：古稱諸侯或有爵的高官死去爲“薨”。《禮記·曲禮下》：“天子死曰崩，諸侯死曰薨，大夫曰卒，士曰不禄，庶人曰死。”《説文》：“薨，公侯卒也。”

辛巳，謁高廟、光武廟。[1]

［1］【今注】高廟：漢代祭祀漢高祖劉邦的宗廟。　光武廟：東漢祭祀光武帝劉秀的宗廟。光武帝駕崩後，明帝緬懷其中興漢室之功，爲光武帝建立起宗廟，命名爲世祖廟。明帝駕崩時，依其遺詔，不立寢廟，而將明帝的神主納入世祖廟的更衣别室之中。章帝之後，各皇帝仿效明帝，不立寢廟而將神主納入世祖廟的更衣别室之中。〔參見［日］金子脩一著，肖聖中等譯《古代中國與皇帝祭祀》，復旦大學出版社2017年版，第85頁〕　案，王先謙《後漢書集解》引何焯曰："'光武廟'上疑脱'壬午謁'三字。"

丙戌，[1]詔曰："孝廉、廉吏皆當典城牧民，[2]禁姦舉善，興化之本，恒必由之。詔書連下，分明懇惻，[3]而在所翫習，[4]遂至怠慢，[5]選舉乖錯，[6]害及元元。[7]頃雖頗繩正，[8]猶未懲改。方今淮夷未殄，軍師屢出，[9]百姓疲悴，困於徵發。庶望群吏，[10]惠我勞民，蠲滌貪穢，[11]以祈休祥。[12]其令秩滿百石，[13]十歲以上，有殊才異行，[14]乃得參選。臧吏子孫，[15]不得察舉。[16]杜絶邪僞請託之原，令廉白守道者得信其操。[17]各明守所司，將觀厥後。"[18]

［1］【今注】案，曹金華《後漢書稽疑》謂，本初元年（146）七月甲寅朔，八月甲申朔，前文"辛巳"爲七月二十八日，"丙戌"則爲八月初三，"丙戌"前當有"八月"二字（中華書局2014年版，第135頁）。

［2］【今注】孝廉：漢代察舉科目之一，即孝子廉吏。原爲二科，西漢武帝於元光元年（前134）初令郡國舉孝、廉各一人。其後多連稱而混同爲一科。察舉孝廉爲歲舉，郡國每年向中央推舉一至二人，其所舉人數比茂才爲多。所舉者不限於現任官吏。孝廉的

出路多爲郎官。（參見安作璋、熊鐵基《秦漢官制史稿》，第 804—807 頁）　廉吏：漢代察舉科目之一，與“孝廉”爲兩科。廉吏屬於歲舉，由長官報請上級遷補屬吏優異者，所舉廉吏限於斗食至六百石之吏員。察舉之吏員根據本秩直接遷補。文獻中的“察廉”“舉廉”即指察舉廉吏。（參見閻步克《察舉制度變遷史稿》，北京師範大學出版社 2021 年版，第 31—40 頁）　典城：主掌一城之事。　牧民：治理人民。

［3］【今注】分明：清楚、明白。　懇惻：至誠。

［4］【今注】在所：所在之處。案，在所，殿本作“所在”。　翫習：懈怠。翫，《說文》：“習厭也。”即因習以爲常而生輕視、懈怠。

［5］【今注】怠慢：怠惰輕慢。

［6］【今注】選舉：選拔推舉。　乖錯：錯謬、混亂。

［7］【今注】元元：黎民百姓。

［8］【今注】頃：近來。　繩正：糾正。

［9］【李賢注】本初元年，盧江賊攻盱台，廣陵賊張嬰等殺江都長。盱台、江都並近淮，故言淮夷。時中郎將滕撫屢擊破之，其餘衆猶未殄也。【今注】淮夷：古族名。爲西周時期生活於淮水流域的族群。在文獻和金文中有大量記載，亦稱南淮夷、淮南夷、南夷等，爲周人之勁敵。學者認爲，淮夷很可能由西周早期受周人打擊而從山東南遷的東夷與淮域土著部族融合而成，淮夷名稱的正式出現最早可追溯至西周穆王時期。淮夷的勢力範圍大致在漢水以東至淮水流域的廣大地域，包括今河南東部、湖北北部、安徽及江蘇北部，這一地區物産豐富，尤其以銅錫最爲著名，是周王朝覬覦的重要資源。（參見鄢國盛《西周淮夷綜考》，碩士學位論文，南開大學，2009 年）周人通過戰争、分封諸侯國（如分封曾國）等方式控制淮夷，使其稱臣納貢。此處的“淮夷”喻指盱臺、江都等靠近淮河地區的農民起義。　殄：滅。　師：軍隊。

[10]【今注】庶望：希望。

[11]【今注】蠲滌：清除、除去。

[12]【今注】休祥：吉祥。

[13]【今注】百石：漢代官吏秩級之一，在比二百石之下，月奉十六斛，爲石數分等的最低級，下有斗食、佐史等。《漢書·百官公卿表上》："百石以下有斗食、佐史之秩，是爲少吏。"顏師古注："《漢官名秩簿》云斗食月奉十一斛，佐史月奉八斛也。一説，斗食者，歲奉不滿百石，計日而食一斗二升，故云斗食也。"本書《百官志五》："一百石奉，月十六斛。斗食奉，月十一斛。佐史奉，月八斛。"劉昭注引《漢書音義》曰："斗食禄，日以斗爲計。"漢簡中"百石吏"常單獨出現，與"斗食吏""佐史"等並稱。有學者認爲，《百官志》所謂"斗食、佐史之秩"不算正式官秩，漢代百石纔屬於正式官秩，故百石稱爲有秩。"當時以百石爲正式秩禄的最下一級（斗食、佐史相當於後代的未入流），有秩是剛够得上秩禄的意思，有秩嗇夫就是食百石禄的嗇夫。"但是從另一些材料看，百石之吏和有秩似乎還存在區别。有學者認爲，秦之"有秩"指代一個秩禄區間，表示低於三百石、高於百石的秩禄等級。（參見裘錫圭《嗇夫初探》，《裘錫圭學術文集》第5卷，復旦大學出版社2012年版，第44—106頁；裘錫圭爲《中國大百科全書》撰寫的辭條"嗇夫"，收入《裘錫圭學術文集》第6卷，第275—277頁；鄒水傑《秦簡"有秩"新證》，《中國史研究》2017年第3期）

[14]【今注】殊才異行：特殊的才能和品行。

[15]【今注】臧吏：貪污受賄之吏。臧，大德本作"贓"。

[16]【今注】察舉：漢代的選舉制度，是一種自下而上推選人才的制度，但是推舉的科目、人數、條件則由上自下規定。察舉始於西漢文帝，至武帝時趨於完備。察舉主要有歲舉和特舉兩種。歲舉一年一次，主要科目是孝廉，特舉是皇帝下詔規定推舉時間、對象、員額等，主要的科目是茂才、賢良方正、文學等，此外還有

明經、明法、尤異、治劇、勇猛知兵法等科目。這些科目中，推舉的單位、對象、人數和擔任的職官均不同，如孝廉歲舉不限於現任官吏，而茂才均爲現任官吏。孝廉屬於郡舉，而茂才則爲州舉，茂才的數量較孝廉爲少。孝廉的出路多爲郎官，而茂才多爲地方縣令。茂才名額少，任用重，故茂才比孝廉爲高。察舉後需要經過考試，纔能量才録用。考試的内容，諸生試經學，文吏試章奏。考試的方法有對策、射策。對策是命題考試，射策是抽簽考試。對策多用於考試舉士，射策多用於考試博士弟子。（參見安作璋、熊鐵基《秦漢官制史稿》，第800—833頁）

[17]【李賢注】信音申，古字通（古，紹興本作“占”）。

[18]【今注】厥：其。

九月戊戌，[1]追尊皇祖河間孝王曰孝穆皇，[2]夫人趙氏曰孝穆皇后，皇考蠡吾侯曰孝崇皇。[3]冬十月甲午，尊皇母匽氏爲孝崇博園貴人。[4]

[1]【今注】案，曹金華《後漢書稽疑》謂，本初元年（146）九月癸丑朔，是月無“戊戌”。《後漢紀》卷二〇作“秋九月”，則“戊戌”誤。據下文“建和元年春正月辛亥朔”推之，亦知其誤。（第135頁）

[2]【今注】皇祖：對已故祖父的敬稱。

[3]【今注】皇考：對亡父的尊稱。《禮記·曲禮下》：“父曰皇考，母曰皇妣。”

[4]【李賢注】博本漢蠡吾縣之地也。帝既追尊父爲孝崇皇，其陵曰博陵，置園廟焉，故曰博園，在今瀛州博野縣西。貴人位次皇后，金印紫綬。

建和元年春正月辛亥朔，[1]日有食之。[2]詔三公、九卿、校尉各言得失。[3]

[1]【今注】建和：東漢桓帝劉志年號（147—149）。　朔：指每月初一日。

[2]【今注】案，食，大德本作“蝕”。

[3]【今注】三公：職官合稱。東漢時指司徒、司馬、司空。較爲普遍的三公職官理論出現於戰國時期，並被上推古制。班固在《漢書·百官公卿表》中即把太師、太保、太傅，或司徒、司馬、司空視爲三公。然西周和春秋實際上並無三公制，戰國諸國亦未實行三公制。戰國晚期秦國開始把丞相稱爲三公，但是秦代並未將御史大夫、太尉和丞相並稱三公，因此秦代不存在三公制。西漢時期，不晚於景帝時，御史大夫被冠上三公的頭銜，至成帝時太尉也被列爲三公，三公分職開始形成。宣帝時置大司馬，成帝時將御史大夫改稱大司空，哀帝時將丞相改爲大司徒，三公制正式形成。東漢一世基本實行司徒、司馬、司空並稱的三公制。（參見卜憲群《秦漢三公制度淵源論》，《安徽史學》1994 年第 4 期）　九卿：職官合稱。漢代指列入“卿”一級位次中的中央職官。先秦政制中有公、卿、大夫、士的位次排列，列國政制中也有“二卿”“三卿”等執政的事實，但是並無九卿制。秦及西漢初年既無九卿制，也無將中央部分官僚視爲九卿的説法，九卿衹作爲儒家學説的理論存在於思想中。文景之後始將中央部分高級官吏泛稱爲九卿，非特指九人，其秩次既有中二千石也有二千石。西漢末年在儒家思想影響下九卿有向實際政制轉變之趨勢。至王莽時確定了九卿九職的制度，此制被東漢所繼承。東漢的九卿是專稱而非泛指，秩次爲中二千石，包括奉常、光禄勳、衛尉、太僕、大鴻臚、廷尉、少府、宗正、司農九種職官。（參見卜憲群《秦漢九卿源流及其性質問題》，《南都學壇》2002 年第 6 期）　校尉：職官合稱。指漢代中央的“校尉”類武官。西漢中央稱“校尉”的武官包括掌宿衛兵的中

壘、屯騎、步兵、越騎、長水、胡騎、射聲、虎賁八校尉和管理京師門衛的城門校尉（司隸校尉一般不納入）。東漢省中壘、胡騎、虎賁三校尉，故此處的“校尉”當指東漢的五校尉和城門校尉。

戊午，大赦天下。賜吏更勞一歲；[1]男子爵，人二級，爲父後及三老、孝悌、力田人三級；[2]鰥、寡、孤、獨、篤癃、貧不能自存者粟，[3]人五斛；[4]貞婦帛，人三匹。災害所傷什四以上，勿收田租；其不滿者，以實除之。

［1］【今注】更勞：更换勞績。“賜吏更勞一歲”即賜予官吏增加勞績一歲。

［2］【今注】父後：後子，指繼承父親户主、爵位、財産的兒子。張家山漢簡《二年律令》有《置後律》，對家庭户主、財産、爵位繼承次序作了詳細規定。從律文看，繼承爵位者稱爲“爵後”，繼承户主者稱爲“户後”。其中關於後子繼承爵位的律文有：“疾死置後者，徹侯後子爲徹侯，其毋嫡子，以孺子子、良人子。關内侯後子爲關内侯，卿後子爲公乘，五大夫後子爲公大夫，公大夫後子爲官大夫……官大夫後子爲不更，大夫後子爲簪裹，不更後子爲上造，簪裹後子爲公士，其毋嫡子，以下妻子、偏妻子。”〔參見彭浩、陳偉、［日］工藤元男主編《二年律令與奏讞書——張家山二四七號漢墓出土法律文獻釋讀》，上海古籍出版社 2007 年版，第 235—241 頁〕可見一般的“父後”當指正妻所生的嫡長子。　三老：官名。掌教化。西漢高祖二年（前 205）詔舉民年五十以上，有修行，能帥衆爲善，置以爲三老，鄉一人，擇鄉三老一人爲縣三老。後郡國亦置。三老可免除徭役，就地方政事向縣令丞尉提出各種建議。（參見林甘泉主編《中國歷史大辭典·秦漢史》，第 13 頁）　孝悌力田：又作“孝弟力田”。漢代官府設置的兩類身份，

亦爲鄉官之名。“孝悌”指孝敬父母、尊敬兄長，“力田”指努力耕作。《漢書》卷二《惠帝紀》：“（孝惠四年）春正月，舉民孝弟力田者，復其身。”是爲漢廷舉“孝弟力田”之始。吕后時期將“孝弟力田”設置爲鄉官。文帝時開始按照户口設置“孝弟力田”的“常員”。終兩漢之世，舉“孝弟力田”成爲一種固定的制度。被推舉出來的“孝弟力田”，或免除徭役，或厚加賞賜，其作用是使其爲民表率。除個别例外，一般都不是到政府去做官，至多和三老相似，做一個鄉官而已。（參見安作璋、熊鐵基《秦漢官制史稿》，第802頁）

［3］【今注】鰥：老而無妻。　寡：老而無夫。　孤：幼而無父。　獨：老而無子。　篤癃：病重。

［4］【今注】案，曹金華《後漢書稽疑》謂，“人五斛”，《後漢紀》卷二一作“人三斛”（第135頁）。　斛：容量單位。《説文》：“斛，十斗也。”

二月，荆揚二州人多餓死，[1]遣四府掾分行賑給。[2]

［1］【今注】荆：州名。西漢武帝時所置十三刺史部之一。東漢時治漢壽縣（今湖南常德市東北）。　揚：州名。西漢武帝時所置十三刺史部之一。東漢時治歷陽縣（今安徽和縣），末年移治壽春縣（今安徽壽縣）、合肥縣（今安徽合肥市西北）。案，揚，大德本作“楊”。

［2］【今注】四府掾：四府的掾。四府指大將軍府、太尉府、司徒府、司空府。掾爲漢代屬吏之一種。漢代官府皆置掾史、屬等屬吏，分曹治事。

沛國言黄龍見譙。[1]

［1］【今注】沛國：治相縣（今安徽濉溪縣西北）。　譙：縣名。治所即今安徽亳州市譙城區。

夏四月庚寅，京師地震。[1]詔大將軍、公、卿、校尉舉賢良方正、能直言極諫者各一人。[2]又命列侯、將、大夫、御史、謁者、千石、六百石、[3]博士、議郎、郎官各上封事，指陳得失。[4]又詔大將軍、公、卿、郡、國舉至孝篤行之士各一人。[5]

［1］【今注】京師：國都。蔡邕《獨斷》卷上："天子所都曰京師。"

［2］【今注】賢良方正：漢代察舉科目之一。賢良指有德之士，方正指正直之士。舉賢良方正，始於西漢文帝二年（前178），自此以後，兩漢諸帝大都頒布過察舉賢良方正的詔令。諸侯王、公卿、郡守均得依詔令察舉。賢良方正常連言直言極諫，其目的主要是廣開直言之路。漢代詔舉賢良方正多在發生災異之後。（參見安作璋、熊鐵基《秦漢官制史稿》，第809頁）　直言極諫：漢代察舉科目之一。常與賢良方正連稱。它們兼有"求言"即徵求吏民之政治意見的目的，往往施行於發生災異、動亂或其他重大政治問題之時，由皇帝下詔察舉，被舉者以"對策"形式發表政見，然後分等授官。（參見閻步克《察舉制度變遷史稿》，第3頁）

［3］【李賢注】將謂五官、左、右、虎賁、羽林中郎將也。大夫謂光禄大夫、太中大夫、中散大夫、諫議大夫。【今注】列侯：爵位名。是二十等爵中的最高爵，又稱徹侯、通侯。《漢書·百官公卿表上》："徹侯，金印紫綬，避武帝諱，曰通侯，或曰列侯，改所食國令長名相，又有家丞、門大夫、庶子。"從秦琅邪刻石和文獻記載看，秦代即存在"列侯""通侯"。里耶秦簡更名方有"徹侯爲列侯"，可見秦代即將徹侯更名爲列侯，並非漢武帝時

所改。“列侯”具有封國和食邑權，其所食之邑的數量從幾百到數千不等，東漢列侯按照食邑數量又分爲縣侯、鄉侯、亭侯等。列侯有封國，侯國自有紀年，列侯之子也稱太子。侯國有置吏權，除侯國令長由中央任命外，其餘諸官吏均由侯國自置。根據尹灣漢簡，侯國職官有侯國相、丞、尉等行政官吏，大致與縣級行政系統平行，又有家丞、庶子、僕、行人、門大夫、洗馬等家吏。（參見柳春藩《秦漢封國食邑賜爵制》，遼寧人民出版社 1984 年版，第 77—79 頁；秦鐵柱《兩漢列侯問題研究》，博士學位論文，南開大學，2014 年）　大夫：官名。光禄勳屬官，有光禄大夫、太中大夫、中大夫、諫大夫等，掌顧問應對，參謀議政，秩級有比二千石、比千石不等。《漢書・百官公卿表上》：“大夫掌論議，有太中大夫、中大夫、諫大夫，皆無員，多至數十人。武帝元狩五年初置諫大夫，秩比八百石，太初元年更名中大夫爲光禄大夫，秩比二千石，太中大夫秩比千石如故。”　御史：侍御史。西漢時爲御史大夫屬官，由御史中丞統領，入侍禁中蘭臺，給事殿中，故名。員十五人，秩六百石。掌受公卿奏事，舉劾按章，監察文武官員。分令、印、供、尉馬、乘五曹。或供臨時差遣，出監郡國，持節典護大臣喪事，收捕、審訊有罪官吏等。東漢時爲御史臺屬官，於糾彈本職之外，常奉命出使州郡，巡行風俗，督察軍旅，職權頗重。〔參見吕宗力主編《中國歷代官制大辭典》（修訂版），商務印書館 2015 年版，第 564 頁〕　謁者：官名。春秋戰國即有此官。秦漢時爲郎中令（光禄勳）屬官，設謁者僕射統領。西漢員七十人，秩比六百石。選孝廉、郎官年不滿五十儀容威嚴能大聲贊導者充任。本職爲侍從皇帝，擔任賓禮司儀，亦常充任皇帝使者，出使諸侯王國、少數民族，巡視地方，派往災區宣慰存問、發放賑貸，或收捕、考案貴戚、大臣，主持水利工程等。擔任謁者一定期限後，可以拜任其他官職，如縣令、長史等。據文獻記載，西漢還有中謁者、大謁者等名稱，西安漢城出土有“河堤謁者”印。東漢又有常侍謁者、給事謁者、灌謁者等類别。東漢謁者爲外臺，與尚書中臺、御史憲臺並稱三臺，三臺到東漢末年掌握着實際朝政。　千石：漢代官吏秩級。高於比千石，低於比二千石，月俸九十斛。　六百石：官秩等級。秦漢中央政府所屬機構令、長及郡國長吏如郡丞、縣令、長等多爲六百石。銅印黑綬，月俸七十斛。

［4］【李賢注】博士掌通古今，比六百石。議郎比六百石。郎官謂三中郎將下之屬官也。有中郎、侍郎、郎中。【今注】博士：官名。爲太常屬官，秩比六百石。在秦和漢初，博士帶有學術顧問的性質，既掌管其專門之學，又參與政治討論，還外出巡行視察。西漢武帝建元五年（前136）又置五經博士，專掌儒家經學傳授。東漢光武帝置五經十四博士。有博士祭酒一人，六百石。　議郎：官名。郎官之一種，光禄勳屬官，爲高級郎官，不入直宿衛，職掌顧問應對，參與議政，秩比六百石。東漢更爲顯要，常選任耆儒名士、高級官吏，除議政外，亦或給事宫中近署。〔參見吕宗力主編《中國歷代官制大辭典》（修訂版），第305頁〕《漢書·百官公卿表上》："郎掌守門户，出充車騎，有議郎、中郎、侍郎、郎中，皆無員，多至千人。議郎、中郎秩比六百石，侍郎比四百石，郎中比三百石。"本書《百官志二》："凡郎官皆主更直執戟，宿衛諸殿門，出充車騎。唯議郎不在直中。""凡大夫、議郎皆掌顧問應對，無常事，唯詔令所使。"　郎官：職官類名。西漢有郎中、中郎、外郎、侍郎、議郎等，無定員，多至千餘人。皆隸屬郎中令（光禄勳）。諸侯王國亦置。職掌守衛皇宫殿廊門户、出充車騎扈從、備顧問應對、守衛陵園廟等。因與皇帝關係密切，任職滿一定期限即可遷補内外官職，爲重要選官途徑。《漢書·百官公卿表上》："郎掌守門户，出充車騎，有議郎、中郎、侍郎、郎中，皆無員，多至千人。議郎、中郎秩比六百石，侍郎比四百石，郎中比三百石。中郎有五官、左、右三將，秩皆比二千石。郎中有車、户、騎三將，秩皆比千石。"東漢於光禄勳下設五官、左、右中郎將，主管中郎、侍郎、郎中，實爲官吏儲備人才的機構，其郎官多達二

千餘人。〔參見吕宗力主編《中國歷代官制大辭典》（修訂版），第605頁〕　封事：上呈皇帝的秘密奏章。漢代的普通奏章，先經尚書之文書作業，再送呈皇帝。封事則直接上呈皇帝，由皇帝本人或皇帝所指定的人開閲。（參見廖伯源《漢"封事"雜考》，載《秦漢史論叢》，中華書局2008年版，第195頁）

［5］【今注】案，王先謙《後漢書集解》引惠棟曰："《漢繁陽令碑陰》有'至孝涅夔君威'，則漢有至孝科也。"

壬辰，詔州郡不得迫脅驅逐長吏。[1]長吏臧滿三十萬而不糾舉者，[2]刺史、二千石以縱避爲罪。[3]若有擅相假印綬者，[4]與殺人同棄市論。[5]

［1］【今注】長吏：與"少吏"相對，秦漢時期對一類職官的通稱。《漢書·百官公卿表上》："縣令、長，皆秦官，掌治其縣。萬户以上爲令，秩千石至六百石。減萬户爲長，秩五百石至三百石。皆有丞、尉，秩四百石至二百石，是爲長吏。百石以下有斗食、佐史之秩，是爲少吏。"有學者認爲，長吏主要用作從中央到地方機構主要負責人的一種代稱（參見張欣《秦漢長吏再考——與鄒水傑先生商榷》，《中國史研究》2010年第3期）。

［2］【今注】臧：指貪污受賄。　糾舉：檢舉揭發。

［3］【今注】刺史：官名。秦設監御史，監督各郡。西漢武帝元封五年（前106）在全國十三部（州）設刺史，以六條監督郡國。秩六百石，屬官有從事史、假佐等。成帝綏和元年（前8）改爲州牧，秩二千石。哀帝建平二年（前5）又改爲刺史，元壽二年（前1）又改爲州牧。東漢光武帝建武十八年（42）又改爲刺史。　二千石：漢代官吏秩級之一。低於中二千石，高於比二千石。月俸爲一百二十斛。由於漢代郡守、諸侯國相一般爲二千石，故史籍中的"二千石"一般指郡守和諸侯國相。　縱避：放縱躲避（罪

行)。

［4］【今注】假：借。　印綬：印即璽印，綬即繫印章的絲帶。秦漢官吏將印綬佩戴身上，繫於腰間。印的材質、印紐和印文按照等級存在區别，綬的長度、形制、顔色亦存在區别，印和綬有固定的搭配關係，有金印紫綬、銀印青綬、銅印黑綬、銅印黄綬等，不同等級的官吏佩戴不同的印綬。今天可以見到長沙馬王堆出土辛追印及印綬、江蘇連雲港海州雙龍村西漢墓出土淩惠平印及皮綬等印綬實物。

［5］【今注】同棄市論：與棄市相同論罪。棄市，秦漢死刑之一種，爲死刑中最輕者。《漢書》卷五《景帝紀》："改磔曰棄市，勿復磔。"顔師古注："棄市，殺之於市也。謂之棄市者，取刑人於市，與衆棄之也。"對於棄市采用何種行刑方式，學界存在争議，或認爲指斬首，或認爲指絞殺。近年湖南益陽兔子山九號井第三·二號木牘有："益陽守起、丞章、史完論刑殺尊市，即棄死（尸）市，盈十日，令徒徙棄冢間。"學者指出，"刑殺尊市，即棄尸市"展示了棄市的具體過程，即斬殺頭部並棄尸於市（參見何有祖《再論秦漢"棄市"的行刑方式》，《社會科學》2018 第 11 期）。

丙午，詔郡國繫囚減死罪一等，[1]勿笞。唯謀反大逆，[2]不用此書。又詔曰："比起陵塋，[3]彌歷時歲，[4]力役既廣，[5]徒隸尤勤。[6]頃雨澤不沾，[7]密雲復散，儻或在兹。[8]其令徒作陵者減刑各六月。"[9]

［1］【今注】繫囚：羈押的罪犯。

［2］【今注】謀反：罪名。古代重罪之一，指圖謀推翻皇帝統治的行爲，後世歸入"十惡"。謀反者皆處以腰斬和夷三族之刑。長沙尚德街東漢簡牘第 254 簡正面有"謀反者，要斬"的律文（參見長沙市文物考古研究所編《長沙尚德街東漢簡牘》，岳麓書社

2016年版，第224頁）。沈家本認爲，“謀反、大逆本是一事，一則已謀，一則已行耳”（參見沈家本《歷代刑法考》，中華書局2006年版，第1414頁）。即謀反是謀議行爲，大逆是實行行爲。但兩者在量刑上似乎並無差别。　大逆：罪名。亦稱“大逆無道”。秦漢重罪之一。指以下犯上、違背君臣之倫的犯罪，具體指顛覆、危害、反對君主統治的行爲，文獻中常以“背叛宗廟”“危宗廟”“危社稷”等描述之。“大逆”爲秦漢“不道”罪的種類之一，後世歸入“十惡”。〔參見［日］大庭脩著，徐世虹等譯《秦漢法制史研究》，第87—95頁〕《漢書》卷五《景帝紀》如淳注：“律，大逆不道，父母、妻子、同産皆棄市。”根據律條規定，犯此罪者多本人腰斬，父母妻子同産連坐棄市。

［3］【李賢注】作静陵也。【今注】比：近來。　塋：墳墓。

［4］【今注】彌歷：久經。

［5］【今注】力役：徵發民力之役，一般指徭役。

［6］【今注】徒隸：刑徒。

［7］【今注】沾：浸濕。

［8］【李賢注】《易》曰：“密雲不雨，自我西郊。”【今注】儻：通“倘”。或許、大概。　兹：此。

［9］【今注】徒作：服勞役。

是月，立阜陵王代兄勃遒亭侯便爲阜陵王。[1]

［1］【李賢注】便，光武玄孫也，阜陵王恢之子，以順帝陽嘉中封爲教道亭侯（爲教，大德本、殿本作“教爲”），今改封也，遒音子由反。本傳作“便親”，紀傳不同，蓋有誤。【今注】阜陵王代：劉代，阜陵懷王恢子，嗣王位，立十四年薨，謚號“節”。無子，國除。東漢桓帝建和元年（147），桓帝立阜陵懷王恢子勃遒亭侯便親爲恢嗣，是爲恭王。詳見本書卷四二《光武十王

傳》。　勃遒亭侯便：劉便。一作“便親”，阜陵王恢子，阜陵王代兄。東漢順帝陽嘉二年（133），封爲勃遒亭侯。阜陵王代薨，無子，國絶。建和元年，桓帝立劉便親爲阜陵王，奉恢嗣，是爲恭王。立十三年薨，子孝王統嗣。詳見本書卷四二《光武十王傳》。

郡國六地裂，水涌井溢。[1]芝草生中黄藏府。[2]

[1]【李賢注】《續漢志》曰："水溢壞城寺室屋，殺人。時梁太后攝政，兄冀枉殺李固、杜喬。"

[2]【李賢注】《漢官儀》曰："中黄藏府掌中幣常金銀諸貨物（常，紹興本、大德本、殿本作‘帛’）也。"【今注】芝草：靈芝。菌屬。古以爲瑞草，服之能成仙。　中黄藏府：官署名。亦名臧府、中藏府。掌管皇室財物。《漢書》卷九九下《王莽傳下》："時省中黄金萬斤者爲一匱，尚有六十匱。黄門、鉤盾、臧府、中尚方處處各有數匱。"東漢少府屬官有中藏府令，秩六百石。本書《百官志三》本注曰："掌中幣帛金銀諸貨物。丞一人。"章帝時曾以中藏府錢賞賜大臣。建寧中竇太后臨朝，又下詔調中藏府金錢采物，增助軍費。（參見林甘泉主編《中國歷史大辭典·秦漢卷》，第458頁）據《後漢書集解》，錢大昭認爲此處"中黄藏府"當爲"中藏府"，衍"黄"字，然王先謙認爲文獻中有"中黄之府"，故"黄"字不衍。

六月，太尉胡廣罷，[1]大司農杜喬爲太尉。[2]

[1]【今注】太尉：官名。秦漢最高軍政長官，《漢書·百官公卿表上》："太尉，秦官，金印紫綬，掌武事。"西漢太尉是武將的榮譽職務，並無多少實權。不過是皇帝的軍事顧問，很少參與實際軍務。武帝改太尉爲大司馬。東漢光武帝復改大司馬爲太尉，此

後太尉的軍權逐漸加重，於軍事顧問之外，並綜理軍政。（參見安作璋、熊鐵基《秦漢官制史稿》，第74—78頁）　胡廣：字伯始，南郡華容（今湖北潛江市）人。傳見本書卷四四。傳世有《太傅胡廣碑》碑文，爲蔡邕所作。

［2］【今注】案，王先謙《後漢書集解》引錢大昭曰："本傳喬由大司農遷大鴻臚、光禄勳，然後爲太尉，非由大司農爲太尉也。紀似誤。"中華本校勘記謂，"'大司農'當作'光禄勳'。《杜喬傳》'遷光禄勳，建和元年代胡廣爲太尉'。《袁紀》亦云光禄勳杜喬代胡廣爲太尉"。大司農，官名。西漢武帝太初元年（前104）改大農令置。秩中二千石，列位諸卿。掌全國租賦收入和國家財政開支，凡百官俸禄、軍費、各級政府機構經費等由其支付，管理各地倉儲、水利，官府農業、手工業、商業的經營，調運貨物，管制物價等。《漢書·百官公卿表上》："治粟内史，秦官，掌穀貨，有兩丞。景帝後元年更名大農令，武帝太初元年更名大司農。"（參見林甘泉主編《中國歷史大辭典·秦漢史》，第20頁）杜喬，字叔榮，河内林慮（今河南林州市）人。傳見本書卷六三。

秋七月，勃海王鴻薨，[1]立帝弟蠡吾侯悝爲勃海王。[2]

［1］【李賢注】章帝曾孫也，樂安夷王寵之子，質帝之父也。梁太后改封勃海（太，紹興本作"大"）。【今注】勃海王鴻：劉鴻。樂安夷王劉寵子，嗣樂安王位。子劉纘爲漢質帝，梁太后改封劉鴻爲勃海王。在位二十六年薨，謚號"孝"。詳見本書卷五五《章帝八王傳》。

［2］【今注】案，帝弟，大德本無"帝"字。　蠡吾侯悝：劉悝，漢桓帝弟，封蠡吾侯。渤海孝王劉鴻薨，無子，太后立劉悝爲渤海王。桓帝延熹八年（165）坐謀反貶癭陶王。後因宦官王甫求

復國，許謝錢五千萬，事後不肯還謝錢，被王甫等誣告謀反，自殺。詳見本書《章帝八王傳》。

乙未，立皇后梁氏。[1]

［1］【今注】案，王先謙《後漢書集解》引惠棟曰："《考異》云《皇后紀》《袁紀》皆云八月，而無日。以長曆考之，七月戊申朔，無乙未，乙未八月十八日，此上脱'八月'二字。"中華本據此在"乙未"前加"八月"。　梁氏：史稱懿獻梁皇后，名梁女瑩，安定烏氏（今寧夏固原市東南）人，大將軍梁商之女，大將軍梁冀、順烈皇后梁妠的妹妹，漢桓帝劉志第一任皇后。紀見本書卷一〇下。

九月丁卯，京師地震。

大尉杜喬免，[1]冬十月，司徒趙戒爲太尉，[2]司空袁湯爲司徒，[3]前太尉胡廣爲司空。

［1］【今注】案，大，紹興本、大德本、殿本作"太"。

［2］【李賢注】戒字志伯，蜀郡人也。【今注】司徒：官名。東漢三公之一。秦及漢初爲丞相，掌人民事，助天子掌管行政，總理萬機。西漢哀帝元壽二年（前1）將丞相改稱大司徒。東漢光武帝建武二十七年（51）去"大"字，改名司徒，司徒遂與司空、司馬並稱三公。東漢光武帝時，尚書臺正式成爲中央的最高權力機關，這時的司徒有名無實，有職無權，所謂論道之官，備員而已。（參見安作璋、熊鐵基《秦漢官制史稿》，第46—47頁）　趙戒：字志伯，蜀郡成都（今四川成都市武侯區）人。博學明經，舉孝廉，遷荆州刺史。梁商弟讓爲南陽太守，恃椒房之寵，不奉法，爲戒劾奏。東漢順帝永和六年（141），累官至太尉。質帝卒，懾於梁

冀權勢，定策立桓帝，封厨亭侯。

［3］【今注】司空：官名。三公之一。西漢時稱大司空，成帝改御史大夫置。東漢光武帝建武二十七年去“大”字，改名司空。西漢武帝後，由於中朝尚書的權力逐漸發展，御史大夫的職權和丞相一樣，也轉移於尚書。御史大夫改爲大司空之後，雖號稱三公，但已成虚位。東漢司空的職務，已與御史大夫的性質大不相同，本書《百官志一》：“司空，公一人。本注曰：掌水土事。”這時的司空成爲專管水土之官了。（參見安作璋、熊鐵基《秦漢官制史稿》，第52—53頁）　袁湯：字仲河，汝南汝陽（今河南商水縣）人，司徒袁安孫，袁京子。傳家學，習《孟氏易》。東漢質帝本初元年（146）遷司空。桓帝時封安國亭侯。累遷司徒、太尉，以災異策免。卒年八十六，謚康。

十一月，濟陰言有五色大鳥見于己氏。[1]

［1］【李賢注】《續漢志》曰：“時以爲鳳皇（皇，殿本作‘凰’）。政既衰缺，梁冀專權，皆羽孽也。”己氏，縣名，屬濟陰郡，故城今宋州楚丘縣也（大德本、殿本“今”前有“在”字；丘，殿本作“邱”），古戎州己氏之邑也。【今注】濟陰：郡名。治定陶縣（今山東菏澤市定陶區西北）。　己氏：縣名。治所在今山東曹縣東南。

戊午，減天下死罪一等，戍邊。

清河劉文反，[1]殺國相射暠，[2]欲立清河王蒜爲天子；[3]事覺伏誅。[4]蒜坐貶爲尉氏侯，徙桂陽，自殺。[5]

［1］【今注】清河：國名。治甘陵縣（今山東臨清市東北）。

［2］【今注】案，射，大德本、殿本作“謝”。王先謙《後漢書集解》引惠棟曰：“《清河王傳》：文等劫相謝暠。章懷注曰：《帝紀》‘謝’作‘射’，蓋紀傳不同。案此則章懷時《帝紀》‘謝’作‘射’也。《三輔決録》云：漢末大鴻臚射咸，本姓謝名服，天子以爲將軍出征，姓謝名服不祥，改之爲射氏名咸。案此謝氏至漢末時始改射，故吴時有射慈。暠在桓帝初不應先作射氏，當從傳爲正。”曹金華《後漢書稽疑》謂，《漢書·律曆志上》“大典星射姓”，顔師古注：“姓射，名姓也。”是本有射姓。本書《天文志中》也作“射暠”。其未必出自謝服族屬也。（第137頁）　國相：諸侯國相。西漢初名相國，惠帝元年（前194）更名丞相，景帝中元五年（前145）復更名爲相，此後至東漢皆稱相。秩二千石，爲諸侯國中最高行政長官，統領王國衆官，職如郡守。由天子代置，對諸侯王有監督之責，屬吏有長史等。本書《百官志五》：“皇子封王，其郡爲國，每置傅一人，相一人，皆二千石。本注曰：傅主導王以善，禮如師，不臣也。相如太守。有長史，如郡丞。”

［3］【今注】清河王蒜：劉蒜，清河恭王劉延平子，嗣清河王位。永嘉元年（145）沖帝去世，太尉李固欲立劉蒜爲帝，徵蒜詣京師。但大將軍梁冀與梁太后共立質帝，劉蒜衹得返回封國。桓帝建和元年（147）甘陵人劉文與南郡人劉鮪勾結，欲立劉蒜爲帝。事情敗露，朝廷誅殺二人。劉蒜受到牽連，被貶爵爲尉氏侯，流放桂陽，自殺而死。立三年，國絶。詳見本書卷五五《章帝八王傳》。

［4］【今注】覺：法律術語。指罪行暴露，被發現。

［5］【李賢注】尉氏，縣，屬陳留郡，今汴州縣也。【今注】尉氏：縣名。治所在今河南尉氏縣。　桂陽：郡名。治郴縣（今湖南郴州市北湖區）。

前太尉李固、杜喬皆下獄死。[1]

[1]【李賢注】《讀漢志》曰（讀，紹興本、大德本、殿本作“續”，底本誤）：“順帝之末，京都童謡曰：‘直如弦，死道邊；曲如鉤，反封侯。’曲如鉤謂梁冀、胡廣等。直如弦謂李固等。”【今注】李固：字子堅，漢中南鄭（今陝西漢中市）人。傳見本書卷六三。今漢中市城固縣小營村有李固墓。

陳留盜賊李堅自稱皇帝，伏誅。[1]

[1]【李賢注】《東觀記》曰江舍及李堅等。【今注】陳留：郡名。治陳留縣（今河南開封市祥符區東南）。

二年春正月甲子，皇帝加元服。[1]庚午，[2]大赦天下。賜河閒、勃海二王黄金各百斤，[3]彭城諸國王各五十斤；[4]公主、大將軍、三公、特進、侯、中二千石、二千石、將、大夫、郎吏、從官、四姓及梁鄧小侯、諸夫人以下帛，[5]各有差。[6]年八十以上賜米、酒、肉，九十以上加帛二匹，綿三斤。

[1]【今注】元服：皇帝之冠。“加元服”即行冠禮，表示成年。《漢書》卷七《昭帝紀》顔師古注：“元，首也。冠者，首之所著，故曰元服。”

[2]【今注】案，午，大德本作“子”。

[3]【李賢注】河間王建，勃海王悝。【今注】河閒：國名。治樂成縣（今河北獻縣東南）。　勃海：國名。治南皮縣（今河北南皮縣北）。

[4]【李賢注】彭城王定。【今注】彭城：國名。治彭城縣（今江蘇徐州市雲龍區）。

［5］【今注】特進：官名。始設於西漢末年，授予列侯中有特殊地位的人，位在三公下。東漢至南北朝僅爲加官，無實職。　中二千石：漢代官吏秩禄等級之一，其地位在二千石、比二千石之上，月俸一百八十斛。凡太常、光禄勳、衛尉、太僕、廷尉、大鴻臚、宗正、大司農、少府等中央機構的主管長官，皆爲中二千石。在地方官中還有三輔的設置。秦及漢初衹有二千石，無中二千石和比二千石，中二千石最早指中央二千石，與地方的郡守二千石區别。到西漢景帝中元六年（前144）或武帝建元後，爲提高中央官員地位，壓制郡國官員，而將中二千石作爲一個秩級確定了下來。（參見周群《西漢二千石秩級的演變》，《史學月刊》2009年第10期）　大夫：官名。光禄勳屬官，有光禄大夫、太中大夫、中大夫、諫大夫等，掌顧問應對，參謀議政，秩級有比二千石、比千石不等。《漢書·百官公卿表上》："大夫掌論議，有太中大夫、中大夫、諫大夫，皆無員，多至數十人。武帝元狩五年初置諫大夫，秩比八百石，太初元年更名中大夫爲光禄大夫，秩比二千石，太中大夫秩比千石如故。"　郎吏：職官類名。西漢有郎中、中郎、外郎、侍郎、議郎等，無定員，多至千餘人。皆隸屬郎中令（光禄勳）。諸侯王國亦置。職掌守衛皇宫殿廊門户、出充車騎扈從、備顧問應對、守衛陵園廟等。因與皇帝關係密切，任職滿一定期限即可遷補内外官職，爲重要選官途徑。《漢書·百官公卿表上》："郎掌守門户，出充車騎，有議郎、中郎、侍郎、郎中，皆無員，多至千人。議郎、中郎秩比六百石，侍郎比四百石，郎中比三百石。中郎有五官、左、右三將，秩皆比二千石。郎中有車、户、騎三將，秩皆比千石。"東漢於光禄勳下設五官、左、右中郎將，主管中郎、侍郎、郎中，實爲官吏儲備人才的機構，其郎官多達二千餘人。〔參見吕宗力主編《中國歷代官制大辭典》（修訂版），第605頁〕　從官：指君王的隨從、近臣。《漢書》卷九《元帝紀》："令從官給事宫司馬中者，得爲大父母、父母、兄弟通籍。"顔師古注："從官，親近天子常侍從者皆是也。"　小侯：東漢指有侯爵的外戚子弟，或將

承襲侯爵的外戚子弟；因非正式封侯，故號小侯。四姓小侯指外戚樊氏、郭氏、陰氏、馬氏諸子弟，梁鄧小侯指外戚梁氏、鄧氏諸子弟。　夫人：諸侯之妻稱夫人。案，夫人，大德本作“大夫”。

［6］【今注】差：等級、等次。

三月戊辰，帝從皇太后幸大將軍梁冀府。[1]

［1］【今注】幸：古稱帝王到達某地爲“幸”。蔡邕《獨斷》卷上：“（天子）所至曰‘幸’……幸者，宜幸也，世俗謂幸爲僥倖。車駕所至，臣民被其德澤以僥倖，故曰幸也。先帝故事，所至見長吏三老官屬，親臨軒，作樂。賜食皂帛越巾刀佩帶，民爵有級數，或賜田租之半，是故謂之幸，皆非其所當得而得之。”

白馬羌寇廣漢屬國，[1]殺長吏，益州刺史率板楯蠻討破之。[2]

［1］【今注】白馬羌：西羌的一支。又稱廣漢白馬羌。原居河湟地區。秦獻公初立，欲復穆公之迹，兵臨渭首（今甘肅渭源縣），諸羌畏秦之威，相率外遷，該部徙居廣漢地區，與夷、氐雜處，故有“六夷、七羌、九氐”之説。東漢光武帝建武十一年（35），其首領樓登等率五千餘户内屬，漢封其爲歸義君長。安帝永初元年（107），西羌大起義時，其部遥相呼應，攻破官軍。順帝永和二年（137），爲廣漢屬國都尉與護羌校尉鎮壓。桓帝建和二年（148），起兵攻廣漢屬國都尉，殺長吏，被益州刺史率板楯蠻平息。　屬國：秦漢時期設置的用於安置歸附的匈奴、羌、夷等少數民族的特别行政區。秦代設置有“屬邦”，有學者認爲漢代的“屬國”即“屬邦”。西漢武帝元狩三年（前120）置五屬國於西北邊郡，安置内附匈奴。宣帝以後，屬國或增置，或廢罷，兼安置羌族。東漢西

北、東北、西南等邊境地區皆置。屬國設屬國都尉主之，屬國内部的少數民族仍保留原來的部族、文化，多采用固有的仟、佰等基層組織。（參見孫言誠《秦漢的屬邦與屬國》，《史學月刊》1987年第2期；黎明釗、唐俊峰《秦至西漢屬國的職官制度與安置模式》，《中國史研究》2018年第3期）

［2］【李賢注】板楯，西南蠻之號。【今注】板楯蠻：古代巴人的一支。戰國及秦漢時居荆梁間，後在巴郡（今重慶境）繁衍。相傳秦昭襄王時，曾射殺白虎，爲秦除患。漢初助高祖定關中。東漢曾調發其人征伐羌人。詳見本書卷八六《南蠻西南夷傳》。

夏四月丙子，封帝弟顧爲平原王，[1]奉孝崇皇祀。尊孝崇皇夫人馬氏爲孝崇園貴人。[2]

［1］【今注】案，王先謙《後漢書集解》引錢大昕曰："《河間王開傳》：更封帝兄都鄉侯碩爲平原王，與紀互異。"中華本據此將"顧"改爲"碩"。校勘記謂，"《河閒王開傳》'帝兄都鄉侯碩'，《孝崇匽王后紀》又作'帝弟平原王石'，《校補》引侯康説，謂作'碩'者是，顧則形近之誤，石則聲近之誤也。作'帝弟'者是，桓帝爲蠡吾侯長子，不得有兄也。今據改"。曹金華《後漢書稽疑》謂，《通鑑》卷五三作"顧"。《後漢紀》卷二一"立都鄉侯子爲平原王"，周天游《校注》曰："按《袁紀》上卷言封帝弟名爲都鄉侯，此又言名子爲平原王，與《范書》《通鑑》又異，未知孰是。"（第138頁）劉碩，蠡吾侯劉翼子，桓帝弟，原襲父劉翼爵爲都鄉侯，獻帝建和二年（148），梁太后更封劉碩爲平原王，留博陵，奉翼後。碩嗜酒，多過失，帝令馬貴人領王家事。建安十一年（206），國除。詳見本書卷五五《章帝八王傳》。　平原：郡名。治平原縣（今山東平原縣南）。

［2］【今注】貴人：後宮名號。始於東漢，位僅次皇后。本書

卷一〇上《皇后紀上》："及光武中興，斲彫爲朴，六宮稱號，唯皇后、貴人。貴人金印紫綬，俸不過粟數十斛。又置美人、宮人、采女三等，並無爵秩，歲時賞賜充給而已。"

嘉禾生大司農帑藏。[1]五月癸丑，北宫掖廷中德陽殿及左掖門火，[2]車駕移幸南宫。[3]

［1］【李賢注】《説文》曰："帑者，金布所藏之府也。"帑，佗朗反。

［2］【今注】北宫：東漢洛陽城宫名。西漢時期洛陽城有南宫，"南宫"之稱顯然與"北宫"相對，故西漢洛陽城應已經存在"北宫"。東漢明帝繼位後，又大興土木，對北宫及其他官府進行了修繕和擴建。工程浩大，勞民傷財。明帝移居北宫後，北宫成爲政治中心，南宫降爲附屬設施。此後東漢章帝、和帝、安帝、順帝、桓帝、靈帝、少帝、獻帝等均居住過北宫。（參見陳蘇鎮《東漢的南宫和北宫》，《文史》2018年第1輯）　掖廷：官署名。也寫作"掖庭"。秦和漢初稱永巷，西漢武帝太初元年（前104）更名掖庭，屬少府。秦漢後宫所在地，居住大量宫女。其長官稱令，另有丞八人，掌後宫宫女及供御雜務，管理宫中詔獄等，由宦者擔任。屬官有掖廷户衛、掖廷獄丞、掖廷牛官令、少内嗇夫、暴室丞、暴室嗇夫等。東漢時仍屬少府，但掖庭、永巷並置。本書《百官志三》："掖庭令一人，六百石。本注曰：宦者。掌後宫貴人采女事。左右丞、暴室丞各一人。本注曰：宦者。暴室丞主中婦人疾病者，就此室治；其皇后、貴人有罪，亦就此室。""永巷令一人，六百石。本注曰：宦者。典官婢侍使。丞一人。本注曰：宦者。"　德陽殿：東漢洛陽北宫宫殿名。是北宫中非常重要的建築，巍峨壯麗，裝飾華貴，"蓋北宫殿之最尊者"。德陽殿規模較大，可容納萬人，每年正月旦日，在其中舉行百官朝會的盛大典禮。有許多附屬

殿室，在北宫中形成一座相對獨立的建築群，故又被稱作“德陽宫”。由於德陽殿是這座建築群的主殿，故又稱“德陽前殿”。（參見宋傑《黄門與禁省——漢代皇帝宫内居住區域考辨》，《南都學壇》2020 年第 5 期）　掖門：宫殿正門兩旁的側門。《漢書》卷三《高后紀》：“章從勃請卒千人，入未央宫掖門。”顔師古注：“非正門而在兩旁，若人之臂掖也。”

［3］【今注】車駕：皇帝所乘之車，亦用爲皇帝的代稱。蔡邕《獨斷》卷上：“乘輿出於《律》。《律》曰：‘敢盜乘輿服御物。’謂天子所服食者也。天子至尊，不敢渫瀆言之，故託之於乘輿。乘猶載也，輿猶車也。天子以天下爲家，不以京師宫室爲常處，則當乘車輿以行天下，故群臣託乘輿以言之。或謂之車駕。”

六月，改清河爲甘陵，［1］立安平王得子經侯理爲甘陵王。［2］

［1］【今注】甘陵：國名。東漢桓帝建和二年（148）改清河國置。治甘陵縣（今山東臨清市東北）。

［2］【李賢注】安平，今定州縣也。經，今貝州經城縣。【今注】安平王得：劉得，一作“劉德”，河間孝王開之子。延光元年（122），安帝封劉德爲安平王，以奉樂成王劉黨之祀。以樂成連續廢絶，故改國曰安平。立三十年薨，謚號孝，子劉續嗣。詳見本書卷五〇《孝明八王傳》。安平，國名。治信都縣（今河北衡水市冀州區）。　經：縣名。治所在今河北廣宗縣東北。　理：劉理。安平孝王劉德之子。本爲經侯，後被改立爲甘陵王，在位二十五年薨，謚號“威”。子劉定嗣位。

秋七月，京師大水。河東言木連理。［1］

[1]【今注】河東：郡名。治安邑縣（今山西夏縣西北）。

冬十月，長平陳景自號“黄帝子”，[1]署置官屬，[2]又南頓管伯亦稱“真人”，[3]並圖舉兵，悉伏誅。

[1]【今注】長平：縣名。治所在今河南西華縣東北。　案，黄，殿本作“皇”。王先謙《後漢書集解》：“官本作‘皇帝子’。王會汾云，皇，監本作‘黄’。今從宋本。按‘黄帝子’義亦可通，猶《前書》言‘白帝子’‘赤帝子’也。”

[2]【今注】官屬：指官府機構的屬吏。

[3]【今注】南頓：縣名。治所在今河南項城市西。

三年春三月甲申，[1]彭城王定薨。[2]

[1]【今注】案，曹金華《後漢書稽疑》謂，建和三年三月己亥朔，是月無“甲申”。閏三月己巳朔，甲申十六日。此作“三月甲申”誤也。（第138頁）

[2]【今注】彭城王定：劉定，彭城考王道之子，嗣王位，立四年薨，謚號“頃”。子孝王和嗣。詳見本書卷五〇《孝明八王傳》。

夏四月丁卯晦，[1]日有食之。[2]五月乙亥，詔曰：“蓋聞天生蒸民，[3]不能相理，爲之立君，使司牧之。[4]君道得於下，則休祥著乎上；[5]庶事失其序，則咎徵見乎象。[6]間者，[7]日食毁缺，陽光晦暗，[8]朕祗懼潛思，匪遑啓處。[9]《傳》不云乎：‘日食修德，月食修刑。’[10]昔孝章帝愍前世禁徙，[11]故建初之元，[12]

並蒙恩澤，流徙者使還故郡，没入者免爲庶民。[13]先皇德政，可不務乎！其自永建元年迄乎今歲，[14]凡諸妖惡，[15]支親從坐，及吏民減死徙邊者，悉歸本郡；唯没入者不從此令。"

[1]【今注】晦：每月最後一天。

[2]【李賢注】《續漢志》曰："在東井二十三度。東井主法，梁太后枉殺公卿，犯天法也。"【今注】案，食，大德本作"蝕"。

[3]【今注】蒸民：衆民，百姓。蒸，衆多。

[4]【今注】司牧：管理，治理。

[5]【今注】休祥：美好的徵兆。休，美善；祥，徵兆。

[6]【李賢注】已上略成帝詔詞。【今注】咎徵：災禍的徵驗。

[7]【今注】間者：近來。

[8]【今注】晦：昏暗。

[9]【李賢注】遑，暇也。啓，跪也。《詩·小雅》曰："王事靡盬，不遑啓處。"【今注】匪遑啓處：意爲没有時間休息，指忙於公務。《詩·小雅·采薇》："王事靡盬，不遑啓處。"

[10]【李賢注】《公羊傳》之文也。【今注】案，王先謙《後漢書集解》引蘇輿曰："《公羊傳》無此文，語見《管子》。"

[11]【今注】孝章帝：東漢章帝劉炟，公元75年至88年在位。紀見本書卷三。　愍：同"憫"。

[12]【今注】建初：東漢章帝劉炟年號（76—84）。

[13]【今注】没入：没收人口、財物等入官。

[14]【今注】案，乎，大德本、殿本作"于"。

[15]【今注】妖惡：妖言惑衆。

六月庚子，詔大將軍、三公、特進、侯，其與卿、校尉舉賢良方正、能直言極諫之士各一人。

乙卯，震憲陵寢屋。[1]秋七月庚申，廉縣雨肉。[2]八月乙丑，有星孛于天市。[3]京師大水。九月己卯，地震。庚寅，地又震。詔死罪以下及亡命者贖，[4]各有差。郡國五山崩。

[1]【今注】憲陵：東漢順帝劉保的陵墓。在今河南洛陽市東北漢魏故城西北三十里鋪一帶。　寑：通“寢”。本指宗廟，凡廟，前曰廟，後曰寢。秦漢開始在帝王陵墓旁立廟寢，寢開始指陵寢，即帝王陵墓旁用於祭祀的廟。《漢書》卷七三《韋玄成傳》：“而京師自高祖下至宣帝，與太上皇、悼皇考各自居陵旁立廟，並爲百七十六。又園中各有寢、便殿。日祭於寢，月祭於廟，時祭於便殿。寢，日四上食；廟，歲二十五祠；便殿，歲四祠。”

[2]【李賢注】《續漢志》曰：“肉似羊肺，或大如手。”《五行傳》曰（曰，大德本、殿本作‘云’）：“棄法律，逐功臣，時則有羊禍，時則有赤眚赤祥。”是時梁太后攝政，兄冀專權，枉誅李固、杜喬、天下冤之。廉縣屬北地郡也。【今注】廉縣：治所在今寧夏銀川市西。東漢末廢。

[3]【李賢注】《前書》曰：“旗星中四星，名曰天市。”【今注】星孛：光芒四射的彗星。孛，彗星之别稱。古以彗星爲不祥，預兵戎之災。　天市：星官名。即天市垣。是三垣的下垣，位居紫微垣之下的東南方向。詳見《史記·天官書》。本書《天文志下》：“乙丑，彗星芒長五尺，見天市中，東南指，色黄白，九月戊辰不見……彗星見天市中爲質貴人。至和平元年十二月甲寅，梁太后崩，梁冀益驕亂矣。”

[4]【今注】亡命：指已確定罪而逃亡的罪犯〔參見［日］保科季子《亡命小考——兼論秦漢的確定罪名手續“命”》，《簡帛》第3輯，上海古籍出版社2008年版〕。案，大德本無“命”字。

冬十月，太尉趙戒免。司徒袁湯爲太尉，大司農河内張歆爲司徒。[1]

[1]【李賢注】歆字敬讓。【今注】河内：郡名。治懷縣（今河南武陟縣西南）。　案，王先謙《後漢書集解》引惠棟曰："歆，修武人。見《魏志》。"

十一月甲申，詔曰："朕攝政失中，灾眚連仍，[1]三光不明，[2]陰陽錯序。監寐寤歎，疢如疾首。[3]今京師廝舍，死者相枕，[4]郡縣阡陌，[5]處處有之，甚違周文掩胔之義。[6]其有家屬而貧無以葬者，給直，[7]人三千，喪主布三匹；若無親屬，可於官壖地葬之，[8]表識姓名，爲設祠祭。又徒在作部，[9]疾病致醫藥，死亡厚埋藏。民有不能自振及流移者，[10]稟穀如科。[11]州郡檢察，務崇恩施，以康我民。"

[1]【今注】災眚：災害。　仍：頻繁。

[2]【今注】三光：指日、月、星。

[3]【李賢注】監寐言雖寢而不寐也。寤，覺也。【今注】疢如疾首：大意爲内心煩熱，頭昏腦脹。形容憂傷成疾。《詩·小雅·小弁》："心之憂矣，疢如疾首。"《説文》："疢，熱病也。"

[4]【李賢注】廝舍，賤役人之舍（大德本、殿本句末有"也"字）。【今注】廝舍：官府設置的用以安置病人的處所。"廝"有役、使、賤等含義，亦指從事廝役之人，故李賢等認爲"廝舍"指"賤役人之舍"。然此説似不確。里耶秦簡中出現官府設置的"廝舍"，如：

廿六年七月庚戌廝舍守宣佐秦出稻粟　二斗以貸居貣士五巫濡

留利積六日　［日］少半斗

令史慶監　9—1903+9—2068

這是“廝舍”向安置其中的人出貸糧食的文書。另里耶秦簡中可以見到多處士卒等出現“廝”這種情況的記載，這裏的“廝”有“病”的意思。學者據此推斷，“廝舍”可能是官府設置的養病之所。“廝舍”爲縣中機構，設有廝舍嗇夫、廝舍佐等官吏，廝舍安置受傷、生病的士卒，並向他們提供口糧。（參見楊先雲《秦簡所見“廝”及“廝舍”初探》，簡帛網，2018 年 5 月 16 日；黃浩波《〈里耶秦簡（貳）〉讀札》，簡帛網，2018 年 5 月 15 日）

［5］【今注】阡陌：田間小路。

［6］【今注】胔：尚存殘肉的骨殖。《禮記・月令》：“掩骼埋胔。”陸德明《經典釋文》引蔡邕曰：“露骨曰骼，有肉曰胔。”

［7］【今注】給直：按照價值供給。

［8］【李賢注】壖，官之餘地也。《前書音義》曰：“壖，城郭旁地。”音奴喚、而戀二反（戀，大德本、殿本作“變”）。

［9］【今注】作部：勞作的機構、場所。

［10］【今注】自振：自救，自給。

［11］【今注】科：稱量標準。《説文》：“科，程也。從禾從斗。斗者，量也。”

和平元年春正月甲子，大赦天下，改元和平。[1]

［1］【今注】案，中華本校勘記謂，李慈銘謂據《通鑑目録》甲子是朔，“甲子”下當脱一“朔”字。　和平：東漢桓帝劉志年號（150）。

己丑，[1]詔曰：“曩者遭家不造，先帝早世。[2]永惟太宗之重，[3]深思嗣續之福，詢謀台輔，[4]稽之兆占。[5]既建明哲，克定統業，天人協和，萬國咸寧。[6]元服已加，將即委付，而四方盜竊，頗有未静，故假延臨政，以須安謐。[7]幸賴股肱禦侮之助，殘醜消蕩，[8]民和年稔，[9]普天率土，[10]遐邇洽同。[11]遠覽'復子明辟'之義，[12]近慕先姑歸授之法，[13]及今令辰，[14]皇帝稱制。群公卿士，虔恭爾位，[15]戮力一意，勉同斷金。[16]'展也大成'，則所望矣。"[17]

[1]【今注】案，己丑，大德本、殿本作"己亥"。王先謙《後漢書集解》引何焯曰："《袁紀》作己丑，《通鑑》作乙丑，當以《通鑑》爲正。"中華本據此將"己丑"改爲"乙丑"。然曹金華《後漢書稽疑》謂，和平元年正月甲子朔，"乙丑"爲初二，"己丑"爲二十六日，無"己亥"，此謂當以《通鑑》爲正，不足據也（第139頁）。

[2]【李賢注】謂順帝崩也（崩也，殿本無"也"字）。《詩·周頌》曰："閔予小子，遭家不造。"鄭玄注云："造，成也。言成王遭武王崩，家道未成。"【今注】曩：不久之前。　遭家不造：《詩·周頌·閔予小子》："閔予小子，遭家不造。"

[3]【今注】案，太，紹興本作"大"。

[4]【今注】台輔：三公宰輔之位。

[5]【今注】稽：考。　兆占：龜卜；占卜。

[6]【今注】咸：皆。

[7]【今注】須：等待。　安謐：安静。謐，静。

[8]【李賢注】謂建和二年長安陳景反，南頓管伯等謀反，並伏誅。【今注】股肱：腿與胳膊，喻指輔弼君主的大臣。《尚書·皋陶謨》："臣作朕股肱耳目。"　禦侮：武臣。《詩·大雅·緜》："予曰有奔奏，予曰有禦侮。"毛傳："武臣折衝曰禦侮。"

［9］【今注】年稔：穀物成熟，豐收。

［10］【今注】普天率土：指整個天下、四海之内。《詩·小雅·北山》："溥天之下，莫非王土；率土之濱，莫非王臣。"《孟子·萬章上》引作"普天之下，莫非王土；率土之濱，莫非王臣"。

［11］【今注】遐邇：遠近。《説文新附》："遐，遠也。"《説文》："邇，近也。" 洽同：協和統一。

［12］【李賢注】《尚書》曰："周公曰'朕復子明辟'。"復，還也。子謂成王也。辟，君也。謂周公攝已久（紹興本、殿本"攝"後有"政"字），故復還明君之政於成王；今太后亦還政於帝也（太，紹興本、大德本作"大"）。【今注】復子明辟：意爲還政或讓位。《尚書·洛誥》："周公拜手稽首曰：'朕復子明辟。'"僞孔傳："周公盡禮致敬言：我復還明君之政於子。子，成王。年二十成人，故必歸政而退老。"

［13］【李賢注】先姑謂安帝閻皇后也。《爾雅》曰"婦人謂夫之父曰舅，夫之母曰姑。在則曰君舅、君姑，殁則曰先舅、先姑"也。

［14］【今注】令辰：吉日。令，善。

［15］【今注】虔恭爾位：意爲恭敬地對待你的職位。《詩·大雅·韓奕》："夙夜匪解，虔共爾位，朕命不易。"鄭玄箋："古之恭字或作共。"

［16］【李賢注】金者，剛之物也。言人能同心，則其利可以斷之也。《易》曰："二人同心，其利斷金。"【今注】戮力一意勉同斷金：意爲兩人同心合力，其鋒利程度能把金屬切開。喻指協力合作，則力量無窮。戮力指協力，通力合作。《周易·繫辭上》："二人同心，其利斷金。"

［17］【李賢注】《詩·小雅》曰："允矣君子，展也大成。"鄭玄注云："允，信也。展，誠也。大成謂致太平也。"言誠能致太平，是所望也。【今注】展也大成：《詩·小雅·車攻》："允矣

君子，展也大成。”

二月扶風妖賊裴優自稱皇帝，伏誅。[1]

[1]【李賢注】裴，姓；優，名也。《風俗通》曰：“裴，伯益之後。”【今注】扶風：右扶風。西漢在京畿地區設置的政區，爲三輔之一。西漢武帝太初元年（前104）改主爵都尉置，分右内史西半部爲轄區，因地屬畿輔，故不稱郡。治長安縣（今陝西西安市西北）。東漢沿置，移治槐里縣（今陝西興平市東南）。　妖賊：一般指以宗教或巫術形式發動農民起義的人。　裴優：扶風人，本書卷三六《張楷傳》：“（張楷）性好道術，能作五里霧。時關西人裴優亦能爲三里霧，自以不如楷，從學之，楷避不肯見。桓帝即位，優遂行霧作賊，事覺被考，引楷言從學術，楷坐繫廷尉詔獄。”

甲寅，皇太后梁氏崩。

三月，車駕徙幸北宫。

甲午，葬順烈皇后。[1]

[1]【今注】案，中華本校勘記：“李慈銘謂按《通鑑目録》，三月癸亥朔，不得有甲午，若是甲子，則距崩十一日，太促，疑‘甲’當作‘庚’。”

夏五月庚辰，尊博園匽貴人曰孝崇皇后。

秋七月，梓潼山崩。[1]

[1]【李賢注】梓潼，縣，屬廣漢郡，今始州縣也，有梓潼水。【今注】梓潼：縣名。治所在今四川梓潼縣。

冬十一月辛巳，[1]減天下死罪一等，徙邊戍。

[1]【今注】案，大德本、殿本無“辛巳”二字。

元嘉元年春正月，[1]京師疾疫，使光禄大夫將醫藥案行。[2]

[1]【今注】元嘉：東漢桓帝劉志年號（151—153）。

[2]【今注】光禄大夫：官名。“大夫”類職官之一。西漢武帝太初元年（前104）改中大夫置，屬光禄勳，秩比二千石。掌論議，在大夫中地位最爲尊顯，武帝時霍光、金日磾皆曾任此職。西漢晚期，多作爲貴戚重臣的加官。無員限。東漢時，因權臣不復冠此號，漸成閑散之職，雖仍掌顧問應對，但多用以拜假賵贈之使，及監護諸國嗣喪事。（參見林甘泉主編《中國歷史大辭典·秦漢史》，第162頁）

癸酉，大赦天下，改元元嘉。

二月，九江、廬江大疫。[1]

[1]【今注】九江：郡名。治壽春縣（今安徽壽縣）。　廬江：郡名。治舒縣（今安徽廬江縣西南）。

甲午，河間王建薨。[1]夏四月己丑，安平王得薨。[2]

[1]【今注】河間王建：河間惠王政之子，嗣王位，立十年薨，謚號“貞”。子安王利嗣。詳見本書卷五五《章帝八王傳》。

［2］【李賢注】河間孝王開之子，初爲樂成王，後改曰安平。

京師旱。任城、梁國飢，[1]民相食。

［1］【今注】任城：國名。東漢章帝元和元年（84）分東平國置，封東平王劉蒼子尚爲任城王，治任城縣（今山東濟寧市東南）。梁國：國名。治下邑縣（今安徽碭山縣）。

司徒張歆罷，光禄勳吴雄爲司徒。[1]

［1］【今注】光禄勳：官名。西漢武帝太初元年（前104）改郎中令置。秩中二千石，位列諸卿。職掌宫殿門户宿衛，兼侍從皇帝左右，宫中宿衛、侍從、傳達諸官如大夫、郎官、謁者等皆屬之。兼典期門（虎賁）、羽林諸禁衛軍。新莽改名司中。東漢復舊，職司機構有所變動，以掌宫殿門户宿衛爲主，罷郎中三將，五官、左、右三中郎將署，分領中郎、侍郎、郎中，名義上備宿衛，實爲後備官員儲備之所。虎賁、羽林中郎將、羽林左右監仍領禁軍，掌宿衛侍從。職掌顧問參議的大夫、掌傳達招待的謁者及騎、奉車、駙馬三都尉名義上隸屬之。兩漢郎官爲選拔人才的重要途徑，故光禄勳對簡選官吏負有重要責任。〔參見吕宗力主編《中國歷代官制大辭典》（修訂版），第385頁〕　吴雄：字季高，河南人。東漢順帝時，爲廷尉。明法律，斷獄平允。桓帝元嘉初拜爲司徒。永興元年（153）免官。子訢、孫恭，三世廷尉，爲法律名家。王先謙《後漢書集解》引惠棟曰："雄字季高，河南原武人。見孔廟置《守廟百石孔和碑》。"孔廟所置《守廟百石孔和碑》，今一般稱《乙瑛碑》，現藏曲阜漢魏碑刻陳列館，其内容記載司徒吴雄、司空趙戒因前任魯相乙瑛所請，上奏皇帝，請置孔廟守廟百石卒史一人，管理孔廟日常事務一事。

秋七月，武陵蠻叛。[1]

[1]【今注】武陵蠻：漢時分布在武陵郡的少數民族。相傳爲槃瓠之後，有民族語言，稱首領爲“精夫”，彼此互呼“姎徒”。漢初設武陵郡，歲徵大人布一匹，小口二丈，是謂賨布。東漢時勢力轉盛。光武帝建武二十三年（47），首領相單程率衆據險，攻襲郡縣，次年占領臨沅（今湖南常德市西）。後在東漢大軍圍攻下，飢困投降。詳見本書卷八六《南蠻西南夷傳》。

冬十月，司空胡廣罷。

十一月辛巳，京師地震。

閏月庚午，[1]任城王崇薨。[2]太常黄瓊爲司空。[3]

[1]【今注】案，曹金華《後漢書稽疑》謂，本紀前謂是年“冬十月，司空胡廣罷”，《後漢紀》卷二一作“十月，司空胡廣罷，太常黄瓊爲司空”，與此不同（第140頁）。

[2]【今注】任城王崇：任城貞王安之子，嗣王位。立三十一年薨，謚號“節”。無子，國絶。詳見本書卷四二《光武十王傳》。

[3]【今注】太常：官名。列卿之一。秦及漢初名奉常，景帝中元六年（前144）改名太常。主要職掌宗廟祭祀禮儀，兼管選試博士等文化教育活動。秩中二千石。《漢書·百官公卿表上》：“奉常，秦官，掌宗廟禮儀，有丞。景帝中六年更名太常。”景帝陽陵出土封泥有“太常之印”，學者考證爲景帝中元六年奉常更名後之物（參見楊武站《漢陽陵出土封泥考》，《考古與文物》2011年第4期）。案，太，紹興本作“大”。　黄瓊：字世英，江夏安陸（今湖北雲夢縣）人。傳見本書卷六一。

二年春正月，西域長史王敬爲于寘國所殺。[1]

[1]【李賢注】敬殺于寘王建，故國人殺之。【今注】西域長史：官名。東漢章帝建初元年（76）罷西域都護，軍司馬班超留于闐，綏集諸國。八年，以超爲西域長史，亦稱將兵長史，掌管西域事務。和帝永元三年（91）復置西域都護，遂爲都護屬官。安帝永初元年（107）悉罷。延光二年（123）復置，以班勇爲之，將弛刑徒五百人，屯柳中，執行都護職務。後遂爲常制，與戊己校尉共主西域事務。　于寘國：亦作"于闐"，漢西域三十六國之一，屬西域都護府。都城在西城（今新疆和田縣西約特幹遺址）。唐置毗沙都督府。詳見本書卷八八《西域傳》。

丙辰，京師地震。[1]

[1]【今注】案，曹金華《後漢書稽疑》謂，本書《五行志六》、卷二一、《通鑑》卷五三同，然元嘉二年正月壬午朔，是月無"丙辰"，"丙辰"前疑脱"二月"二字（第140頁）。

夏四月甲寅，孝崇皇后匽氏崩。庚午，常山王豹薨。[1]五月辛卯，葬孝崇皇后于博陵。[2]

[1]【今注】常山王豹：常山頃王劉儀子，嗣王位，立八年薨，謚號"節"，子暠嗣。詳見本書卷五〇《孝明八王傳》。

[2]【今注】博陵：東漢桓帝父劉翼之陵。在今河北蠡縣南十五里。

秋七月庚辰，日有食之。[1]八月，濟陰言黃龍見句陽，[2]金城言黄龍見允街。[3]冬十月乙亥，京師地震。

[1]【今注】案，中華本校勘記，推是年七月合朔己卯，無日食，參閲本書《五行志六》校記。

[2]【李賢注】縣名，屬濟陰郡，《左傳》曰"盟于句瀆之丘"是也，故城在今曹州乘氏縣北，一名穀丘。【今注】句陽：縣名。治所在今山東菏澤市西北。

[3]【李賢注】允街，縣名，屬金城郡，音緣皆。【今注】金城：郡名。治允吾縣（今甘肅永靖縣西北）。 允街：縣名。治所在今甘肅永登縣東南。

十一月，司空黄瓊免。十二月，特進趙戒爲司空。右北平太守和旻坐臧，下獄死。[1]

[1]【今注】右北平：郡名。治土垠縣（今河北唐山市豐潤區東）。 太守：官名。秦漢郡級行政長官，職掌一郡之政事。《漢書·百官公卿表上》：郡守，秦官，秩二千石，景帝更名太守。從秦簡材料可知，秦代郡守即稱太守。案，太，紹興本作"大"。案，臧，大德本作"贜"。

永興元年春二月，[1]張掖言白鹿見。[2]

[1]【今注】永興：東漢桓帝劉志年號（153—154）。

[2]【今注】張掖：郡名。治觻得縣（今甘肅張掖市西北）。

三月丁亥，幸鴻池。[1]

［1］【今注】鴻池：池名。又作“洪池”，即鴻池陂。在今河南洛陽市東漢、晉故城東二十里，偃師市西。

夏五月丙申，大赦天下，改元永興。

丁酉，濟南王廣薨，[1]無子，國除。

［1］【今注】濟南王廣：濟南釐王劉顯之子，嗣王位，立二十五年，桓帝永興元年（153）薨，謚號“悼”，無子，國除。詳見本書卷四二《光武十王傳》。

秋七月，郡國三十二蝗。河水溢。百姓飢窮，流冗道路，[1]至有數十萬户，冀州尤甚。[2]詔在所賑給乏絶，[3]安慰居業。

［1］【今注】流冗：流散，流離失所。

［2］【今注】冀州：西漢武帝時所置十三刺史部之一。東漢時治高邑縣（今河北柏鄉縣北）。後移治鄴縣（今河北臨漳縣西南）。

［3］【今注】案，在所，大德本作“所在”。

冬十月，太尉袁湯免，太常胡廣爲太尉。司徒吴雄罷，司空趙戒免；以太僕黄瓊爲司徒，[1]光禄勳房植爲司空。[2]

［1］【今注】太僕：官名。秩中二千石，列位九卿，掌皇帝專用車馬，有時親自爲皇帝駕車，地位親近重要，兼管官府畜牧業。本書《百官志二》：“太僕，卿一人，中二千石。本注曰：掌車馬。天子每出，奏駕上鹵簿，大駕則執馭。丞一人，比千石。”〔參見吕

宗力主編《中國歷代官制大辭典》（修訂版），商務印書館 2017 年版，第 124 頁〕

［2］【今注】房植：字伯武，清河甘陵（今山東臨清市東北）人。東漢桓帝時爲河南尹，有名當朝。同郡周福爲尚書，二家賓客，互相攻訐，各樹朋徒，由是甘陵有南北部，黨人之議自此始。位至司空。王先謙《後漢書集解》引惠棟曰："植字伯武，清河人。魏明帝《甄表狀》曰：植少履清苦，孝友忠正，歷位州郡，政成化行。既登三事，靖恭衮服。雖季文相魯，晏嬰在齊，清風高節，不是過也。"

十一月丁丑，詔減天下死罪一等，徙邊戍。

是歲，武陵大守應奉招誘叛蠻，降之。[1]

［1］【今注】案，大，紹興本、大德本、殿本作"太"。　武陵：郡名。治義陵縣（今湖南溆浦縣南）。東漢時移治臨沅縣（今湖南常德市武陵區）　應奉：字世叔，汝南南頓（今河南項城市西）人。傳見本書卷四八。

二年春正月甲午，大赦天下。

二月辛丑，初聽刺史、二千石行三年喪服。[1]

［1］【今注】案，王先謙《後漢書集解》引蘇輿曰："安帝元初三年曾聽大臣二千石、刺史行三年喪，此'初'當云'復'。"

癸卯，京師地震，詔公、卿、校尉舉賢良方正、能直言極諫者各一人。[1]詔曰："比者星辰謬越，[2]坤靈震動，[3]灾異之降，必不空發。敕己修政，庶望有補。

其輿服制度有踰侈長飾者，皆宜損省。[4]郡縣務存儉約，申明舊令，如永平故事。"[5]

［1］【今注】案，直言極諫，大德本作"極言直諫"。

［2］【今注】謬越：錯位。謬，殿本作"繆"。

［3］【今注】坤靈：對大地的美稱。

［4］【李賢注】長音直亮反。【今注】輿服：車輿冠服與各種儀仗。古代車輿與冠服都有定式，以表尊卑等級。詳見本書《輿服志》。　案，損省，大德本作"省損"。

［5］【今注】永平故事：王先謙《後漢書集解》引惠棟曰："永平十二年五月丙辰詔也。《袁宏紀》云，永平十二年，上以天下無事，俗頗奢靡，乃詔有司申明舊事，整車服。"故事，指舊有的慣例、事例，秦漢時期的一種習慣法，又稱"行事""成事""舊事""舊制"等。"故事"有時指朝廷的典章制度，是"法令""法度""制度"等的同義語，有時指某一時期朝廷關於某一方面的政策、原則和具體做法。故事分爲慣例性故事和事例性故事，慣例性故事是一種習慣法，事例性故事本身没有約束力，而一旦被援引，就有很强的法律效力。（參見閻曉君《兩漢"故事"論考》，《中國史研究》2000年第1期）

六月，彭城泗水增長逆流。[1]詔司隸校尉、部刺史曰：[2]"蝗灾爲害，水變仍至，五穀不登，[3]人無宿儲。[4]其令所傷郡國種蕪菁以助人食。"[5]

［1］【李賢注】張衡對策曰："水者，五行之首。逆流者，人君之恩不能下及，而教逆也（教，殿本作'致'）。"【今注】泗水：河流名。亦稱清泗。别名清水。源出今山東泗水縣東五十里陪

尾山。四源並發，故名。《尚書·禹貢》："浮於淮泗。"泗即泗水。

［2］【今注】司隸校尉：官名。西漢武帝時置，執掌京師及其周邊地區的監察，秩二千石。《漢書·百官公卿表上》："司隸校尉，周官，武帝征和四年初置。持節，從中都官徒千二百人，捕巫蠱，督大奸猾。後罷其兵。察三輔、三河、弘農。元帝初元四年去節。成帝元延四年省。綏和二年，哀帝復置，但爲司隸，冠進賢冠，屬大司空，比司直。"

［3］【今注】登：穀物成熟。

［4］【今注】宿儲：先期的儲備。宿，先期。《説文解字》："宿，止也。"段玉裁注："先期亦曰宿。"

［5］【今注】蕪菁：二年生草本植物，可作蔬菜代糧，塊根可以熟食或用來泡酸菜。

京師蝗。東海朐山崩。[1]

［1］【李賢注】朐，山名也，在今海州朐山縣南。【今注】東海：郡名。治郯縣（今山東郯城縣西北）。　朐山：今江蘇連雲港市西南錦屏山。雙峰如削，形似馬耳，故又名馬耳山。秦始皇三十五年（前212）東巡，立石於此，以爲秦東門。秦於山側置朐縣，北周時改名朐山縣，皆以此山名。

九月丁卯朔，日有食之。詔曰："朝政失中，《雲漢》作旱，[1]川靈涌水，蝗螽孳蔓，[2]殘我百穀，太陽虧光，[3]飢饉荐臻。[4]其不被害郡縣，當爲飢餒者儲。[5]天下一家，趣不糜爛，[6]則爲國寶。其禁郡國不得賣酒，祠祀裁足。"[7]

[1]【李賢注】《雲漢》，《詩·大雅》篇名也。周宣王時大旱，故作詩曰（大德本無"曰"字）："倬彼雲漢，昭回于天。"鄭玄注云："雲漢，天河也。倬然轉運於天。時旱渴雨，故宣王夜視天河，望其候焉。"

[2]【今注】螽：蝗類昆蟲，身體緑色或褐色，善跳躍，對農作物有害。　孳蔓：滋生蔓延。

[3]【今注】虧：損。

[4]【今注】荐臻：接連到來。

[5]【今注】餒：飢餓。《説文》："餒，飢也。"

[6]【今注】糜爛：腐爛。

[7]【今注】裁：節制。《國語·吴語》："救其不足，裁其有餘。"

太尉胡廣免，司徒黄瓊爲太尉。閏月，光禄勳尹頌爲司徒。[1]

[1]【李賢注】頌字公孫，鞏人。【今注】尹頌：字公孫，鞏縣（今河南鞏義市）人。東漢桓帝時任光禄勳、司徒等，並舉薦名將段熲。

減天下死罪一等，徙邊戍。

蜀郡李伯詐稱宗室，[1]當立爲"太初皇帝"，伏誅。

[1]【今注】蜀郡：治成都縣（今四川成都市武侯區）。

冬十一月甲辰，校獵上林苑，[1]遂至函谷關，[2]賜所過道傍年九十以上錢，各有差。

［1］【今注】校獵：打獵。《漢書》卷一〇《成帝紀》："冬，行幸長楊宮，從胡客大校獵。"顔師古注："校，謂以木自相貫穿爲闌校耳……校獵者，大爲闌校以遮禽獸而獵取也。" 上林苑：苑名。秦都咸陽時置，在今陝西西安市西渭水以南、終南山以北。秦惠文王時即開始興建。至秦始皇時，先後在上林苑中修建了朝宮和宏偉壯麗的阿房宮前殿，還修建了大量的離宮別館。西漢初荒廢。武帝時復加拓展，周圍擴至二百餘里。

［2］【今注】函谷關：關名。戰國秦置，在今河南靈寶市東北三十里。西漢武帝元鼎三年（前114）徙函谷關於新安（今河南澠池縣東），以故關爲弘農縣。現僅存關門。

太山、琅邪賊公孫舉等反叛，[1]殺長吏。

［1］【今注】太山：郡名。亦作"泰山"。治奉高縣（今山東泰安市東）。 琅邪：國名。亦作"瑯邪"。治開陽縣（今山東臨沂市北）。 公孫舉：東漢人，桓帝永興二年（154），與東郭竇率衆三萬人於泰山東北琅邪起義。破郡縣，自建年號，轉戰青、兖、徐三州，屢敗官軍。桓帝永壽二年（156）爲中郎將段熲所敗，陣亡。（參見林甘泉主編《中國歷史大辭典·秦漢史》，第84頁）《後漢書》卷六五《段熲傳》："時太山、琅邪賊東郭竇、公孫舉等聚衆三萬人，破壞郡縣，遣兵討之，連年不克。永壽二年，桓帝詔公卿選將有文武者，司徒尹頌薦熲，乃拜爲中郎將。擊竇、舉等，大破斬之，獲首萬餘級，餘黨降散。"

永壽元年春正月戊申，[1]大赦天下，改元永壽。

［1］【今注】永壽：東漢桓帝劉志年號（155—158）。

二月，司隸、冀州飢，人相食。[1]敕州郡賑給貧弱。若王侯吏民有積穀者，一切貣十分之三，[2]以助稟貸；其百姓吏民者，以見錢雇直。[3]王侯須新租乃償。[4]

［1］【李賢注】司隸，州，即洛陽。【今注】司隸：官名。即司隸校尉部的省稱。轄河南、河内、右扶風、左馮翊、京兆、河東、弘農七郡，與州部並列。

［2］【李賢注】貣音吐得反（吐，大德本作“徒”），又音徒得反。【今注】案，大德本、殿本“貣”後有“得”字。

［3］【李賢注】雇猶酬也（猶，大德本作“由”）。【今注】雇直：付酬、付費。

［4］【李賢注】須，待也。

夏四月，白烏見齊國。[1]

［1］【今注】白烏：白羽之烏。古時以爲瑞物。　齊國：治臨淄縣（今山東淄博市臨淄區北）。

六月，洛水溢，壞鴻德苑。[1]南陽大水。[2]

［1］【李賢注】《續漢志》曰：“水溢至津城門，漂流人物。時梁冀專政，疾害忠良，威權震主，後遂誅滅也。”【今注】鴻德苑：東漢雒陽苑囿。在今河南洛陽市東北漢魏故城南津城門外。

［2］【今注】南陽：郡名。治宛縣（今河南南陽市卧龍區）。

司空房植免，太常韓縯爲司空。[1]

[1]【李賢注】縯音翼善反。【今注】韓縯：又作“韓演”。字伯南，潁川舞陽（今河南舞陽縣西北）人。東漢順帝時爲丹陽太守，政有能名。桓帝時由司空轉司徒。因黨附梁冀抵罪，遣歸本郡。復徵爲司隸校尉。桓帝延熹八年（165），劾奏中常侍左悺及其兄太僕左稱不法，悺、稱畏罪自殺；又奏中常侍具瑗兄沛相恭貪贓，恭下獄，瑗坐貶。

詔太山、琅邪遇賊者，勿收租、賦，[1]復更、筭三年。[2]又詔被水死流失屍骸者，令郡縣鉤求收葬；及所唐突壓溺物故，[3]七歲以上賜錢，人二千。壞敗廬舍，亡失穀食，尤貧者稟，人二斛。

[1]【今注】賦：口賦。漢代税目之一，人頭税的一種。日本學者加藤繁認爲“口賦”最早是人頭税的通稱，後來專指針對“七至十四歲”兒童徵取的人頭税〔參見［日］加藤繁《關於算賦的小研究》，載《中國經濟史考證》（第一卷），商務印書館 1959 年版，第 129 頁〕。

[2]【今注】更：更賦。漢代税目之一，又稱爲“過更”“更”等。由代役金演變而來。“更”指秦漢戍役中戍卒輪流服役。卒更即輪流服役，踐更指親自服役，過更指雇人服役。過更本指是向官府交納代役金，由官府雇人行役。由於大多數人並不親自服役，而是繳納代役金，故這筆錢就成爲一種賦税，稱作“過更”或“更賦”。〔參見林甘泉主編《中國經濟通史·秦漢經濟卷（下）》，中國社會科學出版社 2007 年版，第 443—444 頁〕　筭：算賦、口算。漢代税目之一，人頭税的一種，可能指成年人的人頭税，即《漢儀注》“人年十五至五十六出賦錢，人百二十，爲一筭”。

［3］【今注】唐突：横衝直撞。　案，壓，大德本作“埋壓”。物故：本指事故，後指因事故而死亡。

巴郡、益州郡山崩。[1]

［1］【李賢注】益州，郡名也，武帝置。諸本無“郡”字者，誤也。【今注】巴郡：治江州縣（今重慶市北）。　益州郡：治滇池縣（今雲南昆明市晉寧區東北）。

秋七月，初置太山、琅邪都尉官。[1]

［1］【李賢注】《漢官儀》曰：“秦郡有尉一人，典兵禁，捕盜賊，景帝更名都尉，建武十年省（十，紹興本、大德本、殿本作‘七’。案，王先謙《後漢書集解》：“十年，官本作七年，據《光武紀》及《續志》皆‘六年’之訛。”中華本據此將李賢注之“十”改爲“七”），唯邊郡往往置都尉及屬國都尉。”今二郡寇賊不息，故置。【今注】都尉：官名。即郡尉。秦漢郡級軍事長官，佐助郡守職掌武事。《漢書・百官公卿表上》：“郡尉，秦官，掌佐守典武職甲卒，秩比二千石。有丞，秩皆六百石。景帝中二年更名都尉。”本書《百官志五》：“（郡）尉一人，典兵禁，備盜賊，景帝更名都尉。武帝又置三輔都尉各一人，譏出入……中興建武六年，省諸郡都尉，並職太守，無都試之役……安帝以羌犯法，三輔有陵園之守，乃復置右扶風都尉，京兆虎牙都尉。”

南匈奴左臺、且渠伯德等叛，[1]寇美稷，[2]安定屬國都尉張奂討除之。[3]

［1］【今注】南匈奴：東漢光武帝建武二十三年（47），匈奴發生王位之争。次年，部領匈奴南邊的薁鞬日逐王比自立爲單于，依附東漢稱臣，史稱“南單于”，自此匈奴分爲南北。光武帝將南匈奴安置在河套地區，建庭五原塞（今内蒙古包頭市）。次年，遷庭於美稷縣（今内蒙古准格爾旗西北），即匈奴“南庭”。漢置使匈奴中郎將率兵保護其安全。留居漠北的匈奴稱“北匈奴”。詳見本書卷八九《南匈奴傳》。　案，王先謙《後漢書集解》引惠棟曰：“《張奂傳》曰南匈奴左薁鞬臺耆且渠伯德等叛也。”中華本將“左臺”改爲“左薁鞬臺耆”，校勘記謂，“沈家本謂按《張奂傳》及《南匈奴傳》‘左’下奪‘薁鞬’二字，‘臺’下奪‘耆’字。今據補。按：《通鑑》亦作‘左薁鞬臺耆’，《考異》云從《張奂傳》”。

［2］【李賢注】美稷，西河縣也。【今注】美稷：縣名。治所在今内蒙古准格爾旗西北。

［3］【今注】屬國都尉：官名。管理屬國事務。《漢書·百官公卿表上》：“典屬國，秦官，掌蠻夷降者。武帝元狩三年昆邪王降，復增屬國，置都尉、丞、候，千人。”西漢武帝元狩三年（前120）置五屬國於西北邊郡，安置内附匈奴，沿其舊俗，置匈奴官號，而設都尉主之，掌民政軍事，兼負戍衛邊塞之責，秩比二千石。地位與諸郡守略同。屬國的官僚機構由兩部分組成，一部分是漢人組成的流官，除屬國都尉、丞、候、騎千人等之外，還有見於肩水金關漢簡的“屬國左騎千人令史”等少吏。屬國都尉下還設置曹，置掾、屬。另一部分是少數民族組成的外族官，包括歸義侯、率衆侯、千長、百長、且渠等。（參見黎明釗、唐俊峰《秦至西漢屬國的職官制度與安置模式》，《中國史研究》2018年第3期）張奂：字然明，敦煌淵泉（今甘肅瓜州縣東）人。傳見本書卷六五。

二年春正月，初聽中官得行三年服。[1]

[1]【李賢注】中官，常侍以下。【今注】中官：職官合稱。即宦官類職官，以給事於禁中，故名。《漢書》卷三《高后紀》："諸中官、宦者令丞皆賜爵關内侯、食邑。"顔師古注："諸中官，凡閹人給事於中者皆是也。"

二月甲申，東海王臻薨。[1]

[1]【今注】東海王臻：東海頃王肅子，嗣王位，有篤行，順帝增封五千户。立三十一年薨，謚號"孝"。子懿王祇嗣。詳見本書卷四二《光武十王傳》。

三月，蜀郡屬國夷叛。

秋七月，鮮卑寇雲中。[1]大山賊公孫舉等寇青、兖、徐三州，[2]遣中郎將段熲討，[3]破斬之。

[1]【今注】鮮卑：古族名。東胡的一支。秦漢時，游牧於今内蒙古西拉木倫河及洮兒河之間，附於匈奴。北匈奴西遷後，進入匈奴故地，併其餘衆，勢力漸盛。東漢桓帝時，首領檀石槐建庭立制，組成軍事行政聯合體。分爲東、中、西三部，各置大人率領。其後聯合體瓦解，步度根、軻比能等首領各擁其衆，附屬漢魏。傳見本書卷九〇。　雲中：郡名。治雲中縣（今内蒙古托克托縣東北）。

[2]【今注】案，大，紹興本、大德本、殿本作"太"。　青：州名。西漢武帝時所置十三刺史部之一。東漢時治臨菑縣（今山東淄博市臨淄區）。　兖：州名。西漢武帝時所置十三刺史部之一。

東漢時治昌邑縣（今山東巨野縣東南）。　徐：州名。西漢武帝時所置十三刺史部之一。東漢時治郯縣（今山東郯城縣）。

［3］【今注】中郎將：官名。秦和西漢時本爲中郎長官，秩比二千石，隸屬郎中令（光禄勳）。職掌宫禁宿衞，隨行護駕，亦常奉詔出使，職位清要。後又設五官、左、右中郎將分領中郎、常侍侍郎、謁者。期門（虎賁）、羽林郎等亦專設中郎將統領。其職多由外戚及親近官員擔任，加中朝官號。東漢省併郎署，中郎、侍郎、郎中悉歸五官、左、右三署，作爲後備官員。五官、左、右中郎將仍隸光禄勳，職掌訓練考核選拔郎官。宫禁宿衞侍從之職歸虎賁、羽林中郎將。别設使匈奴中郎將管理南匈奴事務。亦有單稱中郎將者。〔參見吕宗力主編《中國歷代官制大辭典》（修訂版），第156頁〕　段熲：字紀明，武威姑臧（今甘肅武威市涼州區）人。傳見本書卷六五。

冬十一月，置太官右監丞官。[1]

［1］【李賢注】《漢官儀》太官右監丞（大德本、殿本“漢官儀”後有“曰”字），秩比六百石也。【今注】太官右監丞：官名。漢代太官下有“食監”，監中設“丞”，《漢印文字徵》第八有“太官監丞”，此即監下之丞（參見安作璋、熊鐵基《秦漢官制史稿》，第185—186頁）。東漢桓帝永壽二年（156）十一月置“太官右監丞”，秩比六百石，爲太官令的佐官，助令掌御飲食。

十二月，京師地震。

三年春正月己未，[1]大赦天下。

［1］【今注】案，中華本校勘記謂，“己未”當依《袁宏紀》作“癸未”，是年正月癸未朔，無己未。

夏四月，九真蠻夷叛，[1]太守兒式討之，戰歿；[2]遣九真都尉魏朗擊破之。[3]復屯據日南。[4]

［1］【今注】九真：郡名。治胥浦縣（今越南清化省清化市西北）。

［2］【今注】歿：死。

［3］【今注】魏朗：字少英（一作“叔英”），會稽上虞（今浙江紹興市上虞區）人。傳見本書卷六七。

［4］【今注】日南：郡名。治西捲縣（今越南廣治省東河市）。

閏月庚辰晦，日有食之。

六月，初以小黄門爲守宫令，置冗從右僕射官。[1]

［1］【李賢注】《漢官儀》曰：“守宫令一人，黄門冗從僕射一人，並秩六百石”也。【今注】小黄門：官名。宦官。東漢始置，名義上隸屬少府，秩六百石。位次中常侍，高於中黄門。侍從皇帝左右，收受尚書奏事，傳宣帝命，掌宫廷内外、皇帝與後宫之間的聯絡。明帝、章帝之世，員額十人，和帝後增至二十人。以後權勢漸重，用事於中，甚至總典禁兵。諸中常侍多由此遷任。〔參見吕宗力主編《中國歷代官制大辭典》（修訂版），第 83 頁〕本書《百官志三》：“小黄門，六百石。本注曰：宦者，無員。掌侍左右，受尚書事。上在内宫，關通中外及中宫已下衆事。諸公主及王太妃等有疾苦，則使問之。” 守宫令：官名。東漢置，屬少府，俸六百石，掌御用筆墨紙硯、尚書財用諸物及封泥。有丞一人，俸二百石，吏員六十九人。靈帝時曾令其監修官道。原任用士人，桓帝永壽三年（157）初以小黄門爲之，東漢末仍用士人。本書《百官志三》：“守宫令一人，六百石。本注曰：主御紙筆墨及尚書財用諸物及封泥。丞一人。” 冗從右僕射：官名。漢置，秩六百石，掌黄

門冗從，居則宿衛，直守門户，出則騎從，夾乘輿車。本書《百官志三》："中黄門冗從僕射一人，六百石。本注曰：宦者。主中黄門冗從。居則宿衛，直守門户；出則騎從，夾乘輿車。"據王先謙《後漢書集解》，錢大昕認爲"右"字衍，然王先謙認爲，延熹四年有"省冗從右僕射官"，亦有"右"字，故此處"右"不衍，而是將原來的黄門冗從僕射分置左、右。 案，官，大德本作"宫"。

京師蝗。秋七月，河東地裂。

冬十一月，司徒尹頌薨。[1]

[1]【今注】案，王先謙《後漢書集解》引惠棟曰："《考異》云《袁紀》在六月。"

長沙蠻叛，[1]寇益陽。[2]

[1]【今注】長沙：郡名。治臨湘縣（今湖南長沙市嶽麓區）。

[2]【李賢注】縣名，屬長沙國（曹金華《後漢書稽疑》謂，東漢長沙爲郡，作"國"疑誤，見《郡國志》），在益水之陽，今潭州縣也，故城在縣東。【今注】益陽：縣名。治所在今湖南益陽市東。

司空韓縯爲司徒，太常北海孫朗爲司空。[1]

[1]【李賢注】朗字代平。【今注】北海：國名。治劇縣（今山東昌樂縣西北）。 孫朗：字代平，北海人。東漢桓帝永壽三年（157）以太常遷司空。延熹二年（159）以阿附梁冀下獄，免爲庶人。王先謙《後漢書集解》引惠棟曰："趙明誠云，漢三公名朗，

北海高密人。"

延熹元年春三月己酉，[1]初置鴻德苑令。[2]

[1]【今注】延熹：東漢桓帝劉志年號（158—167）。

[2]【李賢注】《漢官儀》曰："苑令一人，秩六百石。"

夏五月己酉，大會公卿以下，賞賜各有差。

甲戌晦，日有食之。京師蝗。

六月戊寅，大赦天下，改元延熹。

丙戌，分中山置博陵郡，以奉孝崇皇園陵。[1]大雩。[2]

[1]【李賢注】博陵郡，故城在今瀛州博野縣也（縣也，殿本無"也"字）。後徙安平。【今注】博陵郡：東漢桓帝延熹元年（158）置。治博陵縣（今河北蠡縣南）。

[2]【今注】雩：古代一種爲求雨而舉行的祭祀。《爾雅·釋訓》："舞號雩也。"郭璞注："雩之祭，舞者吁嗟而請雨。"邢昺疏引孫炎云："雩之祭有舞有號。"《禮記·月令》："大雩帝，用盛樂。"鄭玄注："雩，吁嗟求雨之祭也。"可見雩當包括奏樂、跳舞和發出呼號等儀式。甲骨文中即記載有"舞雨"等求雨儀式，有學者認爲即雩祭。

秋七月己巳，[1]雲陽地裂。[2]

[1]【今注】案，中華本校勘記謂，當依《續志》作"乙巳"，詳《五行志四》校記。

[2]【今注】雲陽：縣名。治所在今陝西淳化縣西北。

甲子，太尉黄瓊免，[1]太常胡廣爲太尉。

[1]【今注】案，太，紹興本作“大”。

冬十月，校獵廣成，[1]遂幸上林苑。

[1]【今注】廣成：苑名。亦作“廣城”。西漢置。在今河南汝州市西。

十二月，鮮卑寇邊，使匈奴中郎將張奂率南單于擊破之。[1]

[1]【今注】使匈奴中郎將：官名。西漢時常遣中郎將使匈奴，稱匈奴中郎將。元帝以後雖遣使頻繁，身份仍爲使節，事迄即罷。東漢光武帝建武二十六年（50）遣中郎將段郴等使南匈奴，授南單于璽綬，令入居雲中，始置使匈奴中郎將以監護之，因設官府、從事、掾史。後徙至西河，又令西河長史歲將騎二千，弛刑五百人，助中郎將衛護單于，冬屯夏罷。自後遂爲常制。本書《百官志五》：“使匈奴中郎將一人，比二千石。本注曰：主護南單于。置從事二人，有事隨事增之，掾隨事爲員。”除監護南匈奴諸部落外，也常將南匈奴騎兵征伐烏桓、西羌等。（參見林甘泉主編《中國歷史大辭典·秦漢史》，第278頁）　南單于：單于爲漢時匈奴對其國君的稱謂。《漢書》卷九四上《匈奴傳上》：“單于姓攣鞮氏，其國稱之曰‘撑犂孤塗單于’。匈奴謂天爲‘撑犂’，謂子爲‘孤塗’，單于者，廣大之貌也，言其象天單于然也。”東漢光武帝建武

二十三年，匈奴發生王位之争。次年，部領匈奴南邊的薁鞬日逐王比自立爲單于，依附東漢稱臣，史稱“南單于”，自此匈奴分爲南北。

二年春二月，鮮卑寇鴈門。[1]

[1]【今注】鴈門：郡名。治善無縣（今山西右玉縣西北）。

己亥，阜陵王便薨。

蜀郡夷寇蠶陵，[1]殺縣令。[2]

[1]【今注】蠶陵：縣名。治所在今四川茂縣西北。

[2]【今注】縣令：官名。秦漢縣級行政長官，職掌一縣之政事。《漢書·百官公卿表上》：“縣令、長，皆秦官也。萬户以上爲令，秩千石至六百石；減萬户爲長，秩五百石至三百石。”

三月，復斷刺史、二千石行三年喪。

夏，京師雨水。

六月，鮮卑寇遼東。[1]

[1]【今注】遼東：郡名。治襄平縣（今遼寧遼陽市）。

秋七月，初造顯陽苑，[1]置丞。

[1]【今注】顯陽苑：東漢雒陽苑囿。在今河南洛陽市東北漢魏故城西。

丙午，皇后梁氏崩。乙丑，葬懿獻皇后于懿陵。[1]

[1]【今注】懿陵：東漢桓帝第一任皇后梁女瑩的陵寢。延熹二年（159），梁女瑩憂憤而死，葬於懿陵。同年，桓帝誅殺梁冀，廢懿陵爲貴人冢。

大將軍梁冀誅爲亂。[1]八月丁丑，帝御前殿，詔司隸校尉張彪將兵圍冀第，收大將軍印綬，冀與妻皆自殺。衛尉梁淑、[2]河南尹梁胤、[3]屯騎校尉梁讓、[4]越騎校尉梁忠、[5]長水校尉梁戟等，[6]及中外宗親數十人，皆伏誅。太尉胡廣坐免。司徒韓縯、司空孫朗下獄。[7]

[1]【今注】案，誅，紹興本、大德本、殿本作“謀”，底本誤。

[2]【今注】衛尉：官名。戰國秦始置，漢沿置，秩中二千石，列位諸卿。景帝曾改名中大夫令，後元元年（前143）復故。衛尉、光禄勳與執金吾均執掌宫殿禁衛，執金吾主宫外，光禄勳、衛尉主宫内。衛尉主管宫門屯駐衛士，地位比較重要。（參見楊鴻年《漢魏制度叢考》，第21—33頁）本書《百官志二》：“衛尉，卿一人，中二千石。本注曰：掌宫門衛士，宫中徼循事。丞一人，比千石。”

[3]【今注】河南尹：官名。東漢光武帝建武十五年（39）置，爲京都雒陽所在之河南郡長官，二千石，有丞一員，爲其副貳。主掌京都事務。春行屬縣，勸農桑，振乏絶。秋冬案訊囚徒，平其罪法。歲終遣吏上計。並舉孝廉，典禁兵。　梁胤：安定烏氏（今寧夏固原市東南）人。梁冀子。桓帝立，以冀功封襄邑侯。冀

既擅權，胤爲河南尹，時僅十六歲。容貌甚陋，不勝冠帶。後冀被收自殺，胤棄市。

［4］【今注】屯騎校尉：官名。西漢武帝時始置，爲北軍八校尉之一，秩二千石，位次列卿。掌騎士，戍衛京師，兼任征伐。東漢初改名驍騎校尉，光武帝建武十五年復故，隸北軍中候，爲北軍五校尉之一，秩比二千石。掌宿衛禁兵。〔參見吕宗力主編《中國歷代官制大辭典》（修訂版），第108頁〕本書《百官志四》："屯騎校尉一人，比二千石。本注曰：掌宿衛兵。司馬一人，千石。"梁讓：梁冀叔父，官至陳留太守、屯騎校尉。東漢順帝漢安元年（142），被光禄大夫杜喬表奏其貪污受賄千萬之多。後梁冀陰謀叛亂，事敗後梁讓以及梁氏宗親數十人盡皆伏誅。

［5］【今注】越騎校尉：官名。西漢武帝時始置，爲北軍八校尉之一，位次列卿。領内附越人騎士，戍衛京師，兼任征伐。東漢初罷，光武帝建武十五年復改青巾左校尉置，爲五校尉之一，秩比二千石。隸北軍中候，掌宿衛兵，有司馬一員。〔參見吕宗力主編《中國歷代官制大辭典》（修訂版），第835頁〕本書《百官志四》："越騎校尉一人，比二千石。本注曰：掌宿衛兵。司馬一人，千石。"

［6］【今注】長水校尉：官名。西漢武帝初置，爲北軍八校尉之一，秩二千石，位次列卿，屬官有丞、司馬等。領長水宣曲胡騎，屯戍京師，兼任征伐。東漢光武帝建武七年省、十五年復置，爲北軍五校尉之一，秩比二千石，隸北軍中候。掌宿衛禁兵，下設司馬、胡騎司馬各一員。舊有胡騎校尉，亦省併長水。當時五校尉所掌北軍五營爲京師主要的常備禁軍，故地位親要，官顯職閑，府寺寬敞，輿服光麗，伎巧畢給，多以宗室外戚近臣充任。

［7］【李賢注】《東觀記》曰："並坐不衛宫，止長壽亭，減死一等，以爵贖之。"

壬午，立皇后鄧氏，[1]追廢懿陵爲貴人冢。詔曰："梁冀姦暴，濁亂王室。孝質皇帝聰敏早茂，冀心懷忌畏，私行殺毒。永樂太后親尊莫二，[2]冀又遏絶，禁還京師，[3]使朕離母子之愛，隔顧復之恩。禍害深大，罪釁日滋。[4]賴宗廟之靈，及中常侍單超、徐璜、具瑗、左悺、[5]唐衡、尚書令尹勳等激憤建策，[6]内外協同，漏刻之間，[7]桀逆梟夷。[8]斯誠社稷之祐，臣下之力，宜班慶賞，以酬忠勳。其封超等五人爲縣侯，勳等七人爲亭侯。"[9]於是舊故恩私，多受封爵。

[1]【今注】鄧氏：名鄧猛女，一作"鄧猛"。南陽新野（今河南新野縣）人，鄧禹玄孫女，郎中鄧香之女，和熹皇后鄧綏侄孫女，東漢桓帝劉志第二任皇后。紀見本書卷一〇下。

[2]【李賢注】和平元年有司奏，太后所居皆以永樂爲稱，置官屬太僕、少府焉。【今注】永樂太后：指孝崇匽皇后，東漢桓帝母。桓帝將其母孝崇皇后所居之宫改稱永樂宫，本書《皇后紀下》："（孝崇皇后）宫曰永樂。"故稱孝崇皇后爲永樂太后。

[3]【李賢注】謂太后常居博園，不得在洛陽（在，大德本作"居"）。

[4]【今注】罪釁：罪行，罪惡。　滋：增加。

[5]【李賢注】《説文》曰："悹（悹，殿本作'悺'），憂也。"音工奂反。今作心旁官，即"悹"字也，今相傳音綰（傳，紹興本、大德本、殿本作"傳"，底本誤）。【今注】中常侍：官名。秦和西漢時爲加官，有此加官，就能入禁中。東漢時由宦者擔任，初俸千石，後增至比二千石，掌侍從左右，從入内宫，贊導内衆事，皇上提出問題時，負責解答，或受差遣辦事。《漢書·百官公卿表上》："侍中、左右曹諸吏、散騎、中常侍，皆加官，所加或

列侯、將軍、卿大夫、將、都尉、尚書、太醫、太官令至郎中，亡員，多至數十人。侍中、中常侍得入禁中，諸曹受尚書事，諸吏得舉法，散騎騎並乘輿車。”本書《百官志三》：“中常侍，千石。本注曰：宦者，無員。後增秩比二千石。掌侍左右，從入内宫，贊導内衆事，顧問應對給事。”　單超：河南（今河南洛陽市）人。宦官。傳見本書卷七八。　徐璜：下邳良城（今江蘇邳州市東）人。宦官。東漢桓帝初爲中常侍，與單超等五人佐助桓帝定謀誅殺外戚梁冀兄弟，以功封武原侯，食邑一萬五千户。恃寵驕横，天下謂之“徐卧虎”。　具瑗：魏郡元城（今河北大名縣）人。宦官。東漢桓帝初爲中常侍。與單超等五人佐助桓帝定謀誅殺外戚梁冀兄弟，以功封東武陽侯，食邑一萬五千户。恃寵驕恣，姻戚黨羽遍州郡，刻剥百姓。窮侈極欲，時稱爲“具獨坐”，言其驕貴無偶。後爲司隸校尉韓演舉劾，廢去爵位，卒於家。　左悺：河南平陰（今河南孟津縣東北）人。宦官。東漢桓帝初爲小黄門史。與單超等五人佐助桓帝誅殺外戚梁冀兄弟，以功封上蔡侯，食邑一萬三千户。後爲司隸校尉韓演劾奏，畏罪自殺。

［6］【今注】唐衡：潁川郾（今河南漯河市郾城區南）人。桓帝初爲小黄門史。延熹二年（159），以與單超、徐璜、具瑗、左悺共誅權臣梁冀，遷中常侍，封汝陽侯。超等同日封，並稱“五侯”，恃權驕縱，殘害百姓。時人呼衡爲“唐兩墮”，以刺其爲所欲爲。

尚書令：官名。秦、西漢時爲尚書署長官，掌收發文書，隸屬少府。初秩六百石，武帝以後，職權稍重，爲宫廷機要官員，掌傳達記録詔命章奏，並有權審閲宣讀裁決章奏，升秩千石。常以中朝官領、平、視尚書事，居其上。東漢時爲尚書臺長官，兼具宫官、朝官職能，掌決策出令、綜理政務，秩位雖低，實際上總領朝政，無所不統。名義上仍隸少府。朝會時，與御史中丞、司隸校尉皆專席坐，時號“三獨坐”。其上常置録尚書事，以太傅、太尉、大將軍等重臣兼領。　尹勳：字伯元，河南鞏（今河南鞏義市西南）人。爲名士“八顧”之一。傳見本書卷六七。

[7]【今注】漏刻：頃刻。

[8]【李賢注】梟，縣首於木也（縣，大德本作"懸"）。【今注】梟：刑罰名。即梟首，死刑之一種，其行刑方式是將罪犯斬首後懸首於木上，主要用於比較嚴重的犯罪。

[9]【李賢注】五縣侯謂單超新豐侯、徐璜武原侯、具瑗東武陽侯、左悺上蔡侯（悺，大德本作"官"）、唐衡汝陽侯。七亭侯謂尹勳宜陽都鄉、霍諝鄴都亭（諝，殿本作"諝"）、張敬山陽西鄉、歐陽參脩武仁亭、李瑋宜陽金門、虞放冤句吕都亭（冤，殿本作"免"）、周永下邳高遷鄉。【今注】案，縣侯亭侯爲列侯的種類。在列侯中，功大的食縣，小的食鄉、亭。縣侯即食邑爲縣之列侯，亭侯即食邑爲亭之列侯。

大司農黄瓊爲太尉，光禄大夫中山祝恬爲司徒，[1]大鴻臚梁國盛允爲司空。[2]初置祕書監官。[3]

[1]【李賢注】恬字伯休，盧奴人。【今注】中山：國名。治盧奴縣（今河北定州市）。　祝恬：字柏林，中山盧奴（今河北定州市）人。東漢桓帝元嘉時任司隸校尉。帝欲褒崇梁冀，使議其禮，恬嘗稱冀之德。延熹二年（159）遷司徒。

[2]【李賢注】允字伯代。【今注】大鴻臚：官名。列卿之一。秦時稱典客，西漢景帝時改爲大行令，武帝太初元年（前104）改爲大鴻臚。秩中二千石，掌賓客之事。凡諸侯王、列侯和各屬國的君長以及外國君主或使臣，都被視爲皇帝的賓客，所以與此有關的事務多由大鴻臚掌管。本書《百官志二》："大鴻臚，卿一人，中二千石。本注曰：掌諸侯及四方歸義蠻夷。"　盛允：字伯代，梁國虞縣（今河南虞城縣北）人。東漢桓帝時期官員。延熹二年秋，由大鴻臚改任爲司空。延熹三年秋，接替已故司徒祝恬的職位。延熹四年春，被免職。王先謙《後漢書集解》引惠棟曰："案《司徒盛

允碑》允字伯世，梁國虞人也。”王先謙案：“《水經注》引同。洪亮吉云，賢避太宗諱改。”曹金華《後漢書稽疑》謂,《風俗通義·十反》作“司徒梁國盛允字子翩”，吴樹平認爲翩爲嗣之訛誤（第142頁）。《水經注》載虞縣城東有《司徒盛允墓碑》，延熹中立。

［3］【李賢注】《漢書儀》（書，紹興本、大德本、殿本作“官”，底本誤）：“祕書監一人、秩六百石。”【今注】祕書監：官名。東漢桓帝延熹二年置，員一人，秩六百石，掌典圖書秘記，校定文字，屬太常。

冬十月壬申，行幸長安。[1]乙酉，幸央宫。[2]甲午，祠高廟。十一月庚子，遂有事十一陵。[3]

［1］【今注】長安：縣名。治所在今陝西西安市西北。

［2］【今注】案，央宫，紹興本、大德本、殿本作“未央宫”，底本誤。未央宫，漢長安城内的主要宫殿之一。西漢高祖七年（前200）由丞相蕭何主持建成。由承明、清涼、宣室等四十多個宫殿臺閣組成，宏偉壯麗。新莽末被毁。東漢末董卓劫獻帝至長安，復修未央宫。現在遺留在地面上的有未央宫前殿以及相傳爲石渠閣、天禄閣等高臺遺址。這裏常出土“長樂未央”“長生無極”等瓦當以及漢空心磚、水道等。1986年至1987年，對未央宫第三號建築遺址進行發掘，出土了建築材料、陶器、鐵器、銅器和大量刻有文字的骨籤。根據骨籤上的文字内容，未央宫第三號建築遺址當是西漢時期中央政府或皇室管轄各地郡國工官的官署。

［3］【今注】有事：祭祀。　十一陵：西漢皇帝的十一座陵墓，即漢高祖長陵、惠帝安陵、文帝霸陵、景帝陽陵、武帝茂陵、昭帝平陵、宣帝杜陵、元帝渭陵、成帝延陵、哀帝義陵、平帝康陵。

壬寅，中常侍單超爲車騎將軍。[1]

[1]【今注】車騎將軍：將軍名。西漢初置，爲軍事統帥，作戰時領車騎士，故名。事訖即罷。武帝後常設，地位僅次於大將軍、驃騎將軍，在衛將軍上，常典京城、皇宮禁衛軍隊，出征時常總領諸將軍。文官輔政者亦或加此銜，領尚書政務，成爲中朝重要官員。東漢時權勢尤重，位比三公，常以貴戚充任，秩萬石。出掌征伐，入參朝政。靈帝時常加授寵信宦官或作贈官。中平元年（184）分置左、右，旋罷。本書《百官志一》："將軍，不常置。本注曰：掌征伐背叛。比公者四：第一大將軍，次驃騎將軍，次車騎將軍，次衛將軍。又有前、後、左、右將軍。"

十二月己巳，至自長安，賜長安民粟人十斛，園陵人五斛，行所過縣三斛。

燒當等八種羌叛，[1]寇隴石，[2]護羌校尉段熲追擊於羅亭，破之。[3]

[1]【今注】燒當：漢時西羌的一支。無弋爰劍的後裔，因部落首領燒當而得名。西漢武帝時，受先零羌排擠，居黄河北大允谷（今青海貴德縣北）。東漢初，首領滇良會集附落，擊敗先零羌，奪取大榆谷（今青海貴德縣一帶）沃地，發展農牧業，又擅西海（今青海湖）魚鹽之利，勢力强盛。明帝時，屢攻漢隴西塞，爲漢將竇固等擊敗，徙其部於三輔、隴西、漢陽、安定等地。詳見本書卷八七《西羌傳》。

[2]【今注】隴石：石，紹興本、大德本、殿本作"右"，底本誤。隴右，地區名。泛指隴山以西地區。古代以西爲右，故名。相當今甘肅隴山、六盤山以西，黄河以東一帶。

[3]【李賢注】《東觀記》曰追到積石山，即與羅亭相近，在

今鄯州也。【今注】護羌校尉：官名。西漢武帝時置，持節統領羌族事務。東漢初罷。光武帝建武九年（33），復以牛邯爲護羌校尉。後或省或置。章帝以後遂爲常制。秩比二千石，有長史、司馬二人，多以邊郡太守、都尉轉任。除監護内附羌人各部落外，亦常將羌兵協同作戰，戍衞邊塞。　羅亭：地名。在今青海貴德縣境。

天竺國來獻。[1]

[1]【今注】天竺國：古印度别稱。詳見本書卷八八《西域傳》。

三年春正月丙申，大赦天下。

丙午，車騎將軍單超薨。

閏月，燒何羌叛，[1]寇張掖，[2]護羌校段熲追擊於積石，[3]大破之。

[1]【今注】燒何羌：西羌的一支。原居湟水以北。東漢初，因盧水胡從祁連山北南下，造成威脅，首領比銅鉗率衆依附臨羌縣（青海湟中縣西）。後種人有犯法者，臨羌長收繫比銅鉗，並殺其種人六七百，東漢政府聞知，送醫藥安撫。章帝章和元年（87），參加燒當等羌起義，失敗後部分被遷往安定郡，餘部仍居湟中。安帝永初元年（107），參加西羌大起義，安定參䜌（今甘肅慶陽市西北）一帶的部衆三千餘落也起兵回應，與漢軍戰鬬二十餘年。桓帝延熹年間第二次羌民大起義期間，爲西羌八種之一，和官軍轉戰於涼州諸郡，並至張掖巨鹿塢，最後在積石山被段熲擊敗，死五千餘人。後餘部散居各地。案，何，大德本、殿本作“當”。

[2]【今注】張掖：郡名。治觻得縣（今甘肅張掖市西北）。

［3］【李賢注】積石山在今鄯州龍支縣南，即禹貢云“導河積石”是也。【今注】案，校，紹興本、大德本、殿本作“校尉”，底本誤。　積石：山名。一名大積石山。即今青海東南部阿尼瑪卿山。

白馬令李雲坐直諫，[1]下獄死。

［1］【今注】白馬：縣名。治所在今河南滑縣東。　李雲：字行祖，甘陵（今山東臨清市東北）人。傳見本書卷五七。

夏四月，上郡言甘露降。[1]五月甲戌，漢中山崩。[2]

［1］【今注】上郡：郡名。治膚施縣（今陝西榆林市東南）。　甘露：甘甜的露水。古以爲甘露降是太平瑞徵。《老子》第三十二章：“天地相合，以降甘露。”

［2］【今注】漢中：郡名。治南鄭縣（今陝西漢中市漢臺區）。

六月辛丑，司徒祝恬薨。[1]秋七月，[2]司空盛允爲司徒，太常虞放爲司空。[3]

［1］【今注】案，曹金華《後漢書稽疑》謂，“辛丑”，《後漢紀》卷二一作“辛酉”，而延熹三年六月癸巳朔，“辛丑”爲初九，“辛酉”二十九日，未詳孰是（第143頁）。

［2］【今注】案，秋七月，大德本、殿本無“秋”字。

［3］【李賢注】放字子仲，陳留人也。【今注】虞放：字子仲，陳留東昏（今河南蘭考縣）人。虞延從曾孫。少爲太尉楊震門

徒，及震被讒自殺，放詣闕爲之申冤。東漢桓帝時爲尚書，以議誅梁冀功封都亭侯，爲司空。性疾惡宦官，遂爲所陷。靈帝初以黨事誅。相關事迹見本書卷三三《虞延傳》。

長沙蠻寇郡界。

九月，太山、琅邪賊勞丙等復叛，寇掠百姓，遣御史中丞趙持節督州郡討之。[1]

[1]【李賢注】史闕名也。【今注】御史中丞：官名。西漢始置，爲御史大夫副貳，秩千石。居宫中蘭臺，爲宫掖近臣。其主要職掌爲監察、執法，掌管蘭臺所藏圖籍秘書、文書檔案。外督諸監郡御史（武帝以後爲諸州刺史），監察考核郡國行政；内領侍御史十五員，監督殿庭、典禮威儀，受公卿奏事，關通中外朝；考核四方文書計簿，劾按公卿章奏，監察、糾劾百官；參治刑獄，收捕罪犯等。漢初百官奏議先呈御史大夫，經由中丞，始得上呈；皇帝詔命經中丞傳達御史大夫，始得轉達丞相執行，故比御史大夫更接近皇帝。武帝以後，章奏詔命出納之職移歸尚書、中書，又增丞相司直、司隸校尉監察京師百官，然仍以中丞爲最尊。成帝改御史大夫爲大司空後，中丞曾改名大司空長史、御史長史，實爲諸御史之長。東漢時獨立爲御史臺長官，秩千石。名義上隸少府，專掌監察、執法，領治書侍御史、侍御史，常受命領兵，出督軍旅。與司隸校尉、尚書令並號“三獨坐”，爲京師顯官，職權甚重。〔參見吕宗力主編《中國歷代官制大辭典》（修訂版），第858頁〕《漢書·百官公卿表上》：“（御史大夫）有兩丞，秩千石。一曰中丞，在殿中蘭臺，掌圖籍祕書，外督部刺史，内領侍御史員十五人，受公卿奏事，舉劾按章。”　案，趙，紹興本、大德本、殿本作“趙某”，底本誤。

丁亥，詔無事之官權絶奉，[1]豐年如故。

[1]【今注】權：暫且。

冬十一月，日南蠻賊率衆詣郡降。

勒姐羌圍允街，[1]段熲擊破之。

[1]【李賢注】勒姐，羌號也。姐音子野反。【今注】勒姐羌：西羌的一支。原居湟水流域安夷縣東南勒姐溪。溪因其部落居此而得名，地當今青海海東市平安區。東漢章帝建初元年（76），與卑湳種羌聯合起義，與漢軍戰於和羅谷，後被鎮壓。安帝永初元年（107），與當煎等羌發動起義，攻占破羌縣（今青海民和回族土族自治縣西），進兵武都、漢中，在金城、隴西二郡勢大振。滇零在北地稱天子，其繼續活動於河湟地區。後被漢朝鎮壓。桓帝延熹二年（159），西羌大起義再次爆發，與燒當、燒何、當煎等八種羌爲骨幹力量，攻金城、隴西、允街。四年，與上郡沈氏、烏吾種羌攻并、涼二州。失敗後，部分復居原地，大批遷居内郡。

太山賊叔孫無忌攻殺都尉侯章。十二月，遣中郎將宗資討破之。[1]

[1]【今注】宗資：字叔都，南陽安衆（今河南鄧州市東北）人。舉孝廉，拜議郎，補御史中丞。東漢桓帝延熹中爲汝南太守。以范滂爲功曹，委任政事，推功於滂。郡爲謡曰：汝南太守范孟博，南陽宗資主畫諾。任善之名，聞於海内。河南南陽有宗資墓，墓前有“天禄”“辟邪”兩石刻神獸。

武陵蠻寇江陵，[1]車騎將軍馮緄討，[2]皆降散。荆州刺史度尚討長沙蠻，[3]平之。

[1]【今注】江陵：縣名。治所在今湖北荆州市荆州城西北。

[2]【今注】馮緄：字鴻卿，巴郡宕渠（今四川渠縣東北）人。傳見本書卷三八。傳世有《車騎將軍馮緄碑》，爲馮緄墓墓碑，碑文被金石學家所保存，可參看洪适《隸釋》卷七（中華書局1986年版，第86—87頁）。碑文記載馮緄字皇卿，與本傳記載不同。碑文所記馮緄生平相關事迹亦與本傳有所出入。（參見何如月《漢車騎將軍馮緄碑志考釋》，《考古與文物》2006年第1期）

[3]【今注】案，王先謙《後漢書集解》引惠棟曰："《考異》云事在五年，重出。"　荆州：西漢武帝時所置十三刺史部之一。東漢治漢壽縣（今湖南常德市東北）。　度尚：字博平，山陽湖陸（今山東魚臺縣東南）人。傳見本書卷三八。傳世有《荆州刺史度尚碑》，碑文可參看洪适《隸釋》卷七（第84—86頁）。

四年春正月辛酉，南宫嘉德殿火。[1]戊子，丙署火。[2]大疫。二月壬辰，武庫火。[3]

[1]【今注】嘉德殿：東漢洛陽南宫宫殿名。在九龍門（因門有三銅柱，柱有三龍相糾繞得名）内，東漢中葉偶爾充當皇帝或太后的臨時活動場所，靈帝初居北宫，後移居南宫嘉德殿，並在此去世（參見宋傑《黄門與禁省——漢代皇帝宫内居住區域考辨》，《南都學壇》2020年第5期）。

[2]【李賢注】丙署，署名也。《續漢志》曰："丙署長七人，秩百石（百，紹興本、大德本、殿本作'四百'），黄綬，宦者爲之，主中宫别處。"

[3]【今注】武庫：官署名。漢置，掌兵器，屬執金吾。有武

庫令一人，秩六百石。西漢有武庫丞三人，東漢改爲一人。武庫爲精良兵器所聚處。《漢書·百官公卿表上》："中尉，秦官，掌徼循京師，有兩丞、候、司馬、千人。武帝太初元年（前104）更名執金吾。屬官有中壘、寺互、武庫、都船四令丞。都船、武庫有三丞，中壘兩尉。"本書《百官志四》："武庫令一人，六百石。本注曰：主兵器。丞一人。"《金石索》金索有"武庫中丞印"，中丞當爲三丞之一。學者推斷武庫三丞或爲武庫中丞、武庫左丞、武庫右丞。（參見安作璋、熊鐵基《秦漢官制史稿》，第221頁）

司徒盛允免，大司農种暠爲司徒。[1]三月，省冗從右僕射官。[2]太尉黄瓊免。[3]夏四月，太常劉矩爲太尉。[4]

[1]【今注】案，盛允免大司農种暠爲司徒，大德本無此十一字。种暠（hào），字景伯，河南洛陽（今河南洛陽市東北）人。傳見本書卷五六。

[2]【李賢注】永壽三年置。

[3]【今注】案，太，紹興本作"大"。

[4]【今注】劉矩：字叔方，沛國蕭（今安徽蕭縣西北）人。叔父劉光，東漢順帝時爲司徒。傳見本書卷七六。

甲寅，封河間王開子博爲任城王。[1]

[1]【今注】博：劉博。河間孝王劉參子。本爲户亭侯，東漢桓帝延熹四年（161）晉封任城王，以奉劉崇之祀。在位十三年薨，無子，國絶。詳見本書卷四二《光武十王傳》。

五月辛酉，有星孛于心。[1]丁卯，原陵長壽門火。[2]己卯，京師雨雹。[3]六月，京兆、扶風及涼州地震。[4]庚子，岱山及博尤來山並頹裂。[5]

[1]【今注】心：星宿名。二十八宿之一，屬於蒼龍七宿。詳見《史記·天官書》。本書《天文志下》："五月辛酉，客星在營室，稍順行，生芒長五尺所，至心一度，轉爲彗……客星在營室至心作彗，爲大喪。後四年，鄧后以憂死。"

[2]【今注】原陵：東漢光武帝陵墓。位於今河南孟津縣白鶴鎮鐵謝村西南。

[3]【李賢注】《東觀記》曰大如鷄子。《續漢志》曰"誅殺過差，寵小人"也。

[4]【今注】京兆：京兆尹，官名，亦爲政區名。西漢武帝太初元年（前104）改右内史置。分原右内史東半部爲其轄區。職掌相當於郡太守。因地屬畿輔，故不稱郡。爲三輔之一。治長安縣（今陝西西安市西北）。東漢沿置。　涼州：西漢武帝時所置十三刺史部之一。東漢時治隴縣（今甘肅張家川回族自治縣）。

[5]【李賢注】博，今博城縣也。太山有徂來山，一名尤來。【今注】岱山：泰山。　博：縣名。治所在今山東泰安市東南。　尤來山：一稱尤徠山，又作尤崍山，即"徂徠山"，在今山東泰安市東南四十里。大汶河、小汶河之分水嶺。　穨：同"頹"。崩壞。

己酉，大赦天下。

司空虞放免，前太尉黄瓊爲司空。

犍爲屬國夷寇鈔百姓，[1]益州刺史山昱擊破之。[2]

[1]【今注】犍爲：郡名。又作"楗爲郡"。治武陽縣（今四

川眉山市彭山區東）。犍，大德本作“揵”。　寇鈔：劫掠。

［2］【今注】益州：西漢武帝時所置十三刺史部之一。東漢時治雒縣（今四川廣漢市北）。靈帝中平中移治綿竹縣（今四川德陽市東北黄滸鎮），獻帝初平中復移治雒縣，興平中移治成都縣（今四川成都市）。

零吾羌與先零諸種並叛，[1]寇三輔。[2]

［1］【今注】零吾羌：西羌的一支。本書卷七七《西羌傳》：“（永壽）四年，零吾復與先零及上郡沈氐、牢姐諸種并力寇并、涼及三輔。會段熲坐事徵，以濟南相胡閎代爲校尉。閎無威略，羌遂陸梁，覆没營塢，寇患轉盛，中郎將皇甫規擊破之。”　先零：先零羌，古族名。西羌的一支。西漢初分布於湟水及浩門水流域。武帝開金城、令居（今甘肅永登縣），西逐諸羌。先零羌與封養羌、牢姐羌合兵十餘萬攻令居、安故（今甘肅臨洮縣南），圍枹罕（今甘肅臨夏回族自治州境），被漢擊敗，其部落遂徙居湟水上游、青海湖周圍和貴德縣等地。宣帝時，趙充國再擊之，遂繼續向西遷徙至於青海湖西鹽池等地。王莽末，先零復據湟水流域，並占領金城（今甘肅蘭州市）。東漢初，被馬援等擊平，徙於隴西（今甘肅臨洮縣）、天水（今陝西通渭縣西北）、右扶風（今陝西興平市東南）等地，餘部遷往塞外。安帝永初元年（107）别部首領滇零領導諸羌起義，建立政權，在北地郡稱天子。

［2］【今注】三輔：西漢武帝至東漢末年治理長安京畿地區的三位官員，即京兆尹、左馮翊、右扶風，亦指三位官員管轄的三個地區。秦設“内史”，掌管京畿地區。西漢景帝二年（前155）分内史爲左、右内史，與主爵中尉（不久改爲主爵都尉）同治長安城中，所轄皆京畿之地，故合稱“三輔”。武帝太初元年（前104）改左、右内史，主爵都尉爲左馮翊、京兆尹、右扶風。東漢沿置。

秋七月，京師雩。

減公卿以下奉，貣王侯半租。占賣關内侯、[1]虎賁、[2]羽林、[3]緹騎營士、[4]五大夫錢各有差。[5]

[1]【今注】關内侯：爵位名。爲二十等爵之第十九級爵。關内侯又名倫侯，秦琅邪刻石有“倫侯”，地位在“列侯”之下。里耶秦簡更名方有“關内侯爲倫侯”，説明倫侯即關内侯。關内侯有侯號，居京師，無封土，但享受食邑權，其所食户數在一百户至五千户之間，以三百户、五百户爲主。

[2]【今注】虎賁：又稱“虎賁郎”，秦漢時期皇帝的一種警衛部隊。西漢武帝建元三年（前 138）設置期門，平帝元始元年（1）王莽改期門爲虎賁郎，並設虎賁中郎將進行管理。“虎賁”是“衛士”，掌“執兵送從”或“宿衛侍從”，供君主於宮中以至殿上宿衛雜役之用，在皇帝出行時亦擔任警衛和從事雜役。虎賁還兼管省外宮内機關和這些機關工作人員的警衛事務。皇帝常將虎賁賜予諸侯王、大臣，不但賜予活着的諸侯王、大臣，亦賜予死去的諸侯王、大臣。（參見楊鴻年《漢魏制度叢考》，第 152—170 頁）

[3]【今注】羽林：與“虎賁”並爲漢代皇帝的警衛部隊。“羽林”的含義，《漢書·百官公卿表上》顔師古注：“羽林，亦宿衛之官，言其如羽之疾，如林之多也。一説，羽所以爲王者羽翼也。”西漢武帝太初元年（前 104）設置，又名“巖郎”。羽林多從隴西六郡良家子善騎射者中選取，又有取自從軍死者之子孫（羽林孤兒）和其他來源。羽林的職掌與虎賁近似，均擔任宿衛，但是殿上差使和奉使外出，不見羽林參與，説明羽林與君主關係相較虎賁爲疏遠。（參見楊鴻年《虎賁羽林》，載《漢魏制度叢考》，第 152—170 頁）《漢書·百官公卿表上》：“羽林掌送從，次期門，武帝太初元年初置，名曰建章營騎，後更名羽林騎。又取從軍死事之子孫養羽林，官教以五兵，號曰羽林孤兒。羽林有令丞。宣帝令中

郎將、騎都尉監羽林。”本書《百官志二》:“羽林中郎將，比二千石。本注曰：主羽林郎。羽林郎，比三百石。本注曰：無員（限）。掌宿衞侍從。常選漢陽、隴西、安定、北地、上郡、西河凡六郡良家補。本武帝以便馬從獵，還宿殿陛岩下室中，故號巖郎。”

［4］【今注】緹騎：騎吏名。屬執金吾，負責宫外巡邏及非常事，天子出行，掌導從。共二百人，無品秩，比吏食俸。本書《百官志四》:“執金吾……緹騎二百人。本注曰：無秩，比吏食奉。”劉昭注引《漢官》曰:“執金吾緹騎二百人，持戟五百二十人，輿服導從，光滿道路，群僚之中，斯最壯矣。”王先謙《後漢書集解》引惠棟曰:“緹衣，武士之服。《字林》曰：‘緹，帛丹黄色。’”李祖楙曰:“《説文》:‘緹，帛丹黄色。’蓋執金吾騎以此帛爲服，故名緹騎。”

［5］【今注】五大夫：爵位名。爲二十等爵中的第九級。漢代五大夫以上之爵，對秩六百石的吏方始授與。五大夫之爵與秩六百石之吏相當。第八級公乘以下爵可授與庶民和六百石以下官吏，第九級五大夫以上爵是秩六百石以上官吏方可授與。此處入錢穀買爵，可至五大夫，即説明一般平民很難達到五大夫爵。〔參見［日］西嶋定生著，武尚清譯《中國古代帝國的形成與結構——二十等爵制研究》，中華書局2004年版，第86—87頁〕

九月，司空黄瓊免，大鴻臚劉寵爲司空。[1]

［1］【今注】劉寵：字祖榮，東萊牟平（今山東烟臺市西北）人。傳見本書卷七六。

冬十月，天竺國來獻。

南陽黄武與襄城惠得、昆陽樂季訞言相署，[1]皆伏誅。

［1］【今注】襄城：縣名。治所即今河南襄城縣。　昆陽：縣名。因昆水之陽而得名，治所在今河南葉縣。　訞言：亦作"祆言""妖言"。古代重罪之一，指利用災異、鬼神等散播危害政治統治的言論。吕宗力認爲，"不祥"和"惑衆"是"妖言"的兩個特性。所謂"不祥之辭"即語涉陰陽災異、吉凶鬼神，帶有明顯神秘色彩的言論；"惑衆"即在民衆中廣泛傳播，引導民衆的思想、行爲。有學者認爲，"妖言"係對當政者進行非難和攻擊，所涉多以神事附會人事，多由個人製造和傳播妖言（妖書）以惑衆，且多有謀逆的企圖和舉動，所牽連的範圍較廣。嶽麓書院藏秦簡有關於"行祆"的律令，學者認爲或與"妖言"有關。（參見吕宗力《漢代"妖言"探討》，《中國史研究》2006 年第 4 期；潘良熾《秦漢誹謗、妖言罪同異辨析》，《中華文化論壇》2004 年第 4 期）　相署：相部署。

先零沈氏羌與諸種羌寇并涼二州，[1]十一月，中郎將皇甫規擊破之。[2]

［1］【今注】沈氏羌：古族名。東漢時東羌的一支。分布於上郡、西河郡一帶。安帝、桓帝時，參加羌民起義，活動於安定、北地、武威、張掖等地，後被擊敗。詳見本書卷八七《西羌傳》。　并：并州。西漢武帝時所置十三刺史部之一。東漢治晉陽縣（今山西太原市西南）。

［2］【今注】皇甫規：字威明，安定朝那（今寧夏彭陽縣東）人。傳見本書卷六五。

十二月，夫餘王遣使來獻。[1]

［1］【今注】夫餘：古族名。亦作"扶餘""鳧餘""不與"

"符婁"。西漢時亦稱其所建政權爲夫餘。在今松花江中游平原上，以今農安爲中心，南至遼寧北境，北達松花江中游，東至吉林市，西與鮮卑接。西漢時隸玄菟郡，東漢末改屬遼東郡。詳見本書卷八五《東夷傳》。

五年春正月，省太官右監丞。[1]

[1]【李賢注】永壽三年置。【今注】案，太，大德本作"大"。曹金華《後漢書稽疑》謂，李賢注中"三年"當作"二年"，《集解》本作"二年"，《本紀》謂"二年……冬十一月，置太官右監丞官"（第144頁）。

壬午，南宫丙署火。

三月，沈氐羌寇張掖、酒泉。[1]

[1]【今注】案，氐，大德本作"氏"。 酒泉：郡名。治禄福縣（今甘肅酒泉市肅州區）。

壬午，濟北王次薨。[1]

[1]【今注】濟北王次：濟北釐王劉安國子，嗣王位，東漢桓帝建和元年（147）梁太后下詔增封五千户，立十七年薨，謚號"孝"，子鸞嗣。詳見本書卷五五《章帝八王傳》。案，王，大德本作"主"。

夏四月，長沙賊起，寇桂陽、蒼梧。[1]

［1］【李賢注】《東觀記》曰："時攻没蒼梧，取銅虎符，太守甘定、刺史侯輔各奔出城。"桂陽，郡，在桂水之陽，今連州縣。【今注】蒼梧：郡名。治廣信縣（今廣西梧州市長洲區）。案，蒼，大德本作"倉"。

驚馬逸象突入宫殿。乙丑。恭陵東闕火。[1]戊辰，虎賁掖門火。己巳，太學西門自壞。[2]五月，康陵園寢火。[3]

［1］【李賢注】安帝陵也。【今注】恭陵：東漢安帝劉祜陵，在今河南洛陽市東北漢魏故城西北三十里鋪一帶。王先謙《後漢書集解》引錢大昕曰："《五行志》作'恭北陵'，恭北陵者，順帝母李氏陵也。"順帝生母恭愍皇后陵，因處於漢安帝恭陵之北，故稱恭北陵。位於今河南洛陽市孟津區。　闕：古代在城門、宫門、廟門、墓門等前設置的一種高臺建築。《説文》："闕，門觀也。"一般位於門外兩側，因左右分列，中間形成缺口，故稱闕（古"闕""缺"通用）。文獻中或稱爲"兩觀"或"觀臺"。先秦稱爲"象魏"。現存漢闕有河南登封市太室闕、少室闕、啓母闕，山東濟寧市嘉祥武氏闕，四川渠縣馮焕闕、沈府君闕，四川綿陽市平陽府君闕，四川雅安市高頤闕，重慶忠縣烏楊闕、丁房闕、無銘闕等。

［2］【今注】案，曹金華《後漢書稽疑》謂，據《二十史朔閏表》，延熹五年四月癸未朔，無"乙丑""戊辰""己巳"。另據《冀州刺史王純碑》"延熹四年八月廿八日甲寅""五年十一月十八日丙申"推之，與表亦合。（第144頁）　太學：中國古代國立最高學府。商代甲骨文即記載"大學"，西周亦有"大學"，是爲後世太學之濫觴。西漢武帝時采納董仲舒建議設立太學。王莽時太學零落。東漢光武帝建武五年（29）十月，光武帝起營太學，訪雅儒，采求經典闕文，四方學士雲會京師洛陽，於是立五經博士。太

學與郊兆、明堂、辟雍等均位於東漢洛陽城南郊。

[3]【李賢注】殤帝陵也。【今注】康陵：東漢殤帝劉隆陵。在今河南洛陽市東北漢魏故城南。

長沙、零陵賊起，[1]攻桂陽、蒼梧、南海、交阯，[2]遣御史中丞盛脩督州郡討之，不克。

[1]【今注】零陵：郡名。治泉陵縣（今湖南永州市零陵區）。

[2]【今注】南海：郡名。治番禺縣（今廣東廣州市番禺區）。交阯：郡名。治龍編縣（今越南北寧省北寧市）。

乙亥，京師地震。詔公、卿各上封事。甲申，中藏府承禄署火。[1]秋七月己未，南宮承善闥火。[2]

[1]【今注】案，曹金華《後漢書稽疑》謂，《五行志》也作“五月……甲申，中藏府承禄署火”，然延熹五年（162）五月癸丑朔，是月無“甲申”。又據下文“秋七月己未”，“甲申”前當脱“六月”二字。六月壬午朔，“甲申”三日也。（第144頁） 中藏府：官署名。屬少府，掌宮中幣帛金銀諸貨，有令、丞主之。本書《百官志三》：“中藏府令一人，六百石。本注曰：掌中幣帛金銀諸貨物。丞一人。” 承禄署：官署名。爲中藏府的下屬機構，其職不詳，似乎是掌中宮官吏之俸的官署。案，承，大德本、殿本作“丞”。

[2]【李賢注】《爾雅》曰：“宮中門謂之闈。”《廣雅》曰：“闈謂之闥。”【今注】闥：宮中小門。《漢書》卷六八《霍光傳》：“出則奉車，入侍左右，出入禁闥二十餘年。”顔師古注：“宮中小門謂之闥。”

烏吾羌寇漢陽、隴西、金城，[1]諸郡兵討破之。

[1]【今注】烏吾羌：西羌的一支。本書卷八七《西羌傳》："（永壽五年）烏吾種復寇漢陽，隴西、金城諸郡兵共擊破之，各還降附。"　漢陽：郡名。東漢建始帝永平十七年（74）改天水郡置，治冀縣（今甘肅天水市西北）。　隴西：郡名。治狄道縣（今甘肅臨洮縣南）。

八月庚子，詔減虎賁、羽林住寺不任事者半奉，勿與冬衣；[1]其公卿以下給冬衣之半。

[1]【李賢注】《東觀記》曰："以軍師水旱疫病（軍，大德本、殿本作'京'，底本誤），帑藏空虛，虎賁、羽林不任事者住寺，減半奉。"據此，謂簡選疲弱不勝軍事者，留住寺也。【今注】寺：官署。《説文》："寺，廷也。有法度者也。從寸之聲。"《漢書》卷九《元帝紀》："（初元二年）乃二月戊午，地震于隴西郡，毀落太上皇廟殿壁木飾，壞敗獂道縣城郭官寺及民室屋，壓殺人衆。"顏師古注："凡府庭所在皆謂之寺。"

艾縣賊焚燒長沙郡縣，寇益陽，殺令。[1]又零陵蠻亦叛，寇長沙。

[1]【李賢注】《東觀記》曰："時賊乘刺史車，屯據臨湘，居太守舍。賊萬人以上屯益陽，殺長吏。"艾，縣名，屬豫章郡，故城在今洪州建昌縣（在今，大德本作"今在"）。【今注】艾縣：治所在今江西修水縣西。

己卯，罷琅邪都尉官。[1]

［1］【李賢注】永壽元年置。【今注】案，曹金華《後漢書稽疑》謂，延熹五年（162）八月辛巳朔，是月無“己卯”，“己卯”前疑脱“九月”二字（第145頁）。

冬十月，武陵蠻叛，寇江陵，南郡太守李肅坐奔北棄市；[1]辛丑，以太常馮緄爲車騎將軍，討之。假公卿以下奉。又换王侯租以助軍糧，出濯龍中藏錢還之。[2]十一月，馮緄大破叛蠻於武陵。

［1］【今注】南郡：治江陵縣（今湖北荆州市荆州城西北）。奔北：罪名。敗北而逃走。奔，敗走。北，師敗。沈家本認爲，漢代軍事罪名有奔北、沮敗、逗留、畏愞等，“同爲駢語，似並是漢軍法之文”（參見沈家本《歷代刑法考》，第1757頁）。張家山漢簡《二年律令·捕律》：“與盜賊遇而去北，及力足以追逮捕之而官□□□□□□逗留畏耎（愞）弗敢就，奪其將爵一絡〈級〉，免之，毋爵者戍邊二歲；而罰其所將吏徒以卒戍邊各一歲。”〔參見彭浩、陳偉、［日］工藤元男主編《二年律令與奏讞書—張家山二四七號漢墓出土法律文獻釋讀》，第149頁〕律文中的“去北”即相當於奔北。王先謙《後漢書集解》引惠棟曰：“肅坐蠻夷賊攻盜郡縣取財物一億以上，入府取銅虎符，肅背敵走，不救城郭。”

［2］【今注】濯龍：園名。在今河南洛陽市東北漢魏故城西北隅。

京兆虎牙都尉宗謙坐臧，下獄死。[1]

[1]【李賢注】京兆虎牙都尉屯長安，見《西羌傳》。【今注】京兆虎牙都尉：官名。東漢駐防長安的軍事長官，安帝永初四年(110)置，居長安，與扶風都尉並稱二營，將兵衛護三輔陵廟，抵禦羌人進犯。　宗謙：王先謙《後漢書集解》引惠棟曰："《續志》作宋謙。"　坐臧：犯貪污受賄罪。臧，大德本作"贓"。

滇那羌寇武威、張掖、酒泉。[1]

[1]【今注】滇那羌：西羌的一支，活動於今甘肅西部河西走廊一帶。本書卷八七《西羌傳》："（永壽五年）至冬，滇那等五六千人復攻武威、張掖、酒泉，燒民廬舍。六年，隴西太守孫羌擊破之，斬首溺死三千餘人。"　武威：郡名。治姑臧縣（今甘肅武威市西北）。

太尉劉矩免，大常楊秉爲太尉。[1]

[1]【今注】案，大，紹興本、大德本、殿本作"太"。　楊秉：字叔節，弘農華陰（今陝西華陰市東）人。楊震子。傳見本書卷五四。蔡邕作有《太尉楊秉碑》碑文。

六年春二月戊午，司徒种暠薨。
三月戊戌，大赦天下。
衛尉潁川許栩爲司徒。[1]

[1]【李賢注】栩字季闕，鄢人（鄢，大德本、殿本作"偃"）。【今注】案，曹金華《後漢書稽疑》謂，"衛尉"，《後漢紀》卷二二作"大鴻臚"（第145頁）。　潁川：郡名。治陽翟縣

（今河南禹州市）。　許栩：字季闕，潁川鄢縣（今河南漯河市鄢城區）人。東漢桓帝、靈帝時期官員，歷任衛尉、司徒、大鴻臚、司空。

夏四月辛亥，康陵東署火。

五月，鮮卑寇遼東屬國。

秋七月甲申，平陵園寢火。[1]

［1］【李賢注】平陵，昭帝陵也。【今注】平陵：西漢昭帝劉弗陵的陵墓。在今陝西咸陽市東北十三里、故平陵城北二里。

桂陽盜賊李研等寇郡界。

武陵蠻復叛，太守陳奉與戰，大破降之。

隴西太守孫羌討滇那羌，破之。

八月，車騎將軍馮緄免。

冬十月丙辰，校獵廣成，遂幸函谷關、上林苑。

十一月，司空劉寵免。

南海賊寇郡界。

十二月，衛尉周景爲司空。[1]

［1］【今注】周景：字仲饗，周榮孫，周興子。傳見本書卷四五。

七年春正月庚寅，沛王榮薨。[1]

［1］【今注】沛王榮：沛孝王廣之子，嗣王位，立二十年薨，

謚號“幽”，子孝王琮嗣。詳見本書卷四二《光武十王傳》。

三月癸亥，[1]隕石于鄠。[2]

［1］【今注】案，曹金華《後漢書稽疑》謂，延熹七年（164）三月壬申朔，是月無“癸亥”，其作“三月癸亥”皆誤（第145頁）。

［2］【今注】鄠：縣名。治所在今陝西西安市鄠邑區。

夏四月丙寅，梁王成薨。[1]

［1］【今注】梁王成：劉成，梁恭王劉堅之子，梁懷王劉匡之弟。永建二年（127），東漢順帝封劉成爲孝陽亭侯。梁王匡立十一年薨，無子。順帝封劉成爲梁王，是爲夷王。立二十九年薨，子敬王元嗣。詳見本書卷五〇《孝明八王傳》。

五月己丑，京師雨雹。

秋七月辛卯，趙王乾薨。[1]

［1］【今注】趙王乾：趙靖王宏之子，嗣王位。趙相奏乾居父喪私娉小妻，又白衣出司馬門，坐削中丘縣。時郎中南陽程堅素有志行，拜爲乾傅。堅輔以禮義，乾改悔前過，堅列上，復所削縣。乾立四十八年薨，謚號“惠”，子懷王豫嗣。詳見本書卷一四《宗室四王三侯傳》。

野王山上有死龍。[1]

［1］【今注】案，王先謙《後漢書集解》引錢大昭曰："《襄楷傳》七年六月十三日河内野王山上有龍死，長可數十丈，《續志》作六月壬子。此云'七月'，似誤。"曹金華《後漢書稽疑》謂，延熹七年（164）七月庚午朔，"辛卯"二十二日，六月庚子朔，"壬子"十三日，"野王山上有死龍"前當補"六月壬子"四字，置於"秋七月"前（第145頁）。野王，縣名。治所在今河南沁陽市。

荆州刺史度尚擊零陵、桂陽盜賊及蠻夷，大破平之。[1]

［1］【今注】案，曹金華《後漢書稽疑》謂，此置於秋七月，《後漢紀》卷二二作"秋九月"，疑本紀前奪"九月"二字（第145頁）。

冬十月壬寅，南巡狩。[1]庚申，幸章陵，[2]祠舊宅，遂有事于園廟，賜守令以下各有差。戊辰，幸雲夢，[3]臨漢水；[4]還，幸新野，[5]祠湖陽、新野公主、魯哀王、壽張敬侯廟。[6]

［1］【今注】巡狩：又作"巡守"，古代天子巡察諸侯所守之疆土的一種禮制，秦漢時期指皇帝出行視察郡國。

［2］【今注】章陵：縣名。東漢光武帝建武六年（30）改春陵侯國置，屬南陽郡。治所在今湖北棗陽市南。

［3］【今注】案，曹金華《後漢書稽疑》謂，據《二十史朔閏表》，延熹七年（164）十月戊戌朔，是月無"戊辰"。"戊辰"前當承"冬十月壬寅""庚申"補"十一月"三字。《金鄉長侯成碑》

"夫人以延熹七年歲在甲辰十一月三日庚午遭疾終"，與《朔閏表》十一月戊辰朔正合。（第145頁）　雲夢：古澤藪名。本在今湖北江陵以東，江漢之間。

［4］【今注】漢水：一稱漢江。長江最大支流。源出今陝西西南部寧强縣北之嶓冢山，東南流經陝西南部、湖北西北部和中部，在湖北武漢市入長江，長1532千米。

［5］【今注】新野：縣名。治所在今河南新野縣。

［6］【李賢注】光武姊湖陽長公主，新野長公主，兄魯哀王，舅壽張敬侯樊重，並光武時立廟。【今注】湖陽：縣名。一作"胡陽"。治所在今河南唐河縣南。

護羌校尉段熲擊當煎羌，[1]破之。

［1］【今注】當煎羌：西羌的一支。又作"蕩姐羌"。西漢時活動於河湟地區。東漢光武帝建武十一年（35），隴西太守馬援擊先零等羌於臨洮、浩門、允吾谷和唐翼谷等地，戰後，徙其一部於三輔。安帝永初元年（107），西羌大起義暴發，積極參加。安帝永寧元年（120），乘漢護羌校尉馬賢出擊沈氏種羌之機，首領飢五率衆攻金城，後與回師之馬賢激戰，兵敗，失衆數千。桓帝延熹二年（159），西羌大起義再次爆發，與燒當、燒何、勒姐等攻漢隴西、金城。八年，與段熲轉戰於河湟山谷間，給官軍以沉重打擊。後散居各地。

十一月辛丑，[1]車駕還宫。

［1］【今注】案，一，紹興本、大德本、殿本作"二"。

八年春正月，遣中常侍左悺之苦縣，祠老子。[1]

[1]【李賢注】《史記》曰："老子者，楚苦縣厲鄉曲仁里人也。名耳，字聃，姓李氏。爲周守藏吏（吏，殿本作'史'）。"有神廟，故就祠之。苦縣屬陳國，故城在今亳州谷陽縣岑（州，紹興本作"荆"；岑，紹興本、大德本、殿本作"也"）。苦音户，又如字。【今注】案，悺，大德本作"棺"。　苦縣：治所在今河南鹿邑縣。　老子：姓李名耳，字聃，一字伯陽。生卒年不詳，籍貫也有争議，《史記》記載老子出生於陳國。春秋末期思想家，著有《道德經》。

勃海王悝謀反，降爲癭陶王。[1]

[1]【李賢注】癭陶（癭，殿本作"廮"），縣，屬鉅鹿郡，故城在今趙州癭陶縣西南。【今注】案，爲，大德本作"於"；癭，殿本作"廮"。中華本改"癭"爲"廮"，校勘記謂，廮字從广嬰聲，鉅鹿有廮陶縣，見《説文》，作"癭"者誤。曹金華《後漢書稽疑》謂，《地理志》《郡國志》作"廮"，《章帝八王傳》《史弼傳》也作"廮"。然《説文》有"癭"無"廮"，《太尉喬玄碑陰》、《通鑑》卷五五作"廮"。漢代異體字甚多，或皆不誤。《後漢紀》卷二二作"定陶王"，卷二三作"奭陶王"，皆誤也。（第146頁）廮陶，縣名。治所在今河北寧晉縣西南。

丙申晦，日有食之。詔公、卿、校尉舉賢良方正。己酉，[1]南宫嘉德署黄龍見。千秋萬歲殿火。

[1]【今注】案，王先謙《後漢書集解》引錢大昕曰："按此上承正月丙申晦日食，則'己酉'上當脱'二月'兩字。《五行志》亦云'二月'也。依此文似龍見一事，火災又一事。志於'黄龍'下無'見'字，'萬歲殿'下多'皆'字，則'黄龍'亦

是殿名，與嘉德署同日火也。”中華本據此在“己酉”前加“二月”。

太僕左稱有罪自殺。[1]

［1］【今注】案，曹金華《後漢書稽疑》謂，“左稱”，《天文志》作“左勝”，《校勘記》按：“《集解》引錢大昕説，謂左勝《桓帝紀》《宦者傳》俱作‘左稱’。《趙岐傳》作‘左勝’，與此同。”（第146頁）

癸亥，皇后鄧氏廢。河南尹鄧萬世、[1]虎賁中郎將鄧會下獄死。[2]

［1］【李賢注】鄧后之叔父（叔父，大德本、殿本作“叔父也”）。【今注】鄧萬世：南陽新野（今河南新野縣）人，度遼將軍鄧遵子，桓帝后鄧猛女之從父，東漢桓帝紹封其爲南鄉侯，拜河南尹。延熹八年（165），鄧后被廢，鄧萬世下獄死。

［2］【李賢注】鄧后之兄子。【今注】虎賁中郎將：官名。漢置，爲光禄勳屬官，秩比二千石，掌虎賁宿衛，戰時領兵征伐。《漢書·百官公卿表上》：“期門掌執兵送從，武帝建元三年初置……平帝元始元年更名虎賁郎，置中郎將，秩比二千石。”本書《百官志二》：“虎賁中郎將，比二千石。本注曰：主虎賁宿衛。”鄧會：南陽新野（今河南新野縣）人，東漢桓帝后鄧猛女之侄，襲封安陽侯，爲虎賁中郎將。延熹八年，鄧后被廢，鄧會下獄死。

護羌校尉段熲擊罕姐羌，[1]破之。

[1]【今注】案，罕姐羌，紹興本作“罕姐羌”，大德本、殿本作“勒姐羌”。王先謙《後漢書集解》引錢大昭曰：“罕姐，閩本作勒姐。案官本亦作勒姐，與熲傳合。惟《通鑑》作罕姐，仍與此同。”中華本校勘記：“殿本‘罕’作‘勒’，與《段熲傳》合。張森楷《校勘記》謂案《西羌傳》有罕羌，無罕姐羌，則‘罕’字譌也。又按：《通鑑》亦作‘罕姐’，章珏《校記》據張敦仁《通鑑刊本識誤》云‘罕’作‘勒’。”

三月辛巳，大赦天下。

夏四月甲寅，安陵園寢火。[1]

[1]【李賢注】惠帝陵也。【今注】安陵：西漢惠帝劉盈的陵墓。在今陝西咸陽市東北，接西安市高陵區、涇陽縣界。

丁巳，壞郡國諸房祀。[1]

[1]【李賢注】房謂祠堂也。《王渙傳》曰：“時唯密縣存故太傅卓茂廟（傅，殿本作‘傅’），洛陽留令王渙祠。”【今注】房祀：亦作“房祠”。祠堂，廟宇。

濟陰、東郡、濟北河水清。[1]

[1]【今注】東郡：治濮陽縣（今河南濮陽市華龍區西南）。濟北：國名。治盧縣（今山東濟南市長清區東南）。

五月壬申，罷太山都尉官。[1]丙戌，太尉楊秉薨。[2]

[1]【李賢注】永壽元年置。【今注】案，王先謙《後漢書集解》引顧炎武曰："《泰山都尉孔宙碑》云，宙以延熹四年卒。蓋卒後四年官遂廢矣。然泰山都尉實不始於永壽，光武時曾置之，見《文苑傳》。"

[2]【今注】案，王先謙《後漢書集解》引錢大昕曰："《風俗通》六月九日未明，太尉楊秉暴薨。應劭與秉同時，其記日月當可信。"侯康曰："《蔡中郎集》，《太尉楊公碑》云，延熹八年五月丙戌薨。《范史》蓋本諸此，蔡亦與秉同時，而泐石之文較之私家著述尤可信，不得以《風俗通》疑史文也。"

丙辰，緱氏地裂。[1]

[1]【今注】案，王先謙《後漢書集解》："案《續志》乃六月丙辰也。紀文脱'六月'二字。且五月既書壬申於前，不應有丙辰也。"中華本據此在"丙辰"前補"六月"。　緱氏：縣名。治所在今河南偃師市東南。

桂楊胡蘭、朱蓋等復反，[1]攻没郡縣，轉寇零陵，零陵太守陳球拒之；[2]遣中郎將度尚、長沙太守抗徐等擊蘭、蓋，大破斬之。[3]蒼梧太守張叙爲賊所執，又桂陽太守任胤背敵畏懦，[4]皆棄市。

[1]【今注】案，楊，大德本、殿本作"陽"。

[2]【今注】陳球：字伯真，下邳淮浦（今江蘇漣水縣）人。傳見本書卷五六。《隸釋》卷一〇載有《太尉陳球碑》《陳球後碑》等（參見洪适《隸釋》，第110—114頁）。

[3]【李賢注】《謝承書》曰："抗孫字伯徐（孫，紹興本、

大德本、殿本作‘徐’），丹陽人。少爲郡佐史，有膽智策略，三府表徐有將率之任，特遷長沙太守。”《風俗通》曰：“衞大夫三抗之後，漢有抗喜，爲漢中太守。”【今注】抗徐：姓一作“杭”。字伯徐，丹陽人。有膽智策略。爲中郎將宗資別部司馬，以鎮壓公孫舉等，封東鄉侯。東漢桓帝延熹八年（165）時任長沙太守，與中郎將度尚鎮壓桂陽胡蘭、朱蓋起事。

［4］【今注】案，王先謙《後漢書集解》引惠棟曰：“任字伯嗣，南郡編人也。見《成皋令任君碑》。” 背敵畏愞：畏愞，又作“畏愞”，罪名。指軍事作戰或緝捕盜賊時畏懼、膽怯，逃避敵人，畏縮不前。《漢書》卷六《武帝紀》：“（天漢三年）秋，匈奴入鴈門，太守坐畏愞棄市。”如淳曰：“軍法，行逗留畏愞者要斬。”《漢書·景武昭宣元成功臣表》：“（合騎侯公孫敖）坐將兵擊匈奴與票騎將軍期後，畏愞當斬，贖罪。”張家山漢簡《二年律令·捕律》：“與盜賊遇而去北，及力足以追逮捕之而官□□□□□逗留畏耎（愞）弗敢就，奪其將爵一絡〈級〉，免之，毋爵者戍邊二歲；而罰其所將吏徒以卒戍邊各一歲。興吏徒追盜賊，已受令而逋，以畏耎（愞）論之。”〔參見彭浩、陳偉、［日］工藤元男主編《二年律令與奏讞書——張家山二四七號漢墓出土法律文獻釋讀》，第149頁〕畏愞是一個比較抽象的罪名，可能表現爲逗留、後期等行爲（參見沈家本《歷代刑法考》，第1755頁）。犯此罪者按照軍法處死刑。

閏月甲午，南宮長秋和歡殿後鉤楯、掖庭、朔平署火。[1]

［1］【李賢注】長秋，宮名。《漢官》（漢官，大德本、殿本作‘漢官儀’）曰：“朔平署司馬一人。”【今注】長秋：漢代皇

后宮名。　和歡殿：東漢南宮宮殿名。　鉤楯：官署名。漢置，也寫作“鉤盾”，屬少府，掌近池苑囿游觀之處。其長官稱令，有丞，皆宦官。本書《百官志三》：“鉤盾令一人，六百石。本注曰：宦者。典諸近池苑囿遊觀之處。”　朔平：官署名。漢置，屬衛尉，掌北門，有司馬一人，俸比千石，吏員五人，衛士一百一十七人。本書《百官志二》：“宮掖門，每門司馬一人，比千石……朔平司馬，主北門。”

六月，段熲擊當煎羌於湟中，大破之。[1]

[1]【李賢注】湟，水名，在今鄯州湟水縣。【今注】湟中：指今青海湟水兩岸之地。漢時爲羌、漢、月氏胡等族雜居處。湟，河流名。又名洛都水、樂都水、西寧河。在今青海東部，爲黄河上游支流。源出今海晏縣西北包呼圖山，東南流經西寧市，至甘肅蘭州市西達家川入黄河。長 349 千米。《漢書・地理志下》金城郡臨羌：“北則湟水所出，東至允吾入河。”

秋七月，太中大夫陳蕃爲太尉。[1]

[1]【今注】案，曹金華《後漢書稽疑》謂，據《二十史朔閏表》，延熹八年（165）閏七月，不當先叙“閏月”再述“六月”“七月”事也。又《後漢紀》卷二二作“冬十月丙寅，太中大夫陳蕃爲太尉”，與此亦異。（第 147 頁）　太中大夫：官名。“大夫”類職官之一。西漢時秩比千石，東漢時秩千石，無員額。侍從皇帝左右，掌顧問應對，參謀議政，奉詔出使，多以寵臣貴戚充任。名義上隸屬郎中令（光禄勳）。〔參見吕宗力主編《中國歷代官制大辭典》（修訂版），第 124 頁〕《漢書・百官公卿表上》：“大夫掌論議，有太中大夫、中大夫、諫大夫，皆無員，多至數十人。武帝元

狩五年初置諫大夫，秩比八百石，太初元年更名中大夫爲光禄大夫，秩比二千石，太中大夫秩比千石如故。” 陳蕃：字仲舉，汝南平輿（今河南平輿縣北）人。傳見本書卷六六。

八月戊辰，初令郡國有田者畝斂税錢。[1]

[1]【李賢注】畝十錢也。【今注】案，王先謙《後漢書集解》引《通鑑》胡注：“《宦者傳》張讓等説帝斂天下田，畝税十錢，非此時事也。蓋漢法田租三十税一，而計畝斂錢，則自此始。”沈銘彝曰：“此所云畝斂税錢，乃出於常賦三十取一之外，今所謂税錢始此。”

九月丁未，京師地震。

冬十月，司空周景免，太常劉茂爲司空。[1]

[1]【李賢注】茂字叔盛，彭城人也。【今注】劉茂：字叔盛，彭城人。劉愷少子。好禮讓，歷位出納（尚書）。東漢桓帝時爲司空。司隸校尉李膺等抵罪，而南陽太守成瑨、太原太守劉瓆下獄當死，茂與太尉陳蕃、司徒劉矩共上書訟之。帝不悦，有司承旨劾奏三公，茂遂坐免。靈帝建寧中，復爲太中大夫，卒於官。詳見本書卷三九《劉愷傳》。

辛巳，立貴人竇氏爲皇后。[1]

[1]【今注】竇氏：名竇妙，扶風平陵（今陝西咸陽市西北）人。東漢桓帝第三任皇后，大將軍竇武長女。紀見本書卷一〇下。

勃海妖賊蓋登等稱“太上皇帝”，[1]有玉印、珪、璧、鐵券，相署置，皆伏誅。[2]

[1]【李賢注】蓋音古盍反（音古，殿本無“音”字）。【今注】案，太，紹興本作“大”。

[2]【李賢注】《續漢書》曰：“時登等有玉印五，皆如白石，文曰‘皇帝信璽’‘皇帝行璽’，其三無文字。璧二十二，珪五，鐵券十一。開王廟，帶王綬（王，殿本作‘玉’），衣絳衣，相署置也。”【今注】署置：部署設置，常指選用官吏。

十一月壬子，德陽殿西閤、黄門北寺火，[1]延及廣義、神虎門，燒殺人。[2]

[1]【今注】閤：宫殿大門旁的單扇小門。《説文解字》：“閤，門旁户也。”段玉裁注：“漢人所謂閤者，皆門旁户也。皆於正門之外爲之。”　黄門北寺：官署名。即北宫中的黄門官署。“黄門”本指宫廷中的禁門，引申爲指黄門内的“禁中”區域，禁中主要由宦官進行管理。管理宦官者爲黄門令、丞，其辦公機構稱爲“黄門署”，又稱“黄門寺”。東漢洛陽南北宫皆有黄門寺，“黄門北寺”當指北宫中的黄門寺。“黄門北寺”設有監獄，稱爲“黄門北寺獄”。（參見宋傑《東漢的黄門北寺獄》，載《漢代監獄制度研究》，中華書局 2013 年版，第 148—171 頁）

[2]【李賢注】廣義、神虎，洛陽宫西門也（門也，殿本無“也”字），在金商門外。《袁山松書》曰：“是時連月火災，諸宫寺或一日三發。又夜有訛言（又，大德本作‘人’），擊鼓相驚。陳蕃等上疏諫曰‘唯善政可以已之’，書奏不省。”【今注】廣義：東漢洛陽北宫西門，具體位置不詳。　神虎門：東漢洛陽北宫西門。張衡《東京賦》描述北宫，有“屯神虎于秋方”一句。薛綜

曰："神虎，金獸也。秋方，西方也。"李善注引《宫殿簿》："北宫有神虎門"。（參見陳蘇鎮《東漢的南宫和北宫》，《文史》2018 年第 1 輯）

使中常侍管霸之苦縣，[1]祠老子。

[1]【今注】管霸：宦官。東漢桓帝時爲中常侍，與中常侍蘇康等專制省内，排陷忠良。桓帝死，靈帝即位，竇武謀誅宦官，以霸頗具才略，專制内庭，乃先誅霸。

九年春正月辛亥朔，[1]日有食之。詔公、卿、校尉、郡國舉至孝。

[1]【今注】案，王先謙《後漢書集解》引錢大昕曰："《五行志》作辛卯。"中華本據此將"辛亥"改爲"辛卯"。

沛國戴異得黄金印，[1]無文字，遂與廣陵人龍尚等共祭井，[2]作符書，[3]稱"太上皇"，伏誅。[4]

[1]【今注】戴異：沛國人。嘗鋤田得黄金印，無文字。又與廣陵人龍尚等共祭井，作符書，稱"太上皇"，以妖逆被誅。

[2]【今注】廣陵：郡名。治廣陵縣（今江蘇揚州市西北）。

[3]【今注】符書：符籙。

[4]【李賢注】《東觀記》曰："戴異鉏田得金印，到廣陵以與龍尚。"

己酉，詔曰："比歲不登，[1]人多飢窮，[2]又有水旱疾疫之困。盜賊徵發，南州尤甚。[3]灾異日食，譴告累至。[4]政亂在予，仍獲咎徵。其令大司農絶今歲調度徵求，及前年所調未畢者，勿復收責。[5]其灾旱盜賊之郡，勿收租，餘郡悉半入。”

[1]【今注】比：接連。
[2]【今注】案，人，紹興本作“民”。
[3]【李賢注】謂長沙、桂陽、零陵等郡也，並屬荆州。
[4]【今注】譴告：譴責警告。
[5]【今注】責：通“債”。

三月癸巳，京師有火光轉行，人相驚譟。[1]

[1]【今注】譟：群呼。

司隸、豫州飢死者什四五，[1]至有滅户者，遣三府掾賑稟之。[2]

[1]【今注】豫州：西漢武帝時所置十三刺史部之一。轄境約當今淮河以北伏牛山以東豫東、皖北地。東漢時治譙縣（今安徽亳州市）。

[2]【今注】三府掾：三公官署下屬掾史。三府指司徒、司空、太尉之府。

陳留太守韋毅坐臧自殺。[1]

[1]【今注】案，臧，大德本作“贓”。

夏四月，濟陰、東郡、濟北、平原河水清。

司徒許栩免。[1]五月，太常胡廣爲司徒。[2]

[1]【今注】案，曹金華《後漢書稽疑》謂，范書皆作“許栩”，而《全後漢文》卷七六引《太傅胡廣碑》作“司徒許詡”，疑有一誤（第148頁）。

[2]【今注】案，曹金華《後漢書稽疑》謂，《後漢紀》卷二二作“春正月……辛酉，太常胡廣爲司徒”，周天游《校注》：“《范書·桓帝紀》作‘五月’，按五月己丑朔，無辛酉日。而二月庚申朔，辛酉乃第二日，疑《袁紀》上脱‘二月’二字。二、五形近易訛，恐當以二月爲是。”然若如此，本紀前載四月司徒許栩免亦誤，故録之存疑耳。（第148頁）

六月，南匈奴及烏桓、鮮卑寇緣邊九郡。[1]

[1]【今注】烏桓：古族名。又作“烏丸”。東胡族的一支。秦漢之際，東胡遭匈奴冒頓單于的攻擊，部分遷居烏桓山（今内蒙古阿魯科爾沁旗北境，即大興安嶺山脉南端），因以爲名。以游牧射獵爲生。西漢武帝時，遷至上谷、漁陽、右北平、遼西、遼東五郡塞外，在今内蒙古錫林郭勒盟、赤峰市、通遼市南部長城以北地。東漢初入居塞内，置護烏桓校尉管理，駐寧城（今河北張家口市萬全區）。傳見本書卷九〇。

秋七月，沈氐羌寇武威、張掖。詔舉武猛，三公各二人，卿、校尉各一人。

太尉陳蕃免。

庚午，祠黄、老於濯龍宫。[1]

［1］【今注】案，曹金華《後漢書稽疑》謂，此謂七月事，而《後漢紀》卷二二作“六月庚午，祀老子濯龍中”，又延熹九年（166）六月己未朔，“庚午”十二日，七月無“庚午”，本紀疑誤（第149頁）。　黄老：黄帝、老子。黄帝，古華夏部落聯盟首領，姓公孫，居軒轅之丘，名曰軒轅。打敗炎帝神農氏，殺死蚩尤，代神農氏爲天子。因有土德之瑞，故號黄帝。詳見《史記》卷一《五帝本紀》。

遣使匈奴中郎將張奐擊南匈奴、烏桓、鮮卑。

九月，光禄勳周景爲太尉。

南陽太守成瑨、太原太守劉質，並以譖棄市。[1]

［1］【李賢注】時小黄門趙津犯法，質考殺之，宦官怨恚（宦官，大德本作“官官”），有司承旨奏質等。【今注】成瑨：字幼平，弘農人。少篤學，有清名。舉孝廉，拜郎中。桓帝時爲南陽太守。郡多豪强，聘岑晊爲功曹，委事之，時有“南陽太守岑公孝，弘農成瑨但坐嘯”之語。褒善糾違，肅清朝府。後以誅桓帝乳母中官貴人之外親張汎，下獄死。王先謙《後漢書集解》引惠棟曰：“瑨，《車騎將軍馮緄碑》作晉。”　太原：郡名。治晉陽縣（今山西太原市西南）。　劉質：王先謙《後漢書集解》引惠棟曰：“質，《馮緄碑》及《天文志》作瓆。”錢大昕曰：“按《陳蕃》《王允》《劉般》《襄楷傳》俱作‘劉瓆’，考《説文》無瓆字，當以質爲正也。瑨、質被譖棄市，據《陳蕃傳》載延熹八年，時陳蕃爲太尉，上疏極諫。明年，李膺等以黨事下獄，蕃又疏諫，帝惡其切直，托以辟召非人，坐免。紀書此事於蕃免官之後，似失其次矣。（《天文志》載九年十一月）”曹金華《後漢書稽疑》謂，《襄楷傳》注引《謝承書》亦作“瓆”，而《説文》無瓆字，也無瑨字，皆不可以此證之，《説文》成書於和、安之世，瑨、瓆則東漢後期

人也（第 149 頁）。　譖：誣告、誣陷。

司空劉茂免。

大秦國王遣使奉獻。[1]

[1]【李賢注】時國王安敦獻象（象，紹興本、殿本作“象牙”）、犀角、玳瑁（紹興本句末有“等”字）。【今注】大秦：又名黎軒、犁鞬。漢、晉時對羅馬帝國的稱呼。都城在羅馬（今意大利羅馬市）。東漢和帝永元九年（97），西域都護班超遣甘英使大秦，抵條支，臨海而還。桓帝延熹九年（166），大秦皇帝安敦遣使來中國。詳見本書卷八八《西域傳》。

冬十二月，洛城傍竹柏枯傷。[1]

[1]【今注】案，王先謙《後漢書集解》引惠棟曰：“《考異》云，按《續漢志》係延熹七年事。紀誤。”曹金華《後漢書稽疑》謂，此載延熹九年（166），《五行志》同，而《襄楷傳》載九年上疏作“前七年十二月……其冬大寒，殺鳥獸，害魚鱉，城傍竹柏之葉有傷枯者”，又據《襄楷傳》上疏云“今洛陽城中人夜無故叫呼，云有火光，人聲正喧”，注引《續漢志》：“桓帝延熹九年三月，京師有火光轉行，人相驚譟”，《桓帝紀》云九年“三月癸巳，京師有火光轉行，人相驚譟”。若竹柏枯傷事在九年十二月，則不可及此事，亦不可稱“今洛陽城”“人聲正喧”也。故云此事當在七年。（第 149—150 頁）

光禄勳汝南宣酆爲司空。[1]

［1］【李賢注】酆字伯應，封東陽亭侯。【今注】汝南：郡名。治上蔡縣（今河南上蔡縣西南）。　宣酆：字伯應，汝南人。初爲光禄勳。東漢桓帝延熹九年（166）任司空，靈帝建寧元年（168）罷。封東陽亭侯。

南匈奴、烏桓率衆詣張奂降。

司隸校尉李膺等二百餘人受誣爲黨人，並坐下獄，書名王府。[1]

［1］【李賢注】河内牢脩告之，事具《劉淑傳》。【今注】李膺：字元禮，潁川襄城（今河南襄城縣）人。傳見本書卷六七。案，曹金華《後漢書稽疑》謂，“王府”當作“三府”，即三公府也。《通鑑》卷五六作“書名三府”，注引《考異》：“劉攽曰：當爲‘三府’。”（第150頁）

永康元年春正月，[1]先零羌寇三輔，中郎將張奂破平之。當煎羌寇武威，護羌校尉段熲追擊於鸞鳥，大破之。[2]西羌悉平。

［1］【今注】永康：東漢桓帝劉志年號（167）。

［2］【李賢注】鸞鳥，縣名，屬武威郡。鸞音萑。【今注】鸞鳥：縣名。治所在今甘肅武威市東。

夫餘王寇玄菟，[1]太守公孫域與戰，破之。

［1］【今注】玄菟：郡名。治高句麗縣（今遼寧沈陽市東）。

夏四月，先零羌寇三輔。

五月丙申，[1]京師及上黨地裂。[2]

［1］【今注】案，王先謙《後漢書集解》引惠棟曰："《志》作丙午。"

［2］【今注】上黨：郡名。治長子縣（今山西長子縣西南）。

廬江賊起，寇郡界。

壬子晦，日有食之。詔公、卿、校尉舉賢良方正。[1]

［1］【今注】案，曹金華《後漢書稽疑》謂，《後漢紀》卷二二作"五月壬子晦，日有食之。六月甲寅，詔公卿、校尉舉賢良方正各一人"（第151頁）。

六月庚申，大赦天下，悉除黨錮，改元永康。[1]

［1］【李賢注】時李膺等頗引宦者子弟，宦官多懼，請帝以天時當赦，帝許之，故除黨錮也。【今注】黨錮：東漢末年部分官僚士大夫因反對宦官專政而被罷官禁錮，甚至被株連殺害，史稱黨錮之禍。東漢桓帝時，宦官專政，不僅造成了深重的社會危機，而且嚴重地侵犯了部分官僚士大夫的切身利益。以李膺、陳蕃爲首的官僚與太學生郭泰、賈彪等聯合，議論政治，品評人物，抨擊宦官專權。延熹九年（166），宦官使人誣告李膺交結諸郡太學生徒，朋比爲奸，誹訕朝廷。漢桓帝下詔逮捕黨人，收繫李膺等二百多人。次年，雖把黨人赦歸田里，但禁錮終身，不得爲官。此爲第一次"黨錮之禍"。靈帝建寧元年（168），靈帝即位，竇太后臨朝，外

戚竇武掌握政權，同陳蕃合作，起用李膺等被禁錮的黨人，並密謀消滅宦官勢力，事泄，竇武兵敗自殺。建寧二年，打擊過宦官的張讓，被人誣告共爲部黨，圖謀社稷，受到追捕，宦官乘機收捕黨人，李膺、杜密等人皆死於獄中，被牽連而死亡、遷徙、廢黜、禁錮者達六七百人。熹平元年（172）竇太后死，有人在朱雀門闕上書寫反宦官專政的文字，宦官又四出逐捕黨人和太學生一千餘人。熹平五年，朝廷下詔規定：凡是黨人的門生故吏、父子兄弟以至在五服之内的親屬，一律免官禁錮。此爲第二次黨錮之禍。中平元年（184），黄巾起義爆發，漢靈帝纔大赦黨人，諸徙之家皆歸故鄉。

丙寅，阜陵王統薨。[1]

［1］【今注】阜陵王統：阜陵恭王便親子，嗣王位。立八年薨，謚號“孝”，子王赦立。詳見本書卷四二《光武十王傳》。

秋八月，魏郡言嘉禾生，[1]甘露降。巴郡言黄龍見。[2]

［1］【今注】魏郡：治鄴縣（今河北臨漳縣西南）。

［2］【李賢注】《續漢志》曰：“時人欲就沱浴，見沱水濁，因戲相恐（戲相，大德本、殿本作‘相戲’）：‘此中有黄龍。’語遂行人，聞郡（聞，大德本作‘間’），欲以爲美，故上言之，時史以書帝紀。桓帝政化衰缺，而多言瑞應，皆此類也。先儒言瑞興非時，則爲妖孽，而人言生龍，皆龍孽也。”

六州大水，勃海海溢。詔州郡賜溺死者七歲以上錢，[1]人二千；一家皆被害者，悉爲收斂；[2]其亡失穀食，稟人三斛。

［1］【今注】案，賜溺死，大德本、殿本無“賜”字。

［2］【今注】收斂：即收殮。

冬十月，先零羌寇三輔，使匈奴中郎將張奂擊破之。

十一月，西河言白菟見。[1]

［1］【今注】西河：郡名。治平定縣（今内蒙古准格爾旗西南）。　白菟：白兔。古代以爲瑞物。王先謙《後漢書集解》引惠棟曰：“案《符瑞志》當作白雉。”曹金華《後漢書稽疑》謂，然《類聚》卷九九引《東觀記》作“白兔”，同本紀（第151頁）。白菟，大德本、殿本作“白兔”。

十二月壬申，復瘻陶王悝爲勃海王。[1]

［1］【今注】案，瘻，殿本作“廮”。

丁丑，帝崩于德陽前殿，年三十六。戊寅，尊皇后曰皇太后，太后臨朝。

是歲，復博陵、河間二郡，[1]比豐、沛。[2]

［1］【今注】復：免除徭役。　河間：國名。治樂成縣（今河北獻縣東南）。

［2］【今注】豐：縣名。治所在今江蘇豐縣。　沛：縣名。治所在今江蘇沛縣。

論曰：《前史》稱桓帝好音樂，善琴笙。[1]飾芳林而考濯龍之宫，[2]設華蓋以祠浮圖、老子，[3]斯將所謂“聽於神”乎！[4]及誅梁冀，奮威怒，天下猶企其休息。而五邪嗣虐，流衍四方。[5]自非忠賢力争，屢折姦鋒，[6]雖願依斟流彘，亦不可得已。[7]

[1]【李賢注】前史謂《東觀記》。

[2]【李賢注】薛綜注《東京賦》云（綜，大德本作“統”）：“濯龍，殿名。芳林謂兩旁樹木蘭也。”考，成也。既成而祭之。《左傳》曰“考仲子之宫”也（也，殿本無“也”字）。

[3]【李賢注】浮圖，今佛也。《續漢志》曰：“祠老子於濯龍宫（祠，殿本作‘祀’），文罽爲壇，飾淳金銀器（銀，紹興本作‘鉛’），設華蓋之坐，用郊天樂。”

[4]【李賢注】《左傳》曰：“史嚚曰：‘國將興，聽於人；將亡，聽於神。’”

[5]【李賢注】五邪謂單超、徐璜、左悺、唐衡、具瑗也。

[6]【李賢注】忠賢謂李膺、陳蕃、竇武、黄瓊、朱穆、劉淑、劉陶等，各上書極諫，以折宦官等姦謀之鋒也。

[7]【李賢注】《帝王紀》曰：“夏帝相爲羿所逐，相乃都商丘，依同姓諸侯斟灌、斟尋氏。”《史記》曰：“周厲王好利暴虐，周人相與畔，而襲厲王，王出奔于彘。”言帝寵幸宦豎，令執威權，賴忠臣李膺等竭力諫争，以免篡弑之禍。不然，則雖願如夏相依斟，周王流彘，不可得也。斟灌、斟尋，國，故城在今青州。彘，晉地也。

贊曰：桓自宗支，[1]越躋天禄。[2]政移五倖，刑淫三獄。[3]傾宫雖積，皇身靡續。[4]

［1］【今注】宗支：同宗族的支派。

［2］【李賢注】越謂非次也。躋，升也。天禄，天位也。《左傳》子家羈曰："天禄不再。"

［3］【李賢注】倖，佞也。淫，濫也。五倖即上"五邪"也。三獄謂李固、杜喬，李雲、杜衆，成瑨、劉質也。

［4］【李賢注】《帝王紀》曰："紂多發美女以充傾宫之室，婦人衣綾紈者三百餘人。"據桓帝納三皇后，又博採宫女五六千人，並無子也。【今注】案，曹金華《後漢書稽疑》謂，《皇后紀》載"后既無子，潛懷怨忌，每宫人孕育，鮮得全者"，《御覽》卷九二引《續漢書》云桓帝"先是數有皇子，夭昏不遂"，是桓帝曾有子也（第151頁）。